001da Foto: fz

W0362014

Werner Lips

Kroatien: Dalmatien und seine Inseln

„Non bene pro toto libertas venditur auro"
„Für kein Geld der Welt sollst du die Freiheit verkaufen"
(Freiheitsparole am Stadttor von Dubrovnik)

622da Foto: fz

Impressum

Werner Lips
Kroatien: Dalmatien und seine Inseln
erschienen im
Reise Know-How Verlag Peter Rump GmbH
Osnabrücker Str. 79, 33649 Bielefeld

© Peter Rump 2001, 2003
3., komplett aktualisierte Auflage 2006
Alle Rechte vorbehalten.

Gestaltung
Umschlag: M. Schömann, P. Rump (Layout);
Katja Schmelzer (Realisierung)
Inhalt: G. Pawlak (Layout),
Angelika Schneidewind (Realisierung)
Karten: Catherine Raisin, Thomas Buri
Fotos: Kroatische Fremdenverkehrszentrale (fz), der Autor (wl)
Umschlagfotos: Kroatische Fremdenverkehrszentrale
Bildbearbeitung: Ulrich Gröne

Lektorat: Caroline Tiemann
Lektorat (Aktualisierung): Katja Schmelzer

Druck und Bindung
Fuldaer Verlagsanstalt GmbH & Co. KG, Fulda

ISBN-10: 3-8317-1333-2
ISBN-13: 978-3-8317-1333-2
Printed in Germany

Dieses Buch ist erhältlich in jeder Buchhandlung Deutschlands, der Schweiz, Österreichs, Belgiens und der Niederlande. Bitte informieren Sie Ihren Buchhändler über folgende Bezugsadressen:

Deutschland
Prolit GmbH, Postfach 9, D-35461 Fernwald (Annerod) sowie alle Barsortimente
Schweiz
AVA-buch 2000, Postfach, CH-8910 Affoltern
Österreich
Mohr Morawa Buchvertrieb GmbH, Sulzengasse 2, A-1230 Wien
Niederlande, Belgien
Willems Adventure, Postbus 403, NL-3140 AK Maassluis

Wer im Buchhandel trotzdem kein Glück hat, bekommt unsere Bücher auch über unseren **Büchershop im Internet:**
www.reise-know-how.de

Wir freuen uns über Kritik, Kommentare und Verbesserungsvorschläge.
Alle Informationen in diesem Buch sind vom Autor mit größter Sorgfalt gesammelt und vom Lektorat des Verlages gewissenhaft bearbeitet und überprüft worden. Da inhaltliche und sachliche Fehler nicht ausgeschlossen werden können, erklärt der Verlag, dass alle Angaben im Sinne der Produkthaftung ohne Garantie erfolgen und dass Verlag wie Autor keinerlei Verantwortung und Haftung für inhaltliche und sachliche Fehler übernehmen. Die Nennung von Firmen und ihren Produkten und ihre Reihenfolge sind als Beispiel ohne Wertung gegenüber anderen anzusehen. Qualitäts- und Quantitätsangaben sind rein subjektive Einschätzungen des Autors und dienen keinesfalls der Bewerbung von Firmen oder Produkten.

Werner Lips

Kroatien: Dalmatien und seine Inseln

Mein besonderer Dank gilt allen Lesern, die sich die Mühe machten, auch kleine Änderungen mit großen Auswirkungen mitzuteilen und somit zur besonderen Aktualität dieses Buches beizutragen, u.a. Robert Bürgel, Melanie Birringer, Sybille Möckl, Katja Bode, Valentin Kebbel, Yvonne Dalferth, Simone Herrmann, Bärbel Kier, Fatima Friedrich, Sabine Kagerer sowie Dr. Dieter Michelsberg.

Reise Know-How im Internet

Aktuelle Reisetipps und Neuigkeiten
Ergänzungen nach Redaktionsschluss
Büchershop und Sonderangebote

www.reise-know-how.de
info@reise-know-how.de

Wir freuen uns über Anregung und Kritik.

Vorwort

Das „neue Kroatien", seit Juni 2004 offizieller EU-Beitrittskandidat, verzeichnet eine politische und touristische Erfolgsgeschichte ohne Gleichen. Noch Anfang der 1990er Jahre, als sie am Ende eines unseligen Bürgerkrieges standen, hatten viele Menschen in und außerhalb Kroatiens, vor dem Hintergrund eines zerfallenen Jugoslawien, erhebliche Zweifel am Sinn und Nutzen der Eigenstaatlichkeit. Mit Präsident *Stjepan Mesić* folgte der nationalistischen Tudjman-Administration ein liberaler Freidenker mit Gerechtigkeitssinn und Drang zum Ausgleich mit allen Nachbarn. Er schuf die politischen Voraussetzungen, die das „neue Kroatien" Wirklichkeit werden ließen und das Land auf EU-Kurs führten.

Mit dem Zerfall Jugoslawiens und der Gründung des „neuen Kroatien" ging der Balkankrieg einher, während der für das Land so eminent wichtige Tourismus in Dalmatien völlig zusammenbrach und Städte wie Dubrovnik stark in Mitleidenschaft gezogen wurden.

Heute erstrahlen die Städte und Inseln Dalmatiens wieder im alten Glanz und locken Hunderttausende von Besuchern an. Die meisten Inseln, Küstenstädte und viele Orte im Hinterland – einschließlich Mostar in Bosnien-Herzegowina – werden in diesem Buch detailliert beschrieben. Dieses Handbuch soll all denjenigen eine Anregung und Hilfe sein, die – ganz gleich ob pauschal oder individuell reisend, ob mit dem eigenen Fahrzeug, einem Mietwagen oder mit öffentlichen Verkehrsmitteln unterwegs – Dalmatien bereisen möchten, und zwar sowohl bei der Vorbereitung wie auch bei der Durchführung vor Ort.

Neben der Beschreibung der Reiseziele selbst wurde in diesem Reisehandbuch einer breiten Interessensvielfalt Rechnung getragen; so finden sich wertvolle Tipps für Segler, Taucher, Strandfreunde, Wanderer, Familien mit Kindern, Camping- und FKK-Freunde, Nachtschwärmer und und und ... Bleibt mir noch, die außerordentliche Gastfreundschaft der Bewohner der jungen Republik Kroatien besonders hervorzuheben und allen Reisenden einen erholsamen Urlaub zu wünschen. Gute Reise!

Werner Lips

Ergänzungsband für Kroatiens Nordwesten und das Reisehandbuch „Kroatien"

Vom gleichen Autor liegen ebenfalls bei REISE KNOW-HOW die Reisehandbücher „Kroatien: Istrien und Kvarner Bucht", dessen beschriebenes Reisegebiet sich unmittelbar anschließt, sowie „Kroatien" vor.

Inhalt

Zentraldalmatien

Süddalmatien

Ausflug nach Bosnien-Herzegowina

Anhang

Abkürzungen

AC – Autocamp
Ul. – *ulica*, Straße
WoMo – Wohnmobil
WoWa – Wohnwagen

Kroatien im Überblick

- **Ländername:** Republik Kroatien/Republika Hrvatska
- **Klima:** an der Küste maritimes, mildes Mittelmeerklima, sonst Kontinentalklima mit heißen Sommern und kalten Wintern
- **Lage:** Balkanhalbinsel, Adriaküste, Landesgrenzen zu Slowenien, Ungarn, Bosnien-Herzegowina und Serbien-Montenegro
- **Größe:** 56.691 km², davon 1185 Inseln (66 bewohnt)
- **Hauptstadt:** Zagreb (ca. 770.000 Einwohner, mit Umland 1,2 Mio. Einwohner)
- **Bevölkerung:** ca. 4,5 Mio., davon ca. 90% Kroaten, 7% Serben, 3% Sonstige
- **Zeitzone:** MEZ und MESZ
- **Reisedokumente:** Personalausweis oder Reisepass (bei Transit durch Bosnien-Herzegowina nach Dubrovnik Reisepass), Kinderausweis mit Bild!
- **Währung:** Kuna (1 € = 7,32 K, 1 K = 0,13 €; 1 SFr = 3,96 K, 1 K = 0,18 SFr, Stand Februar 2006)
- **Impfvorschriften:** keine, Standardimpfungen empfohlen
- **Landessprache:** Kroatisch (verbreitete Fremdsprachen Deutsch, Italienisch, Englisch)
- **Religionen:** 80% römisch-katholisch, 5% serbisch-orthodox, 1% muslimisch
- **Nationaltag:** 30. Mai (Tag der kroatischen Eigenstaatlichkeit)
- **Unabhängigkeit:** Unabhängigkeitserklärung am 25.6.1991; Anerkennung durch Deutschland am 23.12.1991 mit Wirkung zum 15.1.1992, gemeinsam mit der EU
- **Staats- und Regierungsform:** parlamentarische Demokratie; Zwei-Kammer-System mit starker Stellung des Präsidenten
- **Staatsoberhaupt:** Präsident der Republik, *Stjepan Mesić* (seit 18.02.2000, wiedergewählt 2005)
- **Regierungschef:** *Ivo Sanader* (HDZ, seit 2004)

Exkurse

Kartenverzeichnis

Übersichtskarten

Stadtpläne

Regionalkarten

Anmerkung:

In diesem Buch sind viele **Internet- und E-Mail-Adressen** genannt. Bedingt durch den Zeilenumbruch können die Adressen getrennt werden, sodass ein Trennstrich erscheint, der nicht zur Adresse gehören muss!

621da Foto: fz

Praktische Reisetipps von A bis Z

Anreise

Flug

Linienflüge

Direktflüge aus dem deutschsprachigen Raum nach Dalmatien bestehen mit **Croatia Airlines** von Frankfurt, Zürich und Wien nach Split sowie von Frankfurt und Wien nach Dubrovnik und mit **Austrian Airlines** von Wien nach Split und Dubrovnik. Beim Abflug von anderen Flughäfen muss man unterwegs umsteigen. Die **wichtigsten Linienfluggesellschaften** mit Verbindungen nach Dalmatien sind:

- **Alitalia,** www.alitalia.de. Von vielen Flughäfen in Deutschland, Österreich und der Schweiz über Mailand oder Rom nach Split.
- **Austrian Airlines,** www.aua.com. Von Wien nonstop nach Split und Dubrovnik. Anschluss von anderen Flughäfen in Deutschland, Österreich und der Schweiz möglich.
- **Croatia Airlines,** www.croatiaairlines.hr. Von Frankfurt, Zürich und Wien nonstop nach Split sowie von Frankfurt und Wien nonstop nach Dubrovnik.
- **Czech Airlines,** www.czechairlines.de. Von vielen Flughäfen in Deutschland, Österreich und der Schweiz über Prag nach Split.
- **Lufthansa,** www.lufthansa.de. Von Frankfurt und München, auch mit Anschluss von anderen Flughäfen in Deutschland, Österreich und der Schweiz nach Split und Dubrovnik.
- **Malev,** www.malev.de. Von vielen Flughäfen in Deutschland, Österreich und Zürich über Budapest nach Split und Dubrovnik.

Flugpreise

Die offiziellen Flugpreise für einen Linienflug von Frankfurt nach Split betragen je nach Saison und Aufenthaltsdauer mindestens 250 € bzw. 510 SFr (inklusive Taxen und Gebühren). Preisgünstigere Flüge sind mit den **Jugend- und Studententickets** (je nach Airline alle jungen Leute bis 25 Jahre und Studenten bis 34 Jahre) möglich. Dann gibt es ei-

Erste Station in Kroatien an der Inlandsroute über Karlovac: Kastell Ribnik

002is Foto: wl

nen Flug von Frankfurt nach Dubrovnik und zurück ab unter 200 €.

Buchung

Für die Tickets der Linienairlines kann man bei folgenden **zuverlässigen Reisebüros** oft günstigere Preise als bei vielen anderen Reisebüros finden:

- **Jet-Travel,** Buchholzstr. 35, 53127 Bonn, Tel. 0228-284315, Fax 284086, info@jet-travel.de, www.jet-travel.de. Auch für Jugend- und Studententickets.
- **Globetrotter Travel Service,** Löwenstrasse 61, CH-8023 Zürich, Tel. 01-2286666, zh-loewenstrasse@globetrotter.ch, www.globetrotter.ch. Weitere Filialen gibt es in Baden, Basel, Bern, Biel, Chur, Freiburg, Luzern, Olten, St. Gallen, Thun, Winterthur und Zug.

Charterflüge

Von etwa Ostern bis Ende Oktober sind von zahlreichen Flughäfen in Deutschland, Österreich und der Schweiz auch Charterflugzeuge von Croatia Airlines, Edelweiss (nur ab Zürich) und anderen Airlines unterwegs nach **Zadar, Split und Dubrovnik.** Hier lassen sich nur Flüge buchen, ohne dass man gleich eine Pauschalreise unternehmen muss. Angeboten werden sie direkt von den Airlines sowie von Reiseveranstaltern wie Thomas Cook, FTI, ITS, TUI usw. und lassen sich in vielen Reisebüros zu Preisen buchen, die in der Nebensaison etwas niedriger und in der Hochsaison in den Sommerferien sogar höher als für Linienflüge sind.

Billigfluglinien

Günstiger fliegt man mit den so genannten Billigfluglinien, sofern man sehr früh bucht. Diese stellen keine Tickets aus, sondern arbeiten nur mit einer Online-Bestätigung mit einer Buchungsnummer auf der Website oder per E-Mail. Zur Bezahlung wird in der Regel eine Kreditkarte verlangt. Die Billigairlines werden auf einen Blick vorgestellt unter www.billig-flieger-vergleich.de. Für **Dalmatien** interessant sind:

- **Germanwings,** www.germanwings.com oder in Deutschland Tel. 01805-955855. Von Berlin, Köln/Bonn und Stuttgart nach Split.
- **Hapagfly,** www.hapagfly.com oder in Deutschland Tel. 01805-757510. Von Hannover und Stuttgart nach Dubrovnik.
- **Hapag-Lloyd Express,** www.hlx.com oder in Deutschland Tel. 0180-5093509. Von Hannover und Stuttgart nach Dubrovnik.
- **SkyEurope Airlines,** www.skyeurope.com oder in Österreich Tel. 01-99855555. Von Wien (Bratislava) nach Dubrovnik und Split.

Last-Minute

Wer sich erst im letzten Augenblick für einen Flug nach Zadar, Split oder Dubrovnik entscheidet oder gern pokert, kann Ausschau nach Last-Minute-Flügen halten, die von einigen Airlines mit deutlicher Ermäßigung **ab etwa 14 Tage vor Abflug** angeboten werden, wenn noch Plätze zu füllen sind. Diese Flüge lassen sich nur bei Spezialisten buchen (bei den Rufnummern werden 0,12–0,20 € bzw. 0,12 SFr pro Minute berechnet):

- **L'Tur,** www.ltur.com; D: Tel. 01805-212121, Ö: Tel. 0820-600800, CH: Tel. 0848-808088, sowie 140 Niederlassungen europaweit. Unter „Super Last Minute" gibt es Angebote für den Abflug innerhalb der nächsten 72 Std.
- **Lastminute.com,** www.de.lastminute.com, D: Tel. 01805-777257.
- **5 vor Flug,** www.5vorflug.de, D: Tel. 01805-105105.
- **www.restplatzboerse.at:** Quelle von Schnäppchenflügen für Österreich.

Mini „Flug-Know-How“

Check-in

Nicht vergessen: Ohne einen **gültigen Reisepass oder Personalausweis** kommt man nicht an Bord (und das gilt auch für Flüge innerhalb Deutschlands und Europas). Bei innereuropäischen Flügen muss man mindestens **eine Stunde vor Abflug** am Schalter der Airline eingecheckt haben.

Gepäck

In der Economy-Class darf man in der Regel nur **Gepäck bis zu 20 kg pro Person** einchecken (steht auf dem Flugticket) und zusätzlich ein Handgepäck von 7 kg in die Kabine mitnehmen, welches eine bestimmte Größe von 55 x 40 x 23 cm nicht überschreiten darf. In der Business Class sind es meist 30 kg pro Person und zwei Handgepäckstücke, die insgesamt nicht mehr als 12 kg wiegen dürfen. **Aus Sicherheitsgründen** gehören Waffen, Explosivstoffe, Munition, Feuerwerke, leicht entzündliche Gase (z.B. in Sprühdosen, Campinggas), entflammbare Stoffe (z.B. in Benzinfeuerzeugen, Feuerzeugfüllung) sowie Aktentaschen oder Sicherheitskoffer mit installierten Alarmvorrichtungen nicht ins Passagiergepäck.

Buchtipps: **„Fliegen ohne Angst“** und **„Clever buchen, besser fliegen“**, beide erschienen in der Praxis-Reihe, Reise Know-How Verlag, Bielefeld

Anreise per Bus

Die **Deutsche Touring (Eurolines),** das größte internationale Linienbusunternehmen, unterhält von zahlreichen deutschen Städten Verbindungen zu einer Vielzahl von kroatischen Städten. Aktuelle Informationen erhält man unter Tel. 069-790350, www.deutschetouring.com. Ticketkauf und Reservierungen kann man in DTG-Ticket-Centern in 14 deutschen Städten sowie in DER-Reisebüros und den Reisezentren der Deutsche Bahn vornehmen.

Strecken und Preise

Aufgrund der Vielfalt an Möglichkeiten – von allen deutschen Großstädten aus werden praktisch **alle wichtigen Orte** Kroatiens (auch Bosnien-Herzegowinas) angefahren. Einige Beispiele: Eine

Linienbusfahrt von Berlin nach Zadar würde um 10 Uhr beginnen, Ankunft wäre am nächsten Morgen um 6 Uhr; die Fahrt kostet 110 € (einfach) bzw. 170 € (hin und zurück). Die Strecke Frankfurt/Main (ab 12.15 Uhr) – Dubrovnik (an 17 Uhr am nächsten Tag) liegt bei 105/160 €. Auf allen Routen erhalten Studenten mit Ausweis 10% Rabatt, Kinder (4 bis 12 Jahre) zahlen die Hälfte.

Reisegepäck

Die Mitnahme von Reisegepäck ist pro Person auf **zwei Gepäckstücke** in Koffermaßen und **ein Handgepäckstück** begrenzt. Pro Gepäckstück wird eine Gebühr von 3 € beim Einstieg in den Bus erhoben. Als Quittung wird eine Gepäckmarke ausgegeben. Das Handgepäck ist frei. Wenn es die Gepäckraumkapazität zulässt, kann nach Ermessen der Fahrer ein drittes Gepäckstück gegen eine Gebühr von 5 € mitgenommen werden; es ist daher reine Glückssache, ob man z.B. ein Fahrrad mitnehmen kann oder nicht (ordentlich in Karton verpackt; ⇨Bahn).

Rückbestätigung

Wichtig: Die Rückbestätigung (Reservierung für die Rückfahrt) muss **am Zielort** durchgeführt werden, wofür vor Ort eine Gebühr von umgerechnet etwa 3 € erhoben wird.

Anreise mit der Bahn

Offen gestanden, ich persönlich würde in Anbetracht der **ungünstigen Verbindungen** und der etwa **doppelt so hohen Preise** eher mit dem internationalen Linienbus fahren als mit der Bahn.

Von München aus fährt täglich der Nachtzug D297 Lisinski ab 23.44 Uhr via u.a. Salzburg und kommt am darauffolgenden Tag um 8.32 Uhr in Zagreb an, von wo aus man dann einen Zug nach Dubrovnik nehmen kann.

Man kann Bahntickets an jedem größeren Bahnhof direkt kaufen oder online oder telefonisch; die Tickets erhält man dann per Post zugeschickt:

- **DB,** www.bahn.de oder in Deutschland Tel. 11861 (0.03/Sek., ab Weiterleitung zum Reiseservice 0,39/Min.), automatische Fahrplanauskunft unter 0800-1507090 (kostenlos) bzw. aus Mobilfunknetzen 01805-221100.
- **ÖBB,** www.oebb.at oder in Österreich Tel. 05-1717 (zum Ortstarif).
- **SBB,** www.sbb.ch oder in der Schweiz Tel. 0900-300300 (1,19 SFr/Min.).

Ermäßigungen gibt es häufig mit der deutschen *BahnCard, der* österreichischen *VORTEILScard* oder den schweizer *Halbtax-Abonnenten.* Überdies gibt es mitunter **Frühbucher-Rabatte** und **Ermäßigungen** für Online-Buchungen.

Anreise per PKW

Kroatien gehört wie Italien oder Frankreich zu den „klassischen" Autoreisezielen, wobei unterschiedliche Routen für die einzelnen Großräume zu beachten sind.

Routen

Die **Haupttransitroute** durch die Alpen führt von **München** über **Salzburg** und **Villach** nach **Ljubljana,** der Hauptstadt von Slowenien. Dabei passiert man in Österreich die Tauernautobahn und den Karawankentunnel, mit der slowenischen Grenze unmittelbar dahinter. Ab Ljubljana gibt es mehrere Möglichkeiten der Weiterreise. (Achtung: Wer über Italien reist – etwa aus der Süd-/Westschweiz oder bei geplantem Zwischenstopp in Istrien – muss auch bei kurzen Transitreisen durch Italien eine Pannen-Signalweste mitführen und tagsüber außerorts mit Abblendlicht fahren.)

Ab Ljubljana nach Osten Richtung Zagreb und bei Novo Mesto Richtung Grenzübergang Metlika abzweigend, erreicht man **Karlovac** und die **Plitwitzer Seen** auf der Landstraße (eine alte, klassische Landstraßen-Inlandsroute). Nach diesem **lohnenden Abstecher** kann man die Fahrt zur östlichen Kvarner Bucht mit den Inseln Rab und Krk fortsetzen oder nach Zadar und Dalmatien weiterfahren. Ab Karlovac wurde die neue Autobahn bis Split dem Verkehr übergeben, so dass Reisende nach Dalmatien die Strecke Karlovac – Zadar und weiter bis Split jetzt zügig zurücklegen können. Bis Ende 2006 soll dann noch das letzte Teilstück bis Dubrovnik fertig gestellt sein.

Bei starken Regenfällen/Wind kann die **Autobahn gesperrt** oder an Wochenenden im Hochsommer **stauträchtig** sein (Rundfunkmeldungen beachten, Frequenzen: ⇨Medien); dann könnte man sich alternativ über das östliche Binnenland bzw. kroatische Donaugebiet ab Zagreb auf den Autobahnen A 3 und A 4 Richtung Slavonski Brod halten und in Ostslawonien bei Slavonski Brod über Sarajevo und Mostar Dalmatien (Split bzw. Dubrovnik) erreichen.

Maut-gebühren

Für KFZ bis 3,5 t verlangt **Österreich** eine Autobahn-Vignettengebühr von 72,60 €/Jahr bzw. 21,80 €/2 Monate; das 10 Tage gültige „Pickerl" kostet immerhin 7,60 €. Es empfiehlt sich somit die Anschaffung zweier 10-Tages-Vignetten (Motorrad 29 €/10,90 €/4,30 €). Damit nicht genug: die gängige Route Salzburg – Ljubljana via **Tauernautobahn** und **Karawankentunnel** wird zusätzlich mit einer Maut von 9,50 € (Tauern) und 6,50 € (Karawanken) belegt (jeweils einfach), auf der **„Wohlfühlroute"** Linz – Graz fühlt man sich bei 4,50 € (Bosrucktunnel) und 7,50 € (Gleinalmtunnel) doch etwas wohler.

Im Gegensatz zum peinlichen deutschen Trauerspiel um „Toll Collect" funktionierte die elektronische LKW-Maut in Österreich von Anfang an reibungslos: KFZ über 3,5 t müssen eine „Go-Maut-Box" für einmalig 5 € erwerben (alle Grenzbüros/Tankstellen in Grenznähe) und diese dann mit einem Guthaben von 50 bis 500 € aufladen. Auf allen mautpflichtigen Strecken wird dann automatisch per Funksignal die entsprechende Gebühr „abgebucht". Dieses System gilt auch für Wohnmobile. Prinzipiell zahlen sie rund das ca. 1,5-fache (zweiachsig) bzw. 2-fache (dreiachsig) der aufgeführten PKW-Tunnelgebühren. Für einige Strecken (u.a. Tauern) wurde auch für PKW die Möglichkeit der bargeldlosen Zusatzmaut eingeführt; wie die Mautplakette selbst kann sie bei den Automobilclubs erworben werden.

Eine **Umgehung der Tauernautobahn** ist möglich, kostet aber Zeit und ist nur für zugkräftige

Fahrzeuge mit Einschränkungen, für Kradfahrer jedoch durchaus empfehlenswert: Tauernautobahn Abfahrt „Lammertal", dann via Radstadt und Mauterndorf bis Rennweg (Mehraufwand ca. 40 Minuten, malerische Strecke über zwei Pässe).

Eine **Umgehung des Karawankentunnels** führt ab Villach-West via Wurzenpass (bis 20% Steigung, für Gespanne gesperrt!) nach Krajnska Gora, dort Richtung Bled und Ljubljana (Mehraufwand ca. 45 Minuten).

Die Mautpraxis klingt hart, doch muss fairerweise hinzugefügt werden, dass sich die österreichischen Autobahnen insbesondere im Vergleich zu vielen deutschen Strecken in einem hervorragenden Zustand befinden.

Auch **Slowenien** erhebt, wie Österreich, Mautgebühren an Mautstationen: für den Karawankentunnel (auf der Rückreise; hin zahlt man in Österreich) 6,50 €, auf der kurzen Autobahn vor Ljubljana 1,50 €, hinter Ljubljana (man muss leider ganz hindurch) Richtung Zagreb bis Novo Mesto 3 € und Ljubljana Richtung Postojna/Triest 3,50 € (Camper/Wohnmobile je plus ca. 50%). Es werden alle gebräuchlichen Währungen ohne Aufschläge akzeptiert, man kann auch in kroatischen Kuna zahlen (nicht Karawankentunnel oder Tauernautobahn). Auf Euro wird Wechselgeld in Euro herausgegeben (in Slowenien ist der Euro noch nicht eingeführt).

Achtung: in Slowenien muss auch tagsüber mit **Abblendlicht** gefahren werden.

In **Kroatien** kosten die Autobahnen eine moderate Gebühr, eine Umgehung lohnt nicht; von der slowenisch-kroatischen Grenze zahlt ein PKW auf der nördlichen Route Zagreb – Slavonski Brod rund 85 K (ca. 11,50 €), auf der Südroute bis Split rund 150 K (ca. 20 €). Die Autobahnen sind ausgezeichnet, viele Autobahnraststätten bieten günstige Übernachtungsmöglichkeiten, die Spritpreise sind landesweit identisch (auch an Autobahnen). An der Autobahnzufahrt erhält man ein Ticket (gut aufbewahren!), welches man beim Verlassen an der Mautstation abgibt, erst dann wird der Routenpreis berechnet.

Alternative Wohlfühl-Route

Gerade in den Ferienzeiten droht die „klassische" Tauernroute aus allen Nähten zu platzen, kilometerlange Staus an Tauern- und Katschbergtunnel sind nur eine Folge. Den kritischen Abschnitt München – Tauern – Ljubljana – Karlovac kann man auch auf der so genannten „Wohlfühlroute" umgehen: ab Nürnberg fährt man via Regensburg, Passau, Linz, Graz und Maribor bis Zagreb. Wer **aus Norddeutschland/Ostösterreich** anreist, ist hier gut beraten; Eindrücke und Hintergrundinformationen findet man unter www.wohlfuehlroute.de. Ab Zagreb hat man wieder die Wahl, über Karlovac der oben genannten Autobahnroute Richtung Rijeka bzw. Split zu folgen, oder aber ab Zagreb auf der Nordautobahn A 4 bis Slavonski Brod (Grenzübergang Bosanski Brod) und dann durch Bosnien-Herzegowina via Sarajevo und Mostar Richtung Süddalmatien zu fahren.

Der alternative Seeweg

Alternativ kann – insbesondere für Reisen nach Süddalmatien (Dubrovnik) und ggf. Montenegro (Bar) – eine Anreise per **Autofähre ab Ancona** (in Italien) in Betracht kommen. So kostet die Überfahrt für zwei Personen (2er-Kabine) inklusive PKW derzeit ca. 300 € (Rückfahrkarte). Informationen und Buchungsmöglichkeit gibt es unter www.smcferry. com und www.jadrolinija.tel.hr.

Autofahren

„Hinter Wien beginnt der Balkan" hieß es immer – hinsichtlich der Fahrweise vieler Bewohner Ex-Jugoslawiens sicherlich nicht aus der Luft gegriffen. Trotz der recht häufigen Polizeikontrollen mutet manch riskantes Überholmanöver der Einheimischen recht abenteuerlich an. Als Gast im fremden Land sollte man besonders **vorsichtig und defensiv** fahren, um Unfälle oder Ärger von vornherein zu vermeiden.

Das **Straßennetz** ist an sich vollkommen ausreichend. Trotz etlicher Neubaumaßnahmen muss jedoch auf dem Großteil der alten Küsten- und Landstraßen mit besonderer Vorsicht gefahren werden.

Straßenkarten

Allgemein hilfreich für die Anreise (einschließlich Transit) sind die ADAC-Reisekarten, die (für Mitglieder kostenlos) in den Geschäftsstellen erhältlich sind. Von REISE KNOW-HOW gibt es passende **detaillierte Landkarten** mit Ortsregister von Dalmatien (1:175.000), Kroatien (1:325.000) und Istrien (1:70.000). Sehr zu empfehlen ist auch die speziell für Motorradfahrer entwickelte ADAC-Bikerkarte „Kroatische Adriaküste".

Bestimmungen

In Kroatien gelten die folgenden **Geschwindigkeitsbegrenzungen:** 50 km/h in Siedlungen, 80 km/h auf Landstraßen außerhalb von Siedlungen, 100 km/h auf Kraftfahrtstraßen und 130 km/h auf Autobahnen; für PKW mit Anhänger gelten außerhalb von Ortschaften grundsätzlich 80 km/h.

Seit 2004 gilt auf kroatischen Straßen ein **absolutes Alkoholverbot!** Hierzu eine kleine Anekdote: Ein Priester hat sich gegen die neue 0,0-Promille-Regelung vor Gericht beschwert. Seine Argumentation: Er müsse mehrere Gemeinden betreuen, am selben Tage mehrfach Messwein trinken und käme so aus beruflichen Gründen auf einen gewissen Pegel ...

In fast allen größeren Orten wurden die neuen **Parkregelungen** umgesetzt: Das Parken ist nur auf farbig markierten Parkflächen erlaubt. „Rot" steht für 60 Minuten, „Gelb" für 120 Minuten und „Grün/Blau" für 180 Minuten, die in aller Regel Mo bis Fr von 7–20 Uhr und Sa bis 14 Uhr **gebührenpflichtig** sind (Parkscheinautomaten).

	Deutschland	Österreich	Slowenien	Kroatien	Bosnien-Herzegowina
Höchstgeschwindigkeit Ort/Landstraße/Autobahn	50/100/keine	50/100/130	50/90/130	50/80/130	50/90/keine
Promillegrenze	0,5‰	0,5‰	0,5‰	0,0‰	0,5‰
Alkohol am Steuer	ab 100 €	ab 210 €	bis 430 €	ab 80 €	ab 150 €
20 km/h zu schnell	30–40 €	ab 30 €	bis 75 €	15–30 €	ab 30 €
rote Ampel überfahren	ab 50 €	ab 70 €	bis 200 €	80 €	75 €
Überholverstoß	ab 40 €	ab 35 €	70–220 €	30–80 €	ab 30 €
Parkverstoß	5–40 €	ab 15 €	25–50 €	15–30 €	ab 20 €
Treibstoff-Preisniveau	100%	5–15% günstiger[1]	10% günstiger[2]	10% günstiger[2]	10% günstiger[2]
ADAC-Notruf	089-767676	01-2512060	051-3440650	01-3440666	051-3440660
Mautgebühren	keine	Autobahnen Karawankentunnel Tauerntunnel	Autobahnen Karawankentunnel	Autobahnen	keine

[1] Landstraßentankstellen 15%, an Autobahnen ca. 5%; [2] landesweit gleiche Preise

Mautgebühren innerhalb Kroatiens
(Preise in Kuna)

	PKW/Motorrad	WoMo/Anhänger	Bus/LKW
Učka-Tunnel/Rijeka	26	37	75
Krk-Brücke/Kraljevice	15	20	35
Rijeka – Delnice	8	15	29
Zagreb – Karlovac	15	25	35
Krapina – Zaprešic	8	12	25
Zagreb – Oprisavci	75	115	190

In Kroatien besteht eine grundsätzliche Anschnall- und (für Kradfahrer) Helmpflicht. Mitzuführen sind Verbandskasten, Warndreieck und Abschleppseil, auch Ersatzbirnen für die Beleuchtung sind offiziell vorgesehen. Kinder unter 12 Jahren müssen auf dem Rücksitz befördert werden.

Dokumente

An PKW-Papieren sind Führerschein und Kfz-Zulassungsschein mitzuführen; die **„Grüne Versicherungskarte"** ist ebenfalls vorgeschrieben (auch für Bosnien-Herzegowina). Wer mit einem **Mietfahrzeug** unterwegs ist (Wohnmobil, Leihwagen), benötigt eine Vollmacht des Vermieters – Vordrucke stellen die Automobilclubs zur Verfügung. Außerdem ist, wie bei jeder Auslandsreise, der **KFZ-Schutzbrief** eines Automobilclubs ratsam.

Panne und Unfall

Bei Unfällen sollte man unbedingt eine **polizeiliche Unfallbestätigung** ausstellen lassen! Nur damit ist die problemlose Ausreise möglich, da Fahrzeuge mit auffälligen Karosserieschäden die Grenze nicht passieren dürfen, ehe der (mögliche) Verkehrsunfall nachweislich geregelt wurde. Für die heimische Versicherung und um langwierige Schadensersatzprozesse zu vermeiden sollte man unbedingt das mehrsprachige Formular **„Europäischer Unfallbericht"** (Automobilclubs) mitführen und zusammen mit dem Unfallgegner ausfüllen!

Buchtipp: **„Bordbuch Südeuropa für Unfall, Panne und Verkehr"**, erschienen in der Praxis-Reihe, Reise Know-How Verlag, Bielefeld

Der ADAC und der ÖAMTC unterhalten je eine **Notrufstation in Zagreb:** Tel. 01-3440666 (ADAC)

und Tel. 01-3440644 (ÖAMTC). Am besten ruft man jedoch gleich im Heimatland die Schutzbrief-Nothilfe an:

- **ADAC,** Tel. 0049-89-222222.
- **ÖAMTC,** Tel. 0043-1-2512000 oder 01-2512020 für medizinische Notfälle.
- **TCS,** Tel. 0041-22-4172220, www.tcs.ch.

Die Pannenhilfe des kroatischen Autoclubs HAK ist unter Tel. 987 durchgehend erreichbar (man achte auf die Aufschrift „Pomoć na česti 987" – andere Pannenhelfer sind wesentlich teurer). Folgende **Autowerkstätten** des HAK leisten bei Pannen Hilfe:

- **Crikvenica:** Tomislavova bb, Tel./Fax 051-241-440.
- **Karlovac:** Gazanski trg 1, Tel./Fax 047-613808.
- **Ogulin:** B. Frankopana 19, Tel./Fax 047-522016.
- **Ploce:** Kr. P. Svacica bb, Tel./Fax 020-679005.
- **Rijeka:** Dolac 11, Tel./Fax 051-212-442.
- **Split:** Komulovica put 2, Tel./Fax 021-356333, 345265.
- **Senj:** Obala Kr. Zvonimira 14, Tel./Fax 053-881120.
- **Varazdin:** Gospodarska bb, Tel./Fax 042-240074, 240471.
- **Vinkovći:** J. Matasovica 1, Tel./Fax 032-331393.
- **Zadar:** Zrinski-Frankopanska 16, Tel./Fax 023-315365.
- **Zagreb:** Siget 17, Tel./Fax 01-6526887, 6526011; HAK Draškoviceva 46, Tel./Fax 01-431142.

Mietwagen

Zahlreiche international renommierte Unternehmen (Avis, Hertz) bieten ihren Service auch in Kroatien an und sind an den Flughäfen sowie in größeren Ortschaften vertreten. Die **Preise** liegen in Kroatien **überdurchschnittlich hoch** – unter 40 €/Tag ist kaum ein Kleinwagen zu haben, die namhaften Vermieter verlangen oft das Doppelte! Im Aufschwung (und vor allem günstiger) sind Fahrräder und Mopeds, die von kleineren Händlern in vielen Touristenorten vermietet werden. In aller Regel ist unabhängig vom Fahrzeug eine Kaution in unterschiedlicher Höhe zu entrichten.

Auf die Vermietstellen wird in den Ortsbeschreibungen im Einzelnen hingewiesen, ansonsten helfen auch die Agenturen und Touristeninformationen bei der Organisation vor Ort.

Ausrüstung und Reisegepäck

Grundsätzlich gilt: so wenig wie möglich mitnehmen, bei Bedarf kann nahezu alles unterwegs nachgekauft werden. Neben Toilettenartikeln und der persönlichen Bekleidung, die in den Sommermonaten so leicht und luftig wie irgend möglich sein sollte, könnte eine Basiszusammenstellung folgendermaßen aussehen:

- **Schwimmkleidung,** evtl. **Schnorchelausrüstung** (Inseln)
- **Schuhe:** für die Stadt: gute Laufschuhe, die Kopfsteinpflaster der oft steilen Altstadtgassen sind auch bei Trockenheit glatt wie Schmierseife; für die Berge: Wander- oder gute Sportschuhe; für den Strand: Schlappen oder Gummisandalen (Steinstrände!).
- **Regenschutz:** ein Schirm kann gleichzeitig als Sonnenschutz dienen; für Fahrrad- und Mopedtouren eine leichte Regenjacke.
- **Sonnenschutz:** Sonnencreme sowie Tuch, Hut oder Mütze für Wanderungen oder Sonnenbäder in der heißen Jahreszeit, Sonnenbrille.
- **Taschenmesser:** Multifunktionsmesser mit Büchsenöffner, Schere, Feile usw.
- **Wäscheleine** zum Aufhängen der Handwäsche, besser noch ein flexibles Hosengummi.
- **Waschmittel:** spezielle Reisewaschmittel sind vor Ort meist nicht erhältlich, ein Stück Kernseife genügt.
- **Wanderausrüstung:** Tagesrucksack, bruchfeste Feldflasche.
- **Reisewecker** für frühe Wanderungen, öffentliche Verkehrsmittel usw.

Wer mit eigenem Fahrzeug unterwegs ist, hat bei der Zusammenstellung des Gepäcks natürlich einen ganz anderen Spielraum. Ähnlich wie bei uns werden Reisende mit **Rucksack,** wenn sie in ein mittleres oder besseres Hotel kommen, zuweilen schräg angesehen. Auf der anderen Seite – und das gilt auch für Geschäftsreisende – sind Koffer das denkbar ungeeignetste Transportmittel, wenn man nicht gerade von Hoteltür zu Hoteltür fährt bzw. gefahren wird. Sehr gut bewährt haben sich **Reisetaschen.** Wer sich überwiegend in Städten und an Stränden aufhalten will, sollte mit einer Tragetasche mit Schulterriemen gut beraten sein.

Der Ursprung der Krawatte

Die „Krawatte", gemeinhin die gängige Bezeichnung für Halsbinde oder Schlips, hat überraschenderweise ihren **Ursprung in – Kroatien!** Das deutsche Wort leitet sich vom französischen „cravatte" ab, das folgendermaßen entstand:

Im 17. Jh. hielten sich am französischen Königshof Gesandte aus aller Herren Länder auf, auch wurden besondere Militärverbände gerne aus anderen Ländern rekrutiert, da man diesen größere Loyalität unterstellte. Ein solcher Kavallerieverband wurde von den Franzosen aus Kroatien angeworben. Die hervorragend ausgebildeten Reiter dienten der französischen Reiterei als Vorbild. Bemerkenswert war aber noch etwas anderes: Um ihren Hals trugen die Kroaten seltsam gebundene Halstücher, die schon bald als modisch empfunden und am Königshof getragen wurden. Da es keinen eigenen Namen für den Halsschmuck gab, nannten die Franzosen ihn nach der Herkunft seiner Träger *„Crvate"* (aus altslavisch *„Chvat"*), woraus dann allmählich französisch „cravatte" und das deutsche „Krawatte" wurde!

Kleidungsetikette

Wie in Mitteleuropa versteht es sich von selbst, dass man in Museen, Kirchen, guten Restaurants, Casinos usw. angemessene Kleidung trägt. Für offizielle Anlässe oder Geschäftsreisen sind Kostüm bzw. Anzug und Krawatte unverzichtbar.

Diplomatische Vertretungen

Wird der **Reisepass oder Personalausweis im Ausland gestohlen,** muss man dieses bei der örtlichen Polizei melden. Darüber hinaus sollte man sich an die nächste diplomatische Auslandsvertretung seines Landes wenden, damit man einen Ersatz-Reiseausweis zur Rückkehr ausgestellt bekommt.

Auch in **dringenden Notfällen,** z.B. medizinischer oder rechtlicher Art, sind die Auslandsvertretungen bemüht vermittelnd zu helfen.

Vertretungen in Kroatien

Für Deutschland:

- **Botschaft Zagreb,** Ulica Grada Vukovara 64, Tel. 01-6300100 oder in dringenden Notfällen Tel. 098-227136.
- **Honorarkonsulat Split,** Obala Hrvatskog narodnog preporoda 10/1, Tel. 021-362995.

Für Österreich:

- **Botschaft Zagreb,** Jabukovac 39, Tel. 01-427350.
- **Honorarkonsulat Dubrovnik,** Put Republike 32, Tel. 020-357697.
- **Honorarkonsulat Split,** Klaiceva poljana 1, Tel. 021-322535.

Für die Schweiz:

- **Botschaft Zagreb,** Bogoviceva 3, Tel. 01-4878800.

Kroatische Vertretungen

Im deutschsprachigen Raum unterhält die Republik Kroatien folgende Botschaften:

In Deutschland:

- **Botschaft der Republik Kroatien,**
Ahornstr. 4, 10787 Berlin, Tel. 030-21915514.

In Österreich:

- **Botschaft der Republik Kroatien,** Heuberggasse 10, 1170 Wien, Tel. 01-4802083, Konsularabteilung: Operngasse 20b, 1040 Wien, Tel. 01-5854842.

In der Schweiz:

- **Botschaft der Republik Kroatien,** Thunstr. 45, 3005 Bern, Tel. 031-3520275.

Ein- und Ausreisebestimmungen

Für die Einreise nach Kroatien mit einer geplanten Aufenthaltsdauer von bis zu drei Monaten genügt für Bürger der EU-Staaten ein gültiger **Personalausweis.** Schweizer und Reisende durch Bosnien-Herzegowina (z.B. nach Süddalmatien) benötigen einen **Reisepass.** Kinder müssen in den Reisedokumenten der Eltern eingetragen sein, ab zwölf Jahren ist ein eigener Kinderausweis mit Lichtbild erforderlich (Stand Anfang 2006). Da sich Einreisebedingungen kurzfristig ändern können, rät der Verlag, sich kurz vor Abreise beim Auswärtigen Amt (www.auswaertiges-amt.de, bzw. www.bmaa.gv.at oder www.dfae.admin.ch) oder der jeweiligen Botschaft zu informieren.

Impfvorschriften bestehen keine, für die Mitnahme von Tieren wird ein gültiger und aktualisierter Impfpass (Tierarzt) benötigt.

Ein- und Ausfuhr

Auf Gegenstände des persönlichen Bedarfs in üblichen Mengen wird kein Zoll erhoben. Ansonsten gelten bei der **Ausfuhr** die internationalen Höchstmengen: 200 Zigaretten oder 250 g Tabak, 50 ml Parfum, 250 ml Eau de Toilette, 1 l Spirituosen oder 1 l Wein.

Wertvollere **professionelle und technische Ausrüstung** muss deklariert werden (nicht etwa die private Kamera- oder Tauchausrüstung).

Die Ein- und Ausfuhr von Devisen ist in unbegrenzter Höhe zulässig, die Landeswährung darf bis zu 2000 Kuna ein- bzw. ausgeführt werden.

Bei der Rückreise gibt es auch auf europäischer Seite **Freigrenzen, Verbote und Einschränkungen,** die man beachten sollte, um eine böse Überraschung am Zoll zu vermeiden. Folgende **Freimengen** darf man zollfrei einführen:

- **Tabakwaren** (über 17-Jährige in EU-Länder und in die Schweiz): 200 Zigaretten oder 100 Zigarillos oder 50 Zigarren oder 250 g Tabak
- **Alkohol** (über 17-Jährige in EU-Länder): 1 l über 22% Vol. oder 2 l bis 22% Vol. und zusätzlich 2 l nicht-schäumende Weine; (in die Schweiz): 2 l (bis 15% Vol.) und 1 l (über 15% Vol.)
- **Andere Waren für den persönlichen Gebrauch** (über 15-Jährige): in die BRD 500 g Kaffee, nach Österreich zusätzlich 100 g Tee, (ohne Altersbeschränkung): 50 g Parfum und 0,25 l Eau de Toilette sowie Waren bis zu 175 €. In die Schweiz Waren bis zu einem Gesamtwert von 300 SFr. pro Person.

Wird der Warenwert von 175 € bzw. 300 SFr überschritten, sind **Einfuhrabgaben** auf den Gesamtwert der Ware zu zahlen und nicht nur auf den die Freigrenze übersteigenden Anteil. Die Berechnung erfolgt entweder pauschalisiert oder nach dem Zolltarif jeder einzelnen Ware zuzüglich sonstigen Steuern.

Einfuhrbeschränkungen bestehen z.B. für Tiere, Pflanzen, Arzneimittel, Betäubungsmittel, Feu-

006is Foto: wl

erwerkskörper, Lebensmittel, Raubkopien, verfassungswidrige Schriften, Pornografie, Waffen und Munition; in Österreich auch für Rohgold und in der Schweiz auch für CB-Funkgeräte. **Nähere Informationen** gibt es bei:

- **BRD:** www.zoll.de oder beim Zoll-Infocenter, Tel. 069-469976-00.
- **Österreich:** www.bmf.gv.at oder beim Zollamt Villach, Tel. 04242-33233.
- **Schweiz:** www.zoll.admin.ch oder bei der Zollkreisdirektion in Basel, Tel. 061-2871111.

Auch Schaffelle sind beliebte Souvenirs

Mehrwertsteuer

Für in Kroatien gekaufte Waren (mit Ausnahme von Treibstoffen) kann die Mehrwertsteuer (PDV) auf Rechnungen von **über 500 Kuna** rückerstattet werden. Beim Kauf verlangt man hierzu das Formular PDV-P, welches vom Verkäufer ausgefüllt werden muss. Bei der Ausreise lässt man diese Rechnungen vom Zollamt gegenbestätigen. Die Mehrwertsteuer kann dann innerhalb einer Frist von sechs Monaten nach dem Kauf rückerstattet werden: entweder persönlich beim Verkäufer, bei dem die Ware gekauft wurde, oder postalisch (Adresse des Verkäufers) unter Angabe der Kontonummer, auf die der Betrag eingezahlt werden soll. Die Erstattung erfolgt innerhalb von 15 Tagen nach Eingang.

Einkäufe und Souvenirs

Man wird als Selbstverpfleger gar nicht umhin kommen, das leckere, frische **Obst und Gemüse** zu bewundern, welches auf den lokalen Märkten und sehr oft auch am Straßenrand angeboten wird. Ein paar **Richtpreise** (für 1 kg): Paprika 6 K, Tomaten 5 K, Trauben 10 K, Bananen 7 K, Pfirsiche 14 K, Kohl 5 K, Zucchini 5 K, Melonen 2 K, Kartoffeln 5 K.

Frischfleisch und Fisch kauft man in der *mesnica* (Fleischerei, Metzgerei) und in der *ribarnica* (örtliche Fischhalle), wo hauptsächlich vormittags Muscheln, Tintenfische, Scampi und diverse Speisefische je nach Saison fangfrisch verkauft werden – für Fischfreunde ein Muss!

Bäckereien gibt es in fast jedem Ort; Brote und Teigwaren sind durchweg sehr preiswert, wobei überwiegend mit Weizenmehl gebacken wird (ein Laib Weißbrot kostet ca. 5 K). Kuchenteilchen sind sehr preiswert und lecker – es gibt viele Sorten, einfach mal durchprobieren! Die bekanntesten sind *fritule, krostule,* Strudel, *cukerančići* und die pikant gefüllten *burek.* In kleineren Orten, seltener

005is Foto: wl

in großen, steht zu bestimmten Tageszeiten ein Bäckereiwagen mit einem Grundsortiment frischer Brote und Kuchen.

Eier, Frischmilch, Konserven, Getränke aller Art und ähnliches mehr, wie man es auch in westeuropäischen Lebensmittelmärkten findet, sind in **Mini-Märkten** (größere „Tante-Emma-Läden") oder in **Supermärkten** erhältlich.

Unübersehbar dem italienischen Einfluss sind die vielen **Eisdielen** („Gellaterien") zuzuschreiben. Im Gegensatz zu früheren Jahren kann das Speiseeis heute als sehr gut bezeichnet werden. Es ist mit 4-5 K pro großer Kugel auch recht günstig.

Mitbringsel

Was kann man mitbringen? Von kitschigen Erinnerungsstücken abgesehen, die in den Touristenorten angeboten werden, könnte eine **Spitzendecke** oder eine **Strickjacke** gerade älteren Menschen Freude machen. Auch **Holzschnitzereien,** etwa Puppen mit Regionaltrachten, sind bei Sammlern

Die dekorativen Pepperoni- und Knoblauchzöpfe werden gern mitgebracht

sehr beliebt. Als Idee für die Wohnungsgestaltung sei erwähnt, dass es in den kroatischen Städten unendlich viele Künstler gibt, die moderne **Aquarelle, Radierungen, Plastiken** und vieles mehr feilbieten.

Mehr als ein Verlegenheitssouvenir sind lokale Weine und Schnäpse, allen voran das auf jedem Bauernhof gebrannte Nationalgetränk **Slibowitz.** In Touristenorten bekommt man diesen Pflaumenbranntwein als verdünnten Fusel mit künstlichen Aromen, aber in schönen Flaschen, oft mit Kräutern oder eingelegten Früchten. Richtig guten Schnaps erhält man auf den Höfen – einfach auf Schilder wie „Vino" und „Šljivovica" achten.

Elektrizität

Die Stromspannung beträgt wie bei uns **220 V bei 50 Hz,** die Steckdosen sind landesweit **ohne Adapter** nutzbar.

Essen und Trinken

Die Krone jedes guten Urlaubs ist Speis und Trank – und Südkroatien kann sich ausgezeichneter Köche nicht nur auf dem Festland, sondern auch auf den Inseln rühmen. Es versteht sich von selbst, dass die unterschiedlichen Regionen ihre eigenen kulinarischen Spezialitäten hervorgebracht haben. Aufgrund der Lage am Meer sind **Fischgerichte,** Hummer, Scampi, Muscheln und andere **Meeresfrüchte** typisch für die meisten der in diesem Buch beschriebenen Orte. Typische Speisefische sind Goldbrasse, Wolfbarsch, Drachenkopf und Rotbrasse. Sehr beliebt sind auch Krebs-, und Seepolypensalat, Austern sowie Jakobs- und Miesmuscheln, *dondole* genannt. Ferner dürfen gegrillte Sardinen oder Sardellen (köstlich!) auf den Speisekarten nicht fehlen.

008is Foto: wl

Nicht zu verachten sind aber auch die hausgemachten **Nudeln** mit verschiedensten Fleischsoßen, z.B. Makkaroni mit Gulasch. Maultascherl *(fuži)*, Nockerl *(gnocchi)* mit Wild und *krafi* (mit Käse gefüllte Ravioli) mit Gulasch sind Gerichte, deren Rezepte hier von Generation zu Generation weitervererbt werden. Die unersetzliche *maneštra* (Minestrone, Gemüsesuppe) mit Bohnen und jungem Mais oder Gerstenkorn, hausgemachte Würste und *žarebnjak* (geräuchertes Schweinskarree) mit Sauerkraut sind traditionelle **„Hausmannskost"**, die in alten Weinstuben und Lokalen *(gostionica, konoba)* serviert wird.

An kleinen, kalten Speisen seien der dalmatische **Rohschinken** *(pršut)* und **Schafskäse** *(sir)* erwähnt, ergänzt durch selbstgebackenes Brot *(kruh)*. Und da wir gerade von zünftigen, deftigen Leckerbissen sprechen: Unübersehbar sind die entlang der Straßen scheinbar unentwegt rotierenden, knusprigen **Lämmer am Spieß** *(janjetina)*, gelegentlich in Norddalmatien auch **Spanferkel** *(svinjetina)*, die jeder einmal gekostet haben sollte.

Was man von unseren „Balkan-Restaurants" kennt, sind meist gegrillte Kleinigkeiten wie *plješkavica* (Bouletten), *čevapčići* (*čevapi*, Hackfleischröllchen) oder *ražnjići* (Fleischspieße), jeweils serviert mit *ajvar*, einer roten Paprikapaste. Sehr beliebt sind freilich auch warme *burek* (Blätterteigtorte, in Bäckereien) wahlweise mit Spinat, Käse, Hackfleisch oder Apfel gefüllt, eine – wie auch das Lamm am Spieß – von den muslimischen Bosniern übernommene Spezialität. Beliebteste Beilagen sind Reis, Pommes Frites und Brot; an Gemüsearten werden je nach Saison und Region Mangold, Tomaten, Feldsalat, Wildspargel, Zucchini, Bohnen, Erbsen und Oliven gereicht.

Ausländische Restaurants sind übrigens sehr selten in Dalmatien zu finden – mit Ausnahme der von der anderen Adriaseite übernommenen **Pizzerien,** die gleichzeitig auch die günstigsten Lokale in Kroatien sind.

Restaurant-Preise

Ein Wort zum Preisgefüge: Essen gehen in Kroatien ist im Durchschnitt immer noch rund 25% günstiger als in Österreich oder Deutschland, von der Schweiz ganz zu schweigen. Grundgerichte scheinen geradezu billig zu sein, man darf sich jedoch nicht täuschen lassen: Beilagen werden extra bestellt und gesondert berechnet. Recht günstig sind gemischte Platten für zwei Personen, etwa Fisch für 180 K oder Grillfleisch für 140 K. Als Faustregel gilt: Je weiter weg von der Küste, desto uriger, originaler und preiswerter!

Wein und Obstbrand

An Getränken steht zuvorderst der heimische Wein in diversen Sorten, zu nennen sind vor allem *pleskavica* (weiß und rot), Malvasia-Weißwein, Teran- und Borgonja-Rotwein sowie Hrvatica-Rosé. Hausmarken können übrigens in den meisten Orten (Schilder „vino" beachten) direkt vom Erzeuger für 4–5 K/Liter gekauft werden, ebenso Schnäpse, allen voran **šljivovica** (Pflaume) und **kruškovac** (Birne), wobei besonders die handwarm getrunkene Mischung **juliška** (Pflaume und Birne) zu empfehlen ist. Als typischer Aperitif wird gern der sehr milde Likörwein **prošek** getrunken.

Feste und Feiertage

Neben den gesetzlichen Feiertagen wird in fast allen Orten mindestens ein lokales Fest im Jahr gefeiert, von zahllosen Veranstaltungen, Ausstellungen, Sportwettkämpfe usw. abgesehen. In den Ortsbeschreibungen wird auf wichtige Termine und Festivitäten gesondert hingewiesen.

Gesetzliche Feiertage

- **1. Januar:** Neujahr
- **6. Januar:** Heilige Drei Könige
- **März/April:** Ostern
- **1. Mai:** Tag der Arbeit
- **30. Mai:** Staatsfeiertag; kroatischer Parlamentsbeschluss von 1991 zum Austritt aus der BR Jugoslawien.
- **22. Juni:** Antifaschismustag
- **5. August:** Staatsfeiertag; Rückeroberung der Krajina 1995.
- **15. August:** Mariä Himmelfahrt
- **1. November:** Allerheiligen
- **25. und 26. Dezember:** Weihnachten

Der „Marder“ als Zahlungsmittel

Die Bezeichnung „Kuna“ für die kroatische Landeswährung reicht viele Jahrhunderte zurück und zeugt von der damaligen Tauschwirtschaft unter den Handeltreibenden. „Kuna“ bedeutet nämlich nichts anderes als „Marder“, ein Hinweis darauf, dass vor der Verbreitung von Münzgeld und Banknoten die einfachen Kroaten mit auf der Jagd erbeuteten Marderpelzen bezahlten. Auf den kroatischen Kuna-Münzen ist das Tierchen auf der Rückseite verewigt.

Recht ähnlich ist der etymologische Hintergrund der russischen Landeswährung: „Rubel“ bedeutet „das Abgeschlagene“, da die Händler Silberbarren bei sich trugen, von denen sie beim Bezahlen mit der Axt etwas abschlugen. Derartige Tauschwirtschaften sind auch aus anderen Kulturen bekannt, etwa aus der Südsee, wo man Muscheln als Zahlungsmittel verwendete.

Geldangelegenheiten

Die nationale Währung heißt **Kuna** (K; 1 Kuna = 100 Lipa), das kroatische Wort für „Marder" (⇨Exkurs). Im Gebrauch sind Münzen von 1, 2, 5, 10, 20 und 50 Lipa sowie 1, 2 und 5 Kuna, ferner Geldscheine von 5, 10, 20, 50, 100, 200, 500 und 1000 Kuna.

Devisen werden in Banken, Wechselstuben, auf Postämtern sowie in den meisten Reisebüros, Hotels und an Campingplätzen gewechselt.

Die **Banken** sind von 7–19 Uhr geöffnet, samstags bis 13 Uhr; manche Banken in größeren Städten sind auch sonntags geöffnet (insbesondere in touristischen Orten); für Schecks werden 1,5%, für Bargeldtransaktionen 1% Kommission verlangt (besser als Wechselstuben).

In den meisten Hotels, Restaurants und Geschäften kann mit gängigen **Kreditkarten** (American Express, Diners Club, Mastercard, Visa) bezahlt werden.

Sehr praktisch sind die zahlreichen **Geldautomaten** an den Banken, wo per Maestro-Karte (EC-Karte) und PIN-Code bis zu 2000 Kuna pro Transaktion abgehoben werden können. Es kommt allerdings manchmal zu so genannten „Verbindungsschwierigkeiten". Man sollte also nicht unbedingt auf den letzten Drücker versuchen sollte, Geld abzuheben! **Barabhebungen** per Kreditkarte kosten je nach ausstellender Bank bis zu 5,5% an Gebühr, aber für das **bargeldlose Zahlen** werden nur 1–2% für den Auslandseinsatz berechnet. Barabhebungen per Maestro-Karte kosten 1,30–4 € bzw. 4–6 SFr. Bei **Verlust der Maestro- oder Kreditkarte** muss die ausstellende Bank schnellstmöglich informiert werden (⇨Notfälle).

Wechselkurse

Es empfiehlt sich nicht, Kuna schon zu Hause zu tauschen, der Wechselkurs vor Ort ist deutlich besser. In Kroatien wiederum bieten die Banken den weit besseren Kurs als Hotels oder Andenken-

624da Foto: fz

läden. Wechselstuben sind unkomplizierter, aber etwas ungünstiger.

Wechselkurs (Stand Februar 2006)
- 1 € = 7,32 Kuna, 1 Kuna = 0,13 €
- 1 SFr = 3,96 Kuna, 1 Kuna = 0,18 SFr

Preise und Kosten

Kroatien ist immer noch **eines der günstigeren Reiseziele Europas.** Die **Verpflegung** im Land ist preiswert, vor allem dann, wenn man auf Märkten und in Bäckereien einkauft. Auch der **Unterkunftsbereich** (⇨Unterkunft) bietet gelegentlich echte Schnäppchen. Dazu muss man sich natürlich ein wenig umsehen (Zeitschriften) oder das Internet durchforsten – Wochenpreise von rund 150 €/Person in einem Hotel sind durchaus normal. Auch Ferienwohnungen können vorab gebucht werden, „Wiederholungstäter" vereinbaren ohnehin oft mit dem Vermieter für den nächsten Urlaub eine direkte Buchung.

Die **Treibstoffpreise** nähern sich immer mehr den mitteleuropäischen an. Die wichtigen Dinge des (Urlaubs-)Lebens wie Bier (14–16 K für 0,5 l) oder Eiscreme (4–5 K für die Riesenkugel) reißen dagegen kein größeres Loch in die Urlaubskasse. Insgesamt kann eine vierköpfige Familie für einen dreiwöchigen Camping- oder Apartmenturlaub mit insgesamt 3000 € (Eintritte und Sprit inbegriffen) rechnen.

Trinkgeld

Es ist üblich Beträge von Gastronomierechnungen aufzurunden und etwa Hotelpersonal (Zimmermädchen) eine Aufmerksamkeit von ca. 50K/Woche zukommen zu lassen.

Informationsstellen

Für einen Urlaub in Dalmatien gibt es eine Fülle von nationalen und lokalen Informationsstellen, bei denen man sich vorab ausführlich informieren und/oder Buchungen vornehmen kann.

Vertretungen Kroatiens

Außerhalb des Landes bieten die **Kroatische Zentralen für Tourismus** Informationen, Hilfestellungen und weitergehende Literatur zur Reisevorbereitung:

In Deutschland:
- Kaiserstr. 23, 60311 Frankfurt, Tel. 069-2385350, Fax 23853520, Kroatien-Info@gmx.de, http://de.croatia.hr.
- Rumfordstraße 7, 80469 München, Tel. 089-223344, Fax 223377, kroatien-tourismus@t-online.de, http://de.croatia.hr.

In Österreich:
- Am Hof 13, 1010 Wien, Tel. 01-5853884, Fax 585 388420, office@kroatien.at, http://at.croatia.hr.

In der Schweiz:
- Badenerstr. 332, 8004 Zürich, Tel. 043-3218211, Fax 3218213, kroatien@gmx.ch, http://ch.croatia.hr.

010is Foto: wl

Sehr wichtig für den Touristen vor Ort ist die Telefonnummer 0800-200-200, eine landesweit kostenlose **Informations-Hotline** der Zentrale für Tourismus.

- **Kroatische Zentrale für Tourismus,** Iblerov trg 10/4, 10000 Zagreb, Tel. (01) 4699333, Fax 4557827, www.htz.hr, info@htz.hr.

Daneben bieten die Tourismusverbände der Regionen Nord-, Mittel- und Süddalmatien regionale Informationen:

- **Dubrovnik – Neretva County Tourist Board,** Cvijete Zuzoric 1, 20000 Dubrovnik, Tel. 020-324999, Fax 324224, info@visitdubrovnik.hr, www.visitdubrovnik.hr.
- **Tourismusverband der Gespanschaft Split,** Prilaz brace Kaliterna 10/I, 21001 Split, Tel./Fax 021-490032, tzzup-st-dalm@st.t-com.hr, www.dalmatia.cen.com.
- **Zadar County Tourist Office,** Sv. Leopolda B. Mandica 1, 23000 Zadar, Tel. 023-315107, Fax 315316, tzzdzup@zd.htnet.hr, www.zadar.hr.
- **Dalmatia County Tourist Office,** Prilaz brac'e Kaliterna 10/1, 21000 Split, Tel. 021-490036, Fax 490033, tzzup-st-dalm@st.t-com.hr, http://dalmacija.ne.

Lokale Touristinfos

In Kroatien ist die Institution des so genannten **„Turist-Biro“** (auch „Information“ oder „Tourist Service/Agency“) praktisch allerorts vertreten; hier handelt es sich um **kommerzielle Agenturen,** die Privatunterkünfte vermitteln, Geld wechseln, Ausflüge organisieren, Angel- und Tauchlizenzen (nicht alle) ausstellen usw. Dieser Service ist nicht umsonst, Auskünfte – etwa in Form von Stadtplänen – kosten Bares (teilweise werden 5 € für einen einfachen Stadtplan kassiert!). Für die Organisation von Fremdenzimmern und Ferienwohnungen sind diese Institutionen unumgänglich (⇨Unterkunft), für normale touristische Anliegen (Hintergrundinformationen zum Ort, Prospekte, Stadtpläne usw.) empfiehlt sich jedoch der Besuch der „richtigen“ Touristeninformationen in den einzelnen Orten, kroatisch **„Turistična Zajednica Grada …“** (Tourismusverband der Stadt …). Diese lokalen Informationsbüros sind in den jeweiligen Ortsbeschreibungen aufgeführt.

Internet

Abgesehen von den in den einzelnen Kapiteln genannten Internetadressen lohnt ein Blick auf die vielleicht empfehlenswerteste Seite überhaupt: Kroatien.netzstart.net ist eine nahezu perfekte **Linksammlung** zu praktisch allen Themen, die man irgendwie zu Kroatien vertiefen möchte. Von Nationalparks über Verkehrsnachrichten und Sport aller Art, Webcams und Kreativ- und Aktivurlaub bis hin zu Stadtplänen und Unterkunftsbuchung ist an alles gedacht worden. Hervorragend!

Speziel zu Dalmatien empfehlen sich auch die folgenden Internetseiten:

- **http://home.germany.net/dalmatienweb/:** Informiert allgemein über Dalmatien, Wissens- und Sehenswertes sowie über allerhand Praktisches.
- **www.dalmacija.net:** Informiert gezielt zu touristischen Highlights.

Kinder auf der Reise

Kroatien wird Kindern gefallen. Von „Ritterburgen" über „Robinsoninseln" bis zu Hüpfburgen wird so allerlei geboten – für kleine und für große Kinder. Dennoch sollte man ein paar Kleinigkeiten beachten, um ungetrübte Urlaubsfreuden mit der gesamten Familie genießen zu können. Wegen des Klimas (sonniges Mittelmeerklima während der Haupturlaubszeit) versteht sich ein zuverlässiger Sonnenschutz (vor allem für den Kopf) von selbst; wichtig ist es, permanent Flüssigkeit zuzuführen, am besten Mineralwasser (vor Ort überall günstig erhältlich). Sehr wichtig sind auch Badesandalen wegen der meist felsigen (oft scharfkantigen) Strandabschnitte. Für sehr kleine Kinder und Babys sind die praktischen Höschenwindeln vor Ort nur in großen Supermärkten erhältlich, gleiches gilt für spezielle Babynahrung.

011is Foto: wl

Medien

Radio

Von 6.35-21.35 Uhr sendet das 2. Programm des kroatischen Rundfunks HRT (98,5 MHz) zu jeder vollen Stunde nach den Nachrichten **touristische Informationen** (Straßenverhältnisse, Fährpläne und sonstige wichtige Hinweise) auf Englisch, Deutsch und Italienisch - allerdings nur vom 1.7. bis 15.9. sonst Kroatisch und Englisch. Der HAK sendet zweimal täglich in den genannten Sprachen den **Nautikerbericht.** Nachrichten in englischer Sprache strahlt das 1. Programm auf der Frequenz 92,1 MHz täglich um 8.03, 10.03, 14.03, 20.03 und 00.10 Uhr (sonntags ab 9.03 Uhr) aus.

Zeitungen

Auch **Deutschsprachige Tages- und Wochenzeitungen** sind an Kiosken und in Buchhandlungen erhältlich, in Süddalmatien aber nur in größeren Orten. Die wichtigsten kroatischen Tageszeitungen sind „Večernji List" (Abendblatt), „Vjesnik" (Bote) und „Slobodna Dalmacija" (Freies Dalmatien).

Medizinische Versorgung

Das medizinische Versorgungssystem wird permanent verbessert und auch für Touristen erweitert. Viele Campingplätze verfügen über eine **Erste-Hilfe-Station,** mittlere und größere Städte über ordentliche, moderne **Kreiskrankenhäuser.** Alle Behandlungskosten sind in bar zu entrichten; es empfiehlt sich daher dringend der Abschluss einer Reisekrankenversicherung (⇨Versicherungen).

Nachtleben

Die meisten Hotels der höheren Kategorie haben **Nightclubs,** wichtigere touristische Ortschaften verfügen über **Discos.** Im Sommer werden oftmals **Tanzabende im Freien** sowie verschiedene

Unterhaltungsprogramme und Kulturveranstaltungen organisiert – es ist wirklich ein Genuss, eine kleine kroatische Dorfband auf einem der kleinen Plätze der Altstädte zu erleben! In den bekannteren Hotel- und Freizeitanlagen gibt es auch das eine oder andere **Spielcasino.** Nachtschwärmer werden sich ansonsten an den malerischen Promenaden der Küstenstädte wohl fühlen, wenn nach Einbruch der Dunkelheit das Leben in den **Bars** und **Cafés** erwacht.

Notfälle

Man hofft es natürlich nicht, aber wenn einmal etwas passiert, sollte man trotz der Aufregung einen kühlen Kopf bewahren und bei folgenden Stellen Hilfe in Anspruch nehmen: Beim **Verlust von Reisedokumenten** kontaktiere man außer der Polizei die diplomatische Vertretung (⇨Diplomatische Vertretungen); idealerweise hat man eine Fotokopie gesondert aufbewahrt!

Bei **Verlust oder Diebstahl** der Geldkarte oder Reiseschecks sollte man diese umgehend sperren lassen. In Deutschland gibt es dafür seit Juli 2005 die einheitliche **Sperrnummer 0049-116116** für Maestrokarten, Kreditkarten, Krankenkassenkarten und Handykarten u.a. In Österreich und der Schweiz gelten hingegen:

- **Maestro-Karte,** Österreich: Tel. 0043-1-2048800; Schweiz: Tel. 0041-1-2712230; UBS: 0041-8488-88601; Credit Suisse: 0041-8008-00488.
- **MasterCard und VISA,** Österreich: Tel. 0043-1-717014500 (Euro/MasterCard) bzw. Tel. 0043-1-71111770 (VISA); Schweiz: Tel. 0041-44-2008383 für alle Banken außer Credit Suisse, Corner Bank Lugano und UBS.
- **American Express,** Österreich: Tel. 0049-69-97971000; Schweiz: Tel. 0041-1-6596666.
- **Diners Club,** Österreich: Tel. 0043-1-501350; Schweiz: Tel. 0041-1-8354545.

Bei **Maestro-Karten** muss man für die Sperrung seine Kontonummer nennen können.

Nur wenn man den Kaufbeleg mit den Seriennummern der **Reiseschecks** sowie den Polizeibericht vorlegen kann, wird der Geldbetrag von einer Bank vor Ort binnen 24 Stunden zurückerstattet. Also müssen Verlust oder Diebstahl umgehend bei der Polizei und bei American Express bzw. Travelex/Thomas Cook gemeldet werden:

- **American Express Reiseschecks,** Deutschland: Tel. 0049-69-97971850; Österreich: Tel. 0043-1-5450120; Schweiz: Tel. 0041-17454020.
- **Travelex/Thomas Cook Reiseschecks,** mehrsprachiger Computer für alle Länder, Tel. 0044-1733318949.

Notrufnummern

- **Polizei:** 92
- **Feuerwehr:** 93
- **Notruf:** 94
- **Kfz-Pannendienst:** 987 oder 01-987 (Funktelefon), ⇨Werkstätten unter „Autofahren"

Öffnungszeiten

Öffentliche Institutionen, Banken und Postämter sind Montag bis Freitag von 8–16 Uhr durchgehend geöffnet, Banken und Postämter größerer oder touristischer Orte von 7–19 Uhr. Während der Sommersaison sind viele Postämter darüber hinaus bis 21 Uhr geöffnet. Geschäfte und Warenhäuser unterliegen keiner einheitlichen Regelung, öffnen aber in der Regel von 8–20 Uhr. Gastronomie und touristische Einzelhändler (Souvenirläden usw.) passen ihre Öffnungszeiten dem jeweiligen Bedarf an. Tankstellen sind jeden Tag von 7–19 oder 20 Uhr, im Sommer bis 22 Uhr geöffnet, in größeren Städten und auf Fernverkehrsstraßen rund um die Uhr.

Post

Die kroatische Post HPT hat sich als effektiv und zuverlässig erwiesen (Öffnungszeiten s.o.). Briefe (5,5 K) und Postkarten (3,5 K) benötigen etwa drei bis vier Tage nach Mitteleuropa. Briefmarken sind nicht nur in Postämtern, sondern auch in Zeitschriftenläden und teilweise in Souvenirshops erhältlich (Faustregel: dort, wo es Ansichtskarten gibt). Pakete können bis zu 10 kg per Post ins Ausland versandt werden, wobei neben der üblichen Paketkarte auch eine Zollerklärung (in dreifacher Ausfertigung) beizufügen ist.

Radfahren

Es hat so seine **Vorteile,** unabhängig und wirklich gemächlich per Drahtesel sein Urlaubsland zu erschließen. Man hat unmittelbaren Kontakt zum Umfeld, zahlt keine zusätzlichen Straßen- oder Schiffsgebühren (Fähren transportieren Fahrräder kostenlos) und fraglos wird auf diese Weise auch ein erheblicher Beitrag zum Umweltschutz geleistet. Aber die **Nachteile** sind nicht zu unterschätzen: es gibt nur **wenige ausgewiesene Radwege,** Kroatien ist durchweg hügelig bis bergig, die Straßen sind in teilweise abenteuerlichem Zustand und der Verkehr ist teils so brutal, dass von einer Radtour durch Kroatien eher **abzuraten** ist. Dies bedeutet nicht, dass man nicht beispielsweise im Camper sein Rad mitnimmt, um vor Ort kleinere Nebenstrecken zu befahren oder etwa vom Campingplatz in den nächsten Ort zu fahren.

Ganz anders sieht es auf den weniger frequentierten Inseln Dalmatiens aus (Šolta, Mljet, Vis ...), die zwar hügelig, aber für Radfahrer wegen geringer Verkehrsdichte **spürbar angenehmer** sind.

Sicherheit

Kroatien ist ein überraschend **sicheres Reiseland** und leidet glücklicherweise noch nicht unter dem Negativimage von Taschendiebstahl, Touristennepp und ähnlichem mehr. Man kann sich in jeder

Hinsicht unbeschwert im Lande bewegen, es drohen keine nächtlichen Überfälle, Gepäckschlitzer und motorisierten Handtaschenräuber. Eine kleine Ausnahme bildet eventuell die istrische Westküste, wo die Nähe zu Italien den einen oder anderen „Gastarbeiter" anzieht.

Insbesondere dem vielfach immer noch verbreiteten Vorurteil, Kroatien sei **Krisengebiet,** muss deutlich widersprochen werden! Es besteht schon lange **kein Grund mehr für irgendwelche Ängste** dieser Art.

Sport und Aktivitäten

Das **Baden im Meer** ist für viele die Erholung und der Urlaubsspaß schlechthin. Es gibt in Kroatien kaum private oder gesperrte Küstenabschnitte und selbst in kleinen und mittelgroßen Städten bieten sich immer wieder **kleine Buchten und Felsstrände** zum Sprung ins kühle Nass an. Sandstrände sind sehr selten: So, wie sich die Berge kahl und steil erheben, so fällt die Küste ebenso kahl und steil ins Meer ab. Die Felsstrände haben dadurch zwar den Nachteil, nicht sonderlich bequem zu wirken, verleihen jedoch der kroatischen Adria mit ihren spektakulären Felsbuchten und Berglandschaften jene klare und ungetrübte Brillanz, die jeden Besucher verzaubert und fasziniert.

Neben den meisten Hotels und Campingplätzen gibt es reihenweise **Sportplätze** für Tennis, Korbball, Strand-Volleyball usw. Man kann praktisch überall Boote sowie Angel- und Tauchausrüstungen mieten, auch Tauch- und Segelkurse werden organisiert. Auf den Flüssen Dobra und Cetina wird Rafting angeboten; Kajak- und Kanufahrten auf Wildflüssen werden auf Kupa, Korana, Cetina und Una organisiert.

620da Foto: fz

FKK

Spezialisierte **FKK-Campingplätze** mit einer langen Tradition stehen reihenweise zur Verfügung; teilweise befinden sich auch Mietbungalows in den FKK-Camps. Neben den meisten Hotelstränden und Campingplätzen gibt es auch gesonderte **FKK-Strände** - diese Bereiche sind stets gut beschildert. Kroatien als eines der ältesten FKK-Paradiese gilt auf diesem Sektor ungebrochen als eines der beliebtesten Urlaubsziele überhaupt.

Segeln

Kroatien ist ein sehr beliebtes Revier von Hobby- und Freizeitkapitänen, insbesondere Seglern. Es stehen über vierzig eingerichtete **Marinas** mit ca. 12.300 Anlegeplätzen im Meer und ca. 4.200 Landliegeplätzen zur Verfügung. Größere Marinas bieten technischen Service, Kräne, Tankstellen, Geschäfte und Gaststätten. In den meisten Marinas kann man Jachten mieten, auch werden Segelkurse organisiert.

Zum Thema **Jachtcharter** informieren folgende Verbände/Clubs:

- **Deutscher Segler-Verband (DSV),** Kreuzer-Abteilung, Tel. 089-586282.
- **Zentrale des Adriatic Croatic International Club (ACI),** HR-51410 Opatija, Maršala Tita 151, Tel. 051-271288, Fax 271824, aci.prodaja@ri.tel.hr, www.aci-club.hr.

In den **Charterbasen** Vodice (Norddalmatien, 43°45,2´ Nord, 015°47,0´ Ost, Tel. 022-443086, Fax 022-442470, m.vodice@aci-club.hr, VHF-Kanal 17) und Trogir (Mitteldalmatien, 43°30,8´ Nord, 016°15,2´ Ost, Tel. 021-881544, Fax 881258, m.trogir@aci-club.hr) wurde eine eigene **Charterflotte** des ACI aufgestellt, bestehend aus Elan 333, Elan 36, 40 und 45er Schiffen. Im ACI sind mittlerweile 21 Marinas in Kroatien zusammengefasst, auch Einweg-Charter (auch von einer der anderen Marinas) ist möglich. Je nach Boot liegt der reine Charterpreis/Woche zwischen 1150 und 3500 € (Hauptsaison, in der Nebensaison bis zu 50% Nachlass).

- Daneben bieten einige Privatfirmen Bootscharter an, u.a. **Orvas,** Šibenska 37, Tel./Fax 021-569836, orvas-yachting@orvas.hinet.hr in Split, oder **Marina Charter,** ACI Marina Trogir, 21220 Trogir (Kontakt s.o.), die hauptsächlich Bavaria 36 zu vergleichbaren Preisen anbieten.

Wichtige Hinweise für Freizeitkapitäne:

- **Es ist verboten, sich mit Motor- und Gleitbooten der Küste weniger als 300 m zu nähern!** Strengste Vorsicht ist wegen der Badenden geboten, bei Nichteinhaltung dieser Anordnung können fatale Unfälle passieren!
- Vor Verlassen des Hafens **Wetterbericht** einholen; beim Verlassen des Hafens ist eine Abmeldung erforderlich. Wenn der Bericht ungünstig ist, fahren Sie nicht los!
- Unternehmen Sie keine Fahrt ohne den entsprechenden **Anker** und eine Ankerleine von mindestens 50 m Länge.
- Für alle Motorboote sowie sonstigen Boote über 3 m Länge (Segel- oder Ruderboote) muss beim Hafenamt eine **Fahrtgenehmigung** beantragt werden. Die Anmeldung ist bei jedem Einlaufen eines Bootes in den Hafen, bzw. bei Anreise über das Festland erforderlich; die erteilte Genehmigung gilt für ein Jahr. Vorzulegen sind Funkerlaubnis, Führerschein und Bootspapiere.

Bei Anreise zur See erfolgt die Anmeldung in einem der ganzjährig geöffneten Hafenorte: Umag, Poreč, Rovinj, Pula, Raša-Bršica (südlich von Labin), Rijeka, Mali Lošinj, Senj, Maslenica, Zadar, Šibenik, Split, Ploce, Metkovic, Korčula und Dubrovnik.

Buchtipp:
„Küstensegeln", erschienen in der Praxis-Reihe, Reise Know-How Verlag, Bielefeld

Zum Thema **Seewetter** informieren folgende Radiosender:
● **Segelwetter** Kroatien (24-Stunden-Dienst) unter: **Rijeka Radio** auf Kanal 4, 16, 24, 20; **Split Radio** auf Kanal 7, 16, 21, 23, 28; **Dubrovnik Radio** auf den Kanälen 7, 16, 24.
● **Seewetterberichte:** Die drei Küstenfunkstellen strahlen täglich auf Kroatisch und Englisch aus: **Rijeka Radio** (UKW-Kanal 24) um 6.35, 15.35 und 20.35 Uhr, **Split Radio** (UKW-Kanal 21, 07, und 28) um 6.45, 13.45 und 20.45 Uhr und **Dubrovnik Radio** (UKW-Kanal 07 und 04) um 7.25, 14.20 und 22.20 Uhr. Zwischen Mai und Oktober sendet Rijeka-Radio außerdem auf Kanal 69 non-stop Wettermeldungen, auch auf Deutsch.

Bootsausflüge

Den Löwenanteil organisierter Bootstouren – abgesehen von reinen Ausflügen, die in den Touristenagenturen angeboten werden – stellen Touren ins **Nationalparkgebiet der Kornaten** (Kornati NP Office, Tel. 22-434662, 434166, 435215). Der Preis liegt bei rund 200 K inkl. Essen (zzgl. Parkeintritt); hier ein paar **Anbieter,** deren Heimathafen und Boote:

● **Dragutin Jezina,** ab **Murter,** MS Galeb, Tel. 98-207735, 22-434092, auch über Tourist Agency Coronata, Tel. 22-435447.
● **Eugen Turcinov** und **Mile Jerat,** ab **Šibenik,** MS Euri, Tel. 98-337192, 22-435310, MS Račić, Tel. 99-473820, 22-434367.
● **Petar Martinovic,** ab **Zadar,** MS Elisabet, Tel. 99-472458, 99-534699 und 23-314270, www.elisabetexcursions.com.
● **Nicolas & Mirjana Alviz,** ab **Krilo,** MS Kupinova, Tel. 22-338550.

Windsurfen

Das Windsurfen findet in Dalmatien nicht den großen Anklang, den man vielleicht erwartet; daraus resultiert auch ein allgemeines Manko an Verleihstellen. Von den großen Hotels abgesehen gibt es für Individualreisende vor allem **ein Zentrum des Windsurfens,** und das ist **Viganj** auf der Halbinsel Pelješac. Hier bläst der Westwind günstig in den natürlichen Kanal zwischen der Halbinsel Pelješac und der Insel Korčula. Über mehrere Kilometer erstreckt sich auf der Südseite der Halbinsel der Strand mit mehreren Campingplätzen, auf denen auch organisierte Surfschulen/Verleihstellen ihre Dienste anbieten. Die bekanntesten

Plätze sind das Autocamp „Anthony Bay“ (ADAC-Partner), Tel./Fax 020-719077, autopleter@autopleter.hr, sowie das „Camp Liberan“, Tel. 020-719164, Fax 719015.

Tauchen

Tauchen mit ABC-Ausrüstung (Brille, Schnorchel, Flossen) ist ohne Genehmigung erlaubt, für das Gerätetauchen ist eine **Genehmigung** erforderlich, die unter Vorlage von Pass und Brevet bei den Hafenmeistereien, über eine Tauchschule oder bei den Touristenagenturen (nicht bei allen!) problemlos ausgestellt wird. Das ein Jahr gültige Permit kostet 100 K, sofern man seine Tauchgänge über eine ortsansässige Basis arrangiert (diese organisiert dann auch die Genehmigung). Wer selbstständig tauchen möchte, wird mittlerweile mit stolzen 2400 K zur Kasse gebeten.

Wer sich diesen Betrag leisten will, für den ist es nicht erforderlich, die Tauchgänge über eine Tauchbasis zu arrangieren. **Selbsttaucher** haben an den meisten Basen die Möglichkeit einer Flaschenfüllung (rund 30 K); zur eigenen Sicherheit ist der Taucher jedoch verpflichtet, bei jedem Tauchgang eine auf der Wasseroberfläche schwimmende Boje mit sich zu ziehen. Es kann ganzjährig von Sonnenaufgang bis Sonnenuntergang selbstständig getaucht werden, für Nachttauchgänge sollte eine Tauchschule eingeschaltet werden.

Filmen und Fotografieren unter Wasser ist erlaubt, strengstens untersagt – und für echte Taucher selbstverständlich – ist es, irgendetwas vom Meeresboden zu entfernen; insbesondere das Sammeln von Steinbohrermuscheln *(Lithophaga)* und Seedatteln u.Ä. ist verboten; generell ist auch das Tauchen in Häfen und auf den Schifffahrtswegen strengstens verboten.

Die wichtigsten deutsch-kroatischen oder deutschsprachigen **Basen** werden in den Ortsbeschreibungen, soweit möglich mit E-Mail, gesondert aufgeführt, da diese oftmals auch gute Unterkunft preiswert arrangieren oder auch selbst an-

Buchtipps:
„Tauchen in warmen Gewässern“ und **„Wracktauchen weltweit“**, beide erschienen in der Praxis-Reihe, Reise Know-How Verlag, Bielefeld

Richtpreise für Tauchgänge und Equipment

- **Flaschenfüllung:** 5–7 €
- **Weste, Automat:** je 5 €
- **6er Tauchpaket, eigene Ausrüstung:** 150 € (nur Blei und Flasche)
- **6er Tauchpaket, volle Leihausrüstung:** 200 €
- **10er Tauchpaket:** 250 € (300 € bei Leihausrüstung)
- **Bootsausfahrten:** werden meist gesondert berechnet, 2 bis 3 € pro Tauchgang, ebenso Nichttaucher auf dem Boot, ca. 15–18 €.
- **Grundkurs** (Anfängertauchschein inkl. Leihausrüstung): ca. 300 €

Weitere Informationen rund ums Tauchen in Dalmatien

- **Kroatischer Tauchverband,** Dalmatinska 12, Zagreb, Tel. 385-14848765, Fax 14849119, www.diving-hrs.hr.

Dekompressionskammern

- **Dekokammern** befinden sich in Pula, P. Togliattija 47, Tel. 052-24572, Fax 217877, Mobil 098-255945, und in Split, Domovinskog rata 1, 21000 Split, Tel. 021-343980, Fax 021-361355, Mobil 099-475095.

bieten (bevorzugt für Taucher; siehe auch **Pauschalangebote** in einschlägigen Fachzeitschriften wie „Unterwasser" oder „Tauchen").

Angeln/ Fischen

Außer zum Angeln am Meeresufer benötigt man eine Bewilligung der zuständigen Gemeinde. Beim **lizenzfreien Küstenangeln** ist ein Fang von bis zu 5 kg täglich erlaubt. In Häfen und Naturschutzparks ist der Fischfang verboten, Muscheln und Krebsen darf nicht nachgestellt werden.

Fischfanggebiete sind die Gewässer rund um die Küste und die Inseln, wobei hauptsächlich Tintenfisch, Makrele, Goldbrasse, Brauner Serran, Tunfisch, Drachenkopf, Meeräsche, Aal, Zahnbrasse, Gelbstriemen, Große Geisbrasse, Schwarzer Schattenfisch, Muräne, Sackbrasse, Seebarbe und Rotbrasse gefangen werden.

Die Fremdenverkehrsämter geben alljährlich die Gratisbroschüre „Sportfischerei" heraus, ferner kann man sich an die Tourismusbüros vor Ort oder den „Zentralverband für Unterwasseraktivitäten und Sportfischerei am Meer" wenden (51000 Rijeka, M. Gupca 2, Tel. 051-25255).

Kanu/ Kajak

Kajakfahrten und Kanufahrten auf Wildflüssen werden in Kroatien auf den Flüssen Kupa, Korana, Četina und Una organisiert, wobei die Četina die besten Möglichkeiten bietet. Die folgenden Agenturen bieten Touren an:

- Im Raum Omiš arrangiert die Agentur **Active Holidays,** neben Rafting auf der Četina auch Freeclimbing-Kurse, Windsurfen, Tauchen, Unterkunft, PKW-Vermietung und Ausflüge; Knežova Kačića, Tel./Fax 385-21-863015, activeholidays@hinet.hr, www.activeholidays-croatia.com.
- In Stanići bietet die Agentur **Emsa,** Riverrafting (neben Freeclimbing, Wandern, Tauchen, Unterkunft, Fischen etc.) zu vergleichsweise günstigen Preisen; Tel. 021-879047, Fax 021-897011, info@emsatours.hr, www.emsatours.hr.
- Im nahe gelegenen Ortsteil Nemira wende man sich an die Agentur **Adria Tours,** Duce Zavlje II/2, Tel./Fax 21-734577, icapivcevic@st.htnet.hr, www.dimb.hr/tca.
- Besonderer Beliebtheit erfreut sich die berühmte „Kombi-Abenteuertour" der bekannten Fa. **Atlas** in Split, die ab ca. 900 € pro Person gebucht werden kann; Tel. 21-343055, Fax 362012, atl.split@atlas.hinet.hr, www.atlas-croatia.com.

Wandern

Die meisten Kroatien-Urlauber suchen die Erholung an den Stränden und in Küstenorten, doch seien wir ehrlich: Nach ein bis zwei Wochen des Müßiggangs reizt es gewiss, wieder einmal etwas anderes zu sehen und vielleicht einsame Gegenden des Hinterlandes kennen zu lernen. Das **Velebit-Gebirge** Norddalmatiens, die Nationalparks **Paklenica** und **Biokovo** oder auch die unvergleichlichen **Plitwitzer Seen,** Schauplatz der Winnetou-Filme, bieten sich für ausgedehnte Spaziergänge und Wanderungen an. An den Küsten laden teilweise kilometerlange befestigte Wege entlang malerischer, einsamer Felsbuchten zu ausgedehnten Promenaden ein. In den Ortsbeschreibungen wird auf die jeweiligen Wandermöglichkeiten hingewiesen.

Sportklettern, z.B. im Nationalpark Paklenica, ist mittlerweile recht beliebt; Auskünfte erteilen die Fremdenverkehrsämter der jeweiligen Regionen.

Sprache

Die **kroatische Sprache** gehört ebenso wie das Slowenische und das Serbische zu den südslawischen Sprachen. Im Unterschied etwa zum Bulgarischen oder Serbischen (Serbien und Montenegro) wird in Kroatien unsere **lateinische Schrift** verwendet, so dass dem Besucher die Orientierung anhand von Straßenschildern oder Hotelnamen leichter fällt als in Sprachgebieten mit kyrillischer Schrift.

Eine Sonderform im kroatischen Sprachgebiet bildet das vermutlich seit Ende des 19. Jh. ausgestorbene **Dalmatische,** eine vom Venezianischen geprägte romanische Sprache. Das Verbreitungsgebiet lag etwa im heutigen Dalmatien und kannte sogar mundartliche Tendenzen, wie etwa das Ragusische, eine in Ragusa (Dubrovnik) in Stadtparlament und Handel gesprochene Unterform des Dalmatischen. Am längsten hielt sich das Dalmatische auf der Insel Krk.

Aussprache

Bei der Aussprache des Kroatischen sind die folgenden Besonderheiten zu beachten:

- **c** wie ts
- **č** wie tsch
- **ć** wie tj
- **s** wie ss
- **š** wie sch
- **ž** wie sh in „Gelee"
- **z** wie s in „Suppe"
- **e** wie ä
- **dj** wie j in „James"
- **h** wie ch in „ach"
- **v** wie w
- **r** wie är (Krk = Kärk, Hrvata = Härvata)

Verständigung

Obgleich man in Kroatien sehr gut **Englisch, Italienisch und Deutsch** versteht, kann ein kleiner Wortschatz der Landessprache in entlegenen Gebieten oder kleinen Orten doch sehr hilfreich sein.

Wer sich einige Kroatischkenntnisse für den Urlaub aneignen möchte, dem sei der Kauderwelsch-Band **„Kroatisch – Wort für Wort"** sowie die entsprechende CD-ROM **„Kauderwelsch digital – Kroatisch"** empfohlen, die beide im REISE KNOW-HOW Verlag, Bielefeld, erschienen sind. Hier werden sehr anschaulich die Grundlagen der Alltagskommunikation erläutert, ohne dass man sich mit unnötiger Theorie und Grammatik herumplagen muss. Ebenfalls im REISE KNOW-HOW Verlag erschienen ist die Audio-CD **„Aussprache-Trainer Kroatisch"**, mit den wichtigsten Sätzen und Redewendungen des Kauderwelsch-Bandes zum Hören und Nachsprechen.

Telefonieren

Von den meisten öffentlichen Telefonen kann direkt nach Mitteleuropa gewählt werden: Auslandsvorwahl (Deutschland 0049, Österreich 0043, Schweiz 0041), Ortskennzahl ohne „0" sowie die Rufnummer des Teilnehmers. **Telefonkarten** sind an Kiosken und in Postämtern erhältlich.

Die Auslandsvorwahl **nach Kroatien** lautet 00385, dann ist ebenfalls die Ortsvorwahl (ohne „0") sowie die Teilnehmernummer zu wählen. Innerhalb Kroatiens wird die „0" (z.B. „01" für Zagreb) wie üblich mitgewählt. Die **Inlandsauskunft** erreicht man unter Tel. 988.

Handy

Das eigene Mobiltelefon lässt sich in Kroatien **problemlos nutzen,** denn dort bietet T-Mobile Croatia und VIPnet auch GSM 900 an, die mit fast allen Anbietern aus dem deutschsprachigen Raum einen Roamingvertrag haben. Geplant ist die Einrichtung von GSM1800 durch Tele2.

Wegen hoher Gebühren sollte man jedoch bei seinem Anbieter nachfragen oder auf dessen Website nachschauen, welcher der beiden Roamingpartner günstiger ist, und diesen per **manueller Netzauswahl** voreinstellen. Nicht zu vergessen sind die **passiven Kosten,** wenn man von zu Hau-

Die Herkunft der Kroaten

Der Begriff „Kroate“ stammt vom altslawischen Wort *chrvat* ab, welches wiederum vom altiranischen *fšuhaurvat* herzuleiten ist. Es bedeutete damals wie heute „Viehhüter“, ein Hinweis auf den Haupterwerb bzw. die Haupttätigkeit der frühen Bewohner der kroatischen Landstriche. Die Kroaten wurden im 7. Jh. vom byzantinischen Kaiser *Herakleios* zum Schutz gegen die vordringenden Awaren aus der slawischen Urheimat ins Land gerufen, die man in der heutigen Ukraine vermutet. Sie lebten vorerst als Hirten und Viehzüchter an der dalmatinischen Adriaküste, von wo aus sie sich nach Norden bis zur Kupa und nach Osten bis zu Sava und Drava ausbreiteten.

Hobbyangler werden sich vielleicht des deutschen Wortes „Kroat“ entsinnen, welches die gemeine Garnele bezeichnet. Dieser Begriff hat nichts mit dem südslawischen „Kroaten“ zu tun.

se angerufen wird (Mailbox abstellen!). Der Anrufer zahlt nur die Gebühr ins heimische Mobilnetz, die teure Rufweiterleitung ins Ausland zahlt der Empfänger.

Falls das Mobiltelefon **SIM-lock-frei** ist (keine Sperrung anderer Provider vorhanden ist) und man viele Telefonate innerhalb Kroatiens führen möchte, kann man sich eine örtliche **Prepaid-SIM-Karte** besorgen, z.B. die Simpa prepaid von T-Mobile Croatia (www.t-mobile.hr) oder VIPme prepaid von VIP (www.vipnet.hr).

Uhrzeit

In Kroatien gilt wie bei uns die Mitteleuropäische Zeit (MEZ) und vom letzten Märzwochenende bis Ende Oktober die Sommerzeit (MEZ + 1 Stunde).

Unterkunft

Kategorien

Bei **Hotels** und **Apartments/Bungalows** sowie **Privatunterkünften** wird in Kroatien entweder nach Klassen A bis D oder 1 bis 4 unterschieden, manchmal gibt es zusätzlich „L" für Luxus. Für **Campingplätze** existieren unterschiedliche Kategorisierungen und Angaben über die Qualität, teilweise werden Sternchen (* bis ****), teilweise Kategorien benannt (Kat. I bis IV), wobei jeweils „1/I" die geringste und „4/IV" die höchste Komfortklasse bedeutet.

Um dem Leser eine einigermaßen vernünftige **Orientierung** zu ermöglichen, wird in den Ortsbeschreibungen in diesem Buch einheitlich **nach vier Klassen katalogisiert,** dargestellt durch hochgestellte Euro-Zeichen (€€€€). Diese Einteilung ist unabhängig davon, ob vor Ort „2", „**", „B" oder „II" verwendet wird. Die Kategorien sind der abgebildeten Tabelle zu entnehmen. Genannt sind die Höchstpreise während der Hauptsaison (Mitte Juli bis Ende August); außerhalb der A-Saison (⇨Klima und Reisezeit) sinkt der Preis auf etwa zwei Drittel, in der Nebensaison teilweise bis auf ein Drittel! Viele Prospekte, Preistafeln usw. in Kroatien arbeiten auf Euro-Basis, die Abrechnung erfolgt jedoch in Kuna. In der Tabelle sind für eine Kategorie jeweils die niedrigsten und höchsten ermittelten Preise in Euro angegeben, bei Wohnwagen und Wohnmobilen inklusive Strompreise, jeweils pro Tag. Bei den Camping-Kategorien handelt es sich um vereinheitlichte Richtwerte; für die individuelle Planung empfiehlt es sich, den kostenlosen Campingplatzkatalog der Fremdenverkehrsämter (⇨Informationsstellen) anzufordern.

Camping

Wildes Campen ist nicht nur generell untersagt, sondern erweist sich auch insbesondere entlang der dalmatischen Küste mit dem jäh aufsteigenden Bergland als ausgesprochen schwierig. In der Hochsaison ist eine Woche die übliche **Mindest-**

Kategorien in diesem Buch (Preise in Euro)

Kategorie	Hotel	Apartment	Campingplatz
€	DZ Ü/F (kplt f. 2 Pers.) 40–55	2er 25–35 4er 40–55 6er 28–42	4 Pers./Zelt 15–20 4 Pers./WoWa 18–23 4 Pers./WoMo 18–23
€€	DZ Ü/F (kplt f. 2 Pers.) 55–75	2er 35–45 4er 60–80 6er 36–55	4 Pers./Zelt 18–24 4 Pers./WoWa 22–27 4 Pers./WoMo 22–26
€€€	DZ Ü/F (kplt f. 2 Pers.) 80–120	2er 45–60 4er 80–105 6er 55–90	4 Pers./Zelt 23–30 4 Pers./WoWa 27–34 4 Pers./WoMo 27–32
€€€€	DZ Ü/F (kplt f. 2 Pers.) 120–160	2er 60–70 4er 95–150 6er 100–180	4 Pers./Zelt 29–39 4 Pers./WoWa 34–47 4 Pers./WoMo 34–45

belegzeit auf Campingplätzen; darunter wird man sehr oft erst gar nicht aufgenommen. Bei den Unterkünften wird für Kurzzeitbelegungen (bis zu drei Nächten) ein Zuschlag von 30% erhoben.

Buchung

Es ist zumindest außerhalb der Hochsaison kein Problem, ohne Vorabarrangement nach Dalmatien zu kommen; entweder orientiert man sich an den allgegenwärtigen, oft mehrsprachigen Schilderwäldern („apartman" = Ferienwohnung, „sobe" = Zimmer), oder man wendet sich an eine der so genannten **Touristenagenturen „Agencija"**, die dem Suchenden eine Liste von Privatzimmern und Ferienwohnungen vorlegen – das ist etwa so kompliziert wie bei uns der Zeitungskauf am Kiosk. Dann besichtigt man selbstständig das Objekt. Sollte das Zimmer zusagen, füllt man – wieder beim Agenten – die Unterlagen aus. Der Pass wird zur Registrierung einen Tag (bzw. bis zur Rechnungsbegleichung) hinterlegt. Somit ist gewährleistet, dass Privatzimmer auch ordnungsgemäß versteuert werden (bis zu 40%!) und die Kurtaxe gezahlt wird (0,50–1 €/Tag). Der Kunde merkt von Kurtaxe und Vermittlungsprovision nichts, er zahlt einen Endbetrag.

Wer **direkt zu Vermietern** geht (manche freuen sich, können doch Steuer und Kurtaxe sowie Agenturenprovision gespart werden), darf nicht irritiert sein, wenn man gelegentlich trotz der Eigeninitiative an eine Agentur verwiesen wird: Es bestehen oft feste Verträge mit Agenturen oder man will ehrlich Steuern zahlen.

In den Ortsbeschreibungen wird beispielhaft auf günstig gelegene Agenturen verwiesen, darüber hinaus gibt es einige landesweit operierende Ketten, über deren Angebot man sich schon vorab **im Internet informieren** kann, z.B. unter www.atlas-croatia.com, www.generalturist.com, www.jadroagent.com oder www.kompas.hr. Viele Agenturen erweisen sich nicht nur bei der Unterkunftssuche als nützlich, sondern sind oft auch Fahrzeugverleiher, Ticketorganisatoren (Verkehrsmittel/Konzerte) oder arrangieren Ausflüge.

Auch **direkt vom Heimatland** aus kann gebucht werden, z.B. über Kroatien Direkt (preiswerte Hotels und Apartments, Tel. 05732-71099, www.kroatien-direkt.de). Auch in einschlägigen deutschen Fachzeitschriften wird oft für günstige Unterkünfte in Dalmatien/Kroatien geworben. Ein guter **kroatischer Anbieter** ist die Agentur Koima in Zagreb (Remetinečka 77, Tel. 385-01-655667, Fax 655 6888, www.apartmani-hrvatska.com).

Jugendherbergen

Jugendherbergen gibt es in Dalmatien lediglich in Zadar und Dubrovnik. Ein **internationaler Jugendherbergsausweis** ist erforderlich, auch empfiehlt sich wegen der großen Nachfrage eine **Vorabreservierung** (Preis; ⇨Ortsbeschreibungen).

Verkehrsmittel

Bahn

Im Vergleich zum Bus bietet die Bahn in Kroatien eigentlich nur eine Alternative für Eisenbahnfans. Bahnfahren lohnt sich nur, falls gerade ein Zug in die richtige Richtung geht. Die Anbindungen sind

– selbstverständlich bedingt durch die gebirgige und teils unzugängliche Landschaft – außerordentlich beschränkt. Bahnlinien führen von Slowenien nach Pula (Südspitze Istriens) oder über Karlovac nach Rijeka bzw. durch das Binnenland nach Dalmatien (Zadar, Šibenik und Split). In den Ortsbeschreibungen wird auf die jeweiligen Verbindungen hingewiesen. Je nach Route zahlt man in der zweiten Klasse als **Richtpreis** etwa 0,80–0,90 K pro Kilometer.

Bus

Der Bus dürfte für diejenigen, die nicht mit einem eigenen Fahrzeug unterwegs sind, das Haupttransportmittel sein; die Verbindungen zwischen den einzelnen Ortschaften sind recht ordentlich und zudem ausgesprochen preiswert: Als Faustregel gilt, dass pro Kilometer ca. 0,70 K berechnet werden – auch auf internationalen Routen, wenn die Tour in Kroatien beginnt.

Fähre

Zu den Dutzenden interessanten und sehr beliebten **Inseln** verkehren ganzjährig Autofähren, zu kleineren Inselchen Passagierfähren (teilweise Privatanbieter, zu buchen direkt am Pier). Die meisten in den Karten verzeichneten „Fährorte" sind nur eine Anlegestelle mit einer kleinen Ticketbude. Selbstfahrer stellen sich einfach hinten an und kaufen während der Wartezeit das Fährticket: von den beiden Coupons wird einer bei der Einfahrt auf die Fähre abgegeben, die Kopie gilt als Beleg. Im Gegensatz zu anderen Ländern der Region (z.B. Italien) ist das Fährpersonal auch in Stressphasen sehr hilfsbereit und nett.

Wartezeiten kommen durchaus vor, auf die Frequenzen und Verbindungen der diversen Routen wird in den Ortsbeschreibungen im Einzelnen eingegangen.

Über die jeweils aktuellen **Preise** und **Fährverbindungen** zu den Inseln informieren www.jadrolinija.tel.hr, Tel. Split 21-338333, und www.sem.hr/marina/english.

Taxi

Einige wenige Großstädte verfügen über einen regulären, relativ teuren Taxi-Service; Einzelheiten und Richtpreise finden sich in den Ortsbeschreibungen.

Trampen

Ein Wort zum Thema Autostopp: Trampen ist nicht sonderlich beliebt in Kroatien, eigentlich sogar eher verpönt. Das heißt allerdings nicht, dass in Notfällen oder bei miserablem Wetter nicht geholfen würde. Im Sommer jedenfalls stehen die Chancen für Tramper sehr schlecht, obgleich zu dieser Zeit mehr Touristen als Einheimische auf kroatischen Straßen fahren.

Versicherungen

Reisekrankenversicherung

Die Kosten für eine Behandlung in Kroatien werden von den gesetzlichen Krankenversicherungen in Deutschland und Österreich nicht übernommen, daher ist **der Abschluss einer privaten Auslandskrankenversicherung** unverzichtbar. Diese sind z.B. in Deutschland ab 5–10 € pro Jahr auch sehr günstig. Schweizer sollten bei Ihrer Krankenversicherungsgesellschaft nachfragen, ob die Auslandsdeckung auch für Kroatien gilt. Zur Erstattung der Kosten benötigt man grundsätzlich ausführliche **Quittungen** (mit Datum, Namen, Bericht über Art und Umfang der Behandlung, Kosten der Behandlung und Medikamente).

Andere Versicherungen

Ob es sich lohnt, weitere Versicherungen, wie eine Reiserücktrittsversicherung, Reisegepäckversicherung, Reisehaftpflichtversicherung oder Reiseunfallversicherung, abzuschließen ist individuell abzuklären. Aber gerade diese Versicherungen enthalten viele Klauseln, sodass sie nicht immer Sinn machen.

Die **Reiserücktrittsversicherung** für 35–80 € lohnt sich bei teureren Reisen und teureren Flugtickets mit einem fixen Termin, die man nicht umbuchen kann. Diese Versicherung zahlt für den Fall, dass der Versicherte, ein Angehöriger oder ein Mitreisender vor der Abreise einen schweren Unfall hat, schwer erkrankt, verstirbt oder schwanger wird. Sie zahlt in der Regel auch, wenn man gekündigt wird oder nach Arbeitslosigkeit endlich einen neuen Arbeitsplatz bekommt, das Eigentum des Versicherten durch einen Brand oder Einbruch verwüstet wird u.Ä. Terroranschläge, Streik, Naturkatastrophen, Unruhen, Krieg etc. gelten nicht, hier zahlt die Versicherung des Reiseveranstalters.

Die **Reisegepäckversicherung** lohnt sich seltener, da z.B. bei Flugreisen verlorenes Gepäck oft nur nach Kilopreis ersetzt und auch sonst nur der Zeitwert nach Vorlage der Rechnung ersetzt wird. Wurde eine Wertsache nicht im Safe aufbewahrt, gibt es bei Diebstahl auch keinen Ersatz. Kameraausrüstung und Laptop dürfen beim Flug nicht als Gepäck aufgegeben worden sein. Gepäck im unbeaufsichtigt abgestellten Fahrzeug ist ebenfalls nicht versichert. Die Liste ist endlos ...

Eine **Privathaftpflichtversicherung** hat man in der Regel schon. Hat man eine **Unfallversicherung,** sollte man prüfen, ob diese im Falle plötzlicher Arbeitsunfähigkeit aufgrund eines Unfalls im Urlaub zahlt. Auch durch manche Kreditkarten oder Automobilclubmitgliedschaft ist man für bestimmte Fälle schon versichert. Die Versicherung über die Kreditkarte gilt jedoch immer nur für den Karteninhaber!

Sicherungsschein

Wer eine Rundreise oder eine Pauschalreise bucht, sollte sich vergewissern, ob der Veranstalter **gegen Zahlungsunfähigkeit oder Insolvenz** versichert ist – das gilt vor allem für kleine Veranstalter oder Billigveranstalter. Als Nachweis dient der Sicherungsschein, den man spätestens bei der ersten (An-)Zahlung vom Veranstalter bzw. Reisebüro ausgehändigt bekommen sollte.

623da Foto: fz

Land und Leute

Geographie

Auf der Karte ähnelt das Territorium Kroatiens einem Bumerang, dessen Basis nach Nordwesten und dessen Spitzen nach Südosten zeigen. Diese recht eigentümliche Form erklärt sich aus der Ge-

625da Foto: fz

schichte bzw. der Zusammensetzung des ehemaligen Jugoslawien und seiner unterschiedlichen ethnischen Besiedlung. Im Norden grenzt Kroatien an Slowenien (501 km), im Osten an Ungarn (329 km), Serbien und Montenegro (241 km) und Bosnien-Herzegowina (932 km), im Süden wieder

an Montenegro (25 km). Das Staatsgebiet umfasst etwa 56.691 km² und beinhaltet 1185 Inseln, die größtenteils an der dalmatischen Küste liegen, von denen allerdings nur 66 bewohnt sind. Hauptstadt der Republik Kroatien ist Zagreb, wo ein Viertel der insgesamt rund 4,5 Millionen Bewohner des Landes leben und arbeiten. Die Bevölkerung besteht zu 90% aus Kroaten, 7% aus Serben und 3% aus Sonstigen (Italiener, Ungarn, Slowaken, Slowenen, Deutsche, Bosnier).

Seite 66/67: Das malerische Primošten in Zentraldalmatien
Seite 68/69: Die Inselgruppe Kornaten wurde zum Nationalpark erklärt

Kroatiens fünf ...

... höchste Berge:
Dinara 1830 m
Kamešnica 1810 m
Sveti Jure 1762 m
Vaganski Vrh 1757 m
Ozeblin 1657 m

... längste Flüsse:
Sava 562 km
Drava 505 km
Kupa 296 km
Donau 188 km
Bosut 151 km

... größte Inseln:
Krk 410 km²
Cres 406 km²
Brač 395 km²
Hrvar 300 km²
Pag 285 km²

... größte Städte:
Zagreb 710.000 Ew
Split 190.000 Ew
Rijeka 168.000 Ew
Osijek 105.000 Ew
Zadar 77.000 Ew

... größte Nationalparks:
Kornati 234 km²
Plitvitzer Seen 195 km²
Krka-Fälle 110 km²
Paklenica 102 km²
Mljet 54 km²

Geographisch unterteilt man Kroatien in das fruchtbare Flachlandbassin von Sava und Drava im Nordosten, ein bergiges Karstland im Norden und im Zentrum sowie die touristisch bedeutende mediterrane Küstenregion.

Diese Küstenregion – und somit der untere „Bügel" des Bumerangs – gliedert sich historisch bedingt in drei Regionen: die Halbinsel Istrien, die sich anschließende Kvarner Bucht sowie, im Süden, Dalmatien. Die gesamte Küste misst eine Länge von 1780 Kilometern.

Klima und Reisezeit

Entlang der kroatischen Küste herrscht **Mittelmeerklima** mit warmen, trockenen Sommern und milden Wintern, wobei es innerhalb dieses langen Küstenabschnitts noch gewisse Unterschiede gibt (⇨Grafik). Der Grund dafür liegt in der jeweiligen Lage zu den schützenden Bergketten des Festlands.

Als Faustregel kann festgehalten werden, dass es von Mitte Juni bis Ende August kaum regnet und die Tageshöchsttemperaturen mit schöner Regelmäßigkeit über die **30°C-Marke** klettern, wobei die Temperaturen in Süddalmatien meist noch um ein bis zwei Grad höher liegen als im Norden.

Beste Reisezeit

Mit der Empfehlung einer idealen Reisezeit ist das immer so eine Sache: Der eine mag es lieber hektisch und mit Trubel, der andere liebt die aufblühende Natur im Frühling, und wieder andere sind auf Schulferien angewiesen und haben nur begrenzt die Wahl eines „idealen" Zeitraums.

Von Ende Mai bis Anfang September sind die Sonnentage deutlich in der Überzahl. Offiziell wird die **Touristiksaison** wie folgt gegliedert (kleine Abweichungen sind je nach Wochenbeginn möglich):

- 27. März–22. Mai: E
- 23. Mai–26. Juni: D
- 27. Juni–10. Juli: C
- 11.–24. Juli: B
- 25. Juli–21. August: A
- 22.–28. August: B
- 29. August–4. September: C
- 5.–11. September: D
- 12. September–30. Januar: E

Nach diesem Schema berechnen Hotels, Ferienwohnungsvermieter und Zimmervermittler die Unterkunftspreise, werden Öffnungszeiten für

Mittlere tägliche Maximum- und Minimumtemperaturen in °C

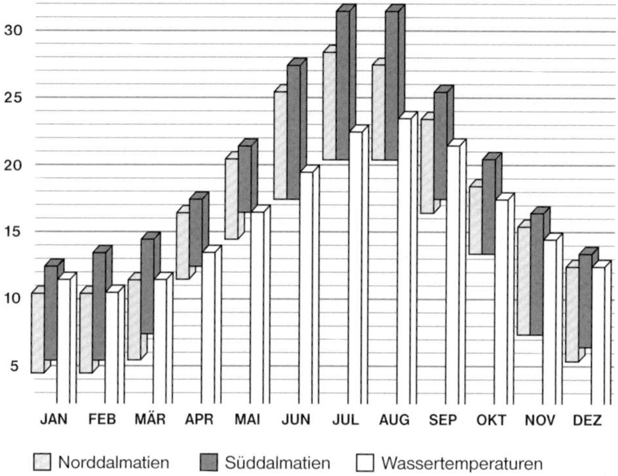

Mittlere Niederschlagsmenge pro Monat in mm

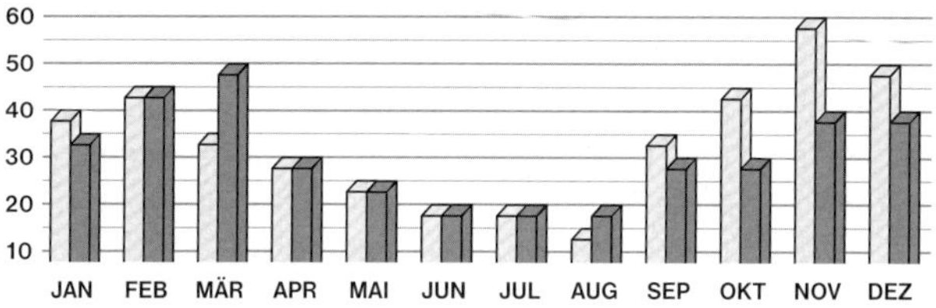

Museen und Sehenswürdigkeiten, aber auch Preise für Campingplätze abgestimmt.

Die Kernbereiche A und B – also **Mitte Juli bis Ende August** – sind die absolute **Hauptsaison,** in der das meiste los ist und natürlich auch Engpässe im Unterkunftsbereich oder eine „Massenabfertigung" in den Gaststätten vorkommen können.

Die **Vorsaison** hat den Vorteil, dass man sich gemeinhin in Gastronomie und Logis „Mühe gibt" und die Touristen umwirbt, während in der **Nachsaison** eine gewisse Müdigkeit unverkennbar ist. Andererseits sind die Wassertemperaturen Ende

August/Anfang September noch so hoch wie in der Hauptsaison.

Außerhalb der Saisonzeiten wird man Mühe haben, etwas anderes als eine Hotelunterkunft zu finden, auch viele Gaststätten stellen von Oktober bis April den Herd ab.

Flora und Fauna

Pflanzenwelt

Jedes Fleckchen fruchtbarer Erde wird zum Anbau genutzt: Wein, Feigen, Oliven, Tomaten und andere **Obst- und Gemüsesorten** zählen zu den wichtigsten landesüblichen Agrarerzeugnissen, wobei freilich die Pflaume als Basis für den allgegenwärtigen, selbstgebrannten Sliwowitz (Pflaumenschnaps) nicht vergessen werden darf. Häufige Nutzpflanzen sind auch Maulbeer-, Lorbeer- und Feigenbaum sowie Esskastanien (Maroni). Ansonsten wächst auf dem steinigen Karstboden ein spärlicher, immergrüner **Buschwald** mit Rosmarin, Salbei und Thymian; sehr markant duftet auch das Maggikraut. An der dalmatischen Küste und auf den Inseln gedeiht gelegentlich der **Ölbaum,** sonst finden sich vorwiegend Nadelhölzer wie Zypressen, Kiefern und Pinien.

Tierwelt

Wo eine Kultivierung der Felslandschaften nicht möglich ist, dominieren **Ziege und Schaf** als pflegeleichte Nutztiere. **Esel und Mulis** dienen noch heute als Transportmittel auf den unwirtlichen Bergpfaden und Hängen. Wild lebende Säugetiere scheinen weit seltener vorzukommen als in nördlicheren Gefilden; gelegentlich hoppelt ein Hase durchs Hinterland, auch Rot- und Schwarzwild lebt im Landesinneren. **Luchse und Bären** haben im Kvarner Hochland zwischen den Nationalparks Plitwitz und Risnjak eine Heimat gefunden. Mit Glück kann man dort sogar **Steinadler** beobachten, auf den Kvarner Inseln auch **Weißkopf- oder Gänsegeier.**

018is Foto: wl

Meer

Unter Wasser entdeckt der Taucher Nacktschnecken, Einsiedlerkrebse, Garnelen, Seeigel, Seespinnen, Sepia, Zackenbarsche und sogar Katzenhaie - bei den äußeren dalmatischen Inseln sind Haie keine Seltenheit, sogar weiße Haie sollen schon gesehen worden sein („Taucherlatein"?). Auch an Wracks und Grotten oder Höhlen mangelt es nicht. Bedingt durch den Felsboden ist die Sicht sehr gut, das Wasser fast überall von hervorragender Qualität. Umweltschäden sind in der kroatischen Adria glücklicherweise nicht vorhanden.

Esel sind noch heute das wichtigste Nutztier auf dem Lande

Geschichte Kroatiens

Die Entwicklung der einzelnen Regionen Kroatiens nahm - bedingt durch die Lage zwischen verschiedenen Machtregionen - einen sehr unterschiedlichen Verlauf. Daher wird in den Ortsbeschreibungen der jeweiligen Stadtgeschichte stärker Rechnung getragen, an dieser Stelle nur ein kurzer Gesamtüberblick:

Jungsteinzeit Besiedlung der Adriaküste vor 10.000 Jahren, erste Haustiere und Kulturpflanzen.

ab 1000 v. Chr. **Illyrische Stämme** siedeln sich - von Nordeuropa kommend - in Istrien (Histrer) und Dalmatien (Dalmater und Liburner) an.

ab 400 v. Chr. Einwanderung von **Kelten** und Verschmelzung zu einer illyrisch-keltischen Mischbevölkerung. **Griechische Kolonialisten** gründen Handelsniederlassungen auf Korčula, Hvar und Vis sowie dem Festland zwischen Split und Dubrovnik.

200 v.–200 n. Chr. Die **Römer** erobern zunächst den illyrischen Siedlungsraum (Kaiser *Augustus* und *Tiberius*), Zentrum der neuen Kultur wird Pula.

3.–5. Jh. Der in Dalmatien geborene Kaiser *Diokletian* macht Split zu seinem Zentrum (Diokletians-Palast). Das **Christentum** verbreitet sich, erste christliche Basiliken entstehen.

um 620 Einwanderung der **Kroaten** aus der slawischen Urheimat, die in der südwestlichen Ukraine (Pripjat-Sümpfe) angenommen wird, unter dem Druck der Völkerwanderungen.

bis 825 Der kroatische Balkan steht unter **byzantinischer und fränkischer Oberhoheit.**

925 Unabhängiges Königreich unter König *Tomislav.*

1102 *Koloman von Ungarn* wird König von Kroatien: Beginn der **ungarischen Oberhoheit** (bis 1918).

1527 *Ferdinand I.* von Habsburg (der spätere römisch-deutsche Kaiser) wird König von Ungarn-Kroatien; die **Habsburger** behalten die Krone bis 1918. Kroaten und Deutsche haben bis 1806, Kroaten und Österreicher bis 1918 ein gemeinsames Staatsoberhaupt.

1573 Bauernaufstände

1797 *Napoleon* erobert Dalmatien.

ab 1830 Nationale Wiedergeburt, insbesondere auf sprachlichem Gebiet.

1848 Krieg und Trennung von Ungarn.

1868 Kroatisch-ungarische Gleichberechtigung.

1.12.1918 Königreich der **Serben, Kroaten und Slowenen.**

1918 Nach dem Zusammenbruch der K.u.K. Doppelmonarchie Österreich-Ungarns am Ende des Ersten Weltkriegs fällt ganz **Istrien an Italien** (bis 1943).

10.6.1928 Kroatenführer *Stjepan Radič* (Gründer der Bauernpartei) wird im Parlament in Belgrad ermordet.

6.1.1929 **Königreich Jugoslawien**

6.4.1941 Einmarsch der **deutschen Truppen** in Jugoslawien und Besetzung.

10.4.1941 Kroatischer, faschistischer Ustaša-Staat unter Führer *Ante Pavelič.*

17.4.1941 Bedingungslose Kapitulation Jugoslawiens.

29.11.1945 Sozialistische Föderative Republik Jugoslawien unter **Tito.**

020is Foto: wl

28.6.1948 **Bruch mit Moskau** (Beginn des jugoslawischen „Sonderweges")

1970/71 **„Zagreber Frühling":** national-demokratische Massenbewegung unter Führung von Intellektuellen und Studenten zusammen mit der kroatischen Parteispitze, Niederschlagung durch die jugoslawische Regierung.

4.5.1980 Tod *Titos*

8.4.1990 ***Dr. Franjo Tudjman*** wird Präsident des kroatischen Republik-Präsidiums.

Mai 1990 Die „Kroatisch Demokratische Gemeinschaft" (HDZ) gewinnt die absolute Mehrheit bei den ersten freien postkommunistischen Parlamentswahlen.

Aug. 1990 Aufruhr kroatischer Serben in Knin, Beginn des bewaffneten Konflikts.

Stilvolle Villenbauten zeugen von der bis 1918 andauernden österreichisch-ungarischen Epoche, der K.u.K. Doppelmonarchie

17.3.1991	„Serbische Republik Krajina" erklärt sich für unabhängig.
25.6.1991	**Unabhängigkeitserklärung Kroatiens**
3.8.1991	1. Briuni-Abkommen: 3-monatiges Moratorium der Unabhängigkeitserklärung.
ab Sept. 1991	**Krieg in Kroatien**
7.10.1991	Serbische Bombardierung von Zagreb.
19.11.1991	Fall von Vukovar.
23.12.1991	**Anerkennung** durch Deutschland und die meisten anderen EU-Staaten mit Wirkung vom 15. Januar 1992.
19.1.1992	Aufnahme diplomatischer Beziehungen mit Deutschland.
Jan. 1992	Vance-Friedensplan
12.2.1992	UNO-Truppen-Stationierung (UNPROFOR)
Frühjahr 1992	Serbische Belagerung und Beschuss Dubrovniks.
2.1.1993	Kroatischer Angriff im Hinterland von Zadar (Maslenica).
28.2.1993	Washingtoner Abkommen zur Gründung der **Bosnisch-Kroatischen Föderation** in Bosnien und Herzegowina (BiH).
April 1993	Ausbruch bewaffneter Konflikte zwischen Kroaten und Muslimen in Bosnien-Herzegowina.
Sept. 1993	Kroatische „Medak-Offensive" bei Gospič.

1.5.1995 Kroatische Rückeroberung des serbisch kontrollierten Westslawoniens („Aktion Blitz").

2.–3.5.1995 Raketenbeschuss Zagrebs durch Serbien.

4.–7.8.1995 Kroatische Rückeroberung der serbisch kontrollierten Krajina („Aktion Sturm").

12.11.1995 Vertrag von Erdut mit den Behörden der serbisch kontrollierten Gebiete in Ostslawonien, der Baranja und Westsyrmiens über Wiedereingliederung in Kroatien nach VN-Verwaltung (UNTAES).

14.12.1995 Kroatien unterzeichnet das Daytoner Friedensabkommen.

23.8.1996 Normalisierungsabkommen zwischen Kroatien und der **Bundesrepublik Jugoslawien.**

6.11.1996 Aufnahme Kroatiens in den **Europarat.**

15.1.1998 Ende des UNTAES-Mandats und vollständige Wiedereingliederung von Ostslawonien, Baranja und Westsyrmien in den kroatischen Staatsverband

Nov. 1999–Jan. 2000 Der schwer erkrankte Präsident *Tudjman* liegt im Sterben, seine Nachfolge ist offen, sein Tod beendet eine autokratische Ära.

Feb. 2000 ***Stjepan Mesić*** wird am 7.2. zum neuen Präsidenten gewählt und am 18.2. offiziell in sein Amt eingeführt. Der Chef der HND verspricht eine Abkehr vom Einheitsstaat der bis dato vorherrschenden HDZ und der *Tudjman*-Verstrickungen.

13.7.2000 Die **Liberalisierungswelle** erreicht einen vorläufigen Höhepunkt mit der Entlassung des Tudjman-Getreuen *B. Tolić* als Chef der staatlichen Nachrichtenagentur HINA.

1.10.2000 *Mesić* kritisiert öffentlich kroatische Kriegsverbrechen der HVO (kroatische Armee) während des

Balkankrieges und verspricht weiterhin gerichtliche Verfolgung, auch wenn es sich um Kroaten handele; mehrere rechtsnationalistische Generäle attackieren ihn in einem offenen Brief. *Mesić* setzt sich durch und schickt sie in den Ruhestand.

März 2001 Kroatien liefert den wegen Kriegsverbrechen angeklagten General *Norić* aus – Zehntausende protestieren in Split dagegen, ebenso viele in Pula dafür; die Regierung bleibt hart.

25.6.2001 10-jähriges Unabhängigkeitsjubiläum. *Mesić* will seine Politik der inneren Liberalisierung und außenpolitischen **Westintegration** bei gleichzeitiger Aussöhnung mit den östlichen Nachbarn fortsetzen.

Juli 2002 Regierung *Račan* tritt zurück, 5-Parteienkoalition gescheitert. **Nationalkonservative** im Aufwind (rechtskonservative HDZ demoskopischen Umfragen zu Folge wieder stärkste Partei).

September 2002 *Ivica Račan* wird von *Mesić* wieder zum Premier ernannt – versucht nun ohne HSLS (*D. Budisa*) **Europäisierung** (EU-Beitritt) und Abbau der Arbeitslosigkeit (20%!) umzusetzen. Anfang 2003 war kaum eine neue Belebung für den Arbeitsmarkt festzustellen – die sozialen Spannungen steigen, der Druck auf *Račan* vor der Neuwahl 2004 ist immens hoch.

Januar 2003 EU-Erweiterungskommissar *Günter Verheugen* bezeichnet Kroatien und Bosnien-Herzegowina als **aussichtsreiche Kandidaten** für spätere Beitrittsrunden.

Februar 2003 Erneut werden in der Landespresse amerikanische Pläne zur Modernisierung des traditionellen Diokletianspalastes (Split) heftig und kontrovers diskutiert. Das marode **Weltkulturerbe** soll angeblich einem modernen Stadtzentrum weichen.

April 2003 Auf dem **Athener EU-Gipfel** (Beschluss der großen Osterweiterung für 2004) legt Kroatien sein offizielles EU-Beitrittsgesuch vor.

Herbst 2003 *Ivo Sanader* reformiert die bis dahin extrem rechtskonservative HDZ und kooperiert in offenen Fragen der EU und der Auslieferungsfrage gesuchter Kriegsverbrecher. Die HDZ wird damit wieder „hoffähig".

Februar 2004 *Stjepan Mesić* wird als Präsident wiedergewählt und führt Kroatien in die **EU-Beitrittsverhandlungen;** die angestrebte Vollmitgliedschaft für 2007 wird in Brüssel insbesondere wegen noch nicht EU-konformer wirtschaftlicher Rahmenbedingungen als illusorisch zurückgewiesen.

September 2005 Die Chefanklägerin des Tribunals zur Verfolgung von Menschenrechtsverletzungen in Den Haag, *Carla del Ponte,* bezeichnet die Zusammenarbeit mit der „neuen" HDZ-geführten kroatischen Regierung als gut, so dass den weiteren Verhandlungen über eine EU-Mitgliedschaft Kroatiens nichts im Wege stehe.

Anfang 2006 Ein weiteres Teilstück der **Dalmatien-Autobahn** Richtung Dubrovnik wird gebaut. Die Mesić-Administration postuliert als politisches Ziel die EU-Vollmitgliedschaft nun für 2009.

Staat und Politik

Das neue Kroatien

Parlamentarische Demokratie

Dem Modell moderner europäischer Staaten folgend, basiert die **„Republika Hrvatska“** (Republik Kroatien) gemäß der Verfassung von 1990 auf einer demokratischen und sozialen Struktur. Die kroatische parlamentarische Demokratie – zumindest nach *Tudjman* nicht nur auf dem Papier existent – betreibt demzufolge eine Gewaltenteilung in Legislative (Gesetzgebung), Judikative (Gerichtsbarkeit) und Exekutive (Vollzugsorgane) mit einem starken Präsidenten (zur Zeit *Stjepan Mesić,* im Februar 2005 wiedergewählt) an der Spitze. Er führt die neue, von der **SDP** (Partei des demokratischen Rechts) geführte Regierungskoalition (92 von 151 Sitzen) an; Oppositionspartei ist nun die bisherige „Einheitspartei“ des Anfang 2000 verstorbenen Staatsgründers Tudjman, die **HDZ** (Kroatische demokratische Vereinigung).

Anschluss an den Westen

Die Mesić-Administration genießt im Westen einiges Ansehen und ist ernsthaft daran interessiert, den „Filz“ der Tudjman-Ära zu beseitigen. Dies gilt sowohl für Ex-Premier *Ivica Račan* als auch für den aktuellen HDZ-Regierungschef *Ivo Sanader,* der nicht nur die einstige Einheitspartei reformierte, sondern auch das brisante Thema der Kriegsverbrecherfragen energisch und durchaus im Sinne Den Haags anging.

Sanaders Ankündigung, alle Fälle illegaler Inanspruchnahme serbischen Eigentums regeln zu lassen, allen serbischen Flüchtlingen die Rückkehr zu ermöglichen und für deren zerstörtes Eigentum durch Entschädigungsleistungen durch den kroatischen Staat aufzukommen, sichert ihm die **Koalitionsmehrheit** u.a. mit der serbischen Minderheitspartei SDSS (vier Sitze) im Parlament. Er gewann damit die Parlamentswahlen gegen *Račan* und führt seit 2004 eine allerdings sehr fragile Koalition (seine Reform-HDZ besitzt 62 von 152 Sitzen) aus HDZ und mehreren kleinen Parteien.

Nach einer Studie von *Dr. Andrasz* vom Budapester Forschungsinstitut für politische Systeme in Osteuropa (untersucht wurden u.a. Pressefreiheit, Gewaltenteilung, Korruption, Wahlfreiheit) gilt Kroatien allerdings noch immer als „halbkonsolidierte Demokratie", wobei insbesondere die extrem hohe Korruption sowie eine mangelhafte Umsetzung der Gewaltenteilung kritisiert werden.

Unter dem Strich bemüht sich Kroatien, Anschluss an die westlichen Nachbarn zu gewinnen und kurzfristig einen Platz in der EU zu finden (seit 2004 **offizieller EU-Beitrittskandidat** mit Beitrittsziel 2009). Kroatien ist ferner seit 1992 Mitglied der UN, der OSZE und des IWF.

Verwaltung

Die Republik Kroatien ist administrativ in 21 **Gespanschaften** (eine Gespanschaft entspricht etwa einem Kanton bzw. Bundesland) und die Stadt Zagreb gegliedert. Der Begriff Gespanschaft stammt aus der K.u.K.-Zeit, als südosteuropäische

Die kroatische Flagge

Territorien in „Banate" gegliedert waren und der *Ban* (Herr) des Banates den Großgespan quasi als Gouverneur der Gespanschaft ernannte. Diese Gliederung wurde 1918 übernommen (Königreich der Serben und Kroaten), nach dem Zweiten Weltkrieg abgeschafft und 1992 reaktiviert.

Staatssymbole

Flagge und Wappen

Die kroatische Flagge setzt sich als Trikolore aus den waagerechten Balken **Rot-Weiß-Blau** zusammen und entstand in dieser Form 1848 im Geiste der europäischen Revolutionen. Zur Unterscheidung etwa von der niederländischen Staatsflagge wird die kroatische mittig ergänzt durch das Staatswappen: ein **rot-weißes Schachbrett** mit 25 Feldern, dessen Ursprung auf die ersten kroatischen Könige (Funde aus dem 11. Jh.) zurückgeht und als „typisch kroatisch" gilt. Oberhalb des Schachbretts befindet sich eine Krone, die sich aus den fünf ältesten kroatischen Wappen (Kroatisches Königreich, Istrien, Dalmatien, Slawonien und Republik Dubrovnik) zusammensetzt.

Nationalhymne

Die kroatische Nationalhymne **„Lijepa Naša"** (unsere Schöne) schrieb *A. Mihanovič* im Jahre 1835. Sie wurde 1974 offiziell genehmigt und dient seither als ein alle Kroaten einigendes Band.

Wirtschaft

Übergang zur Marktwirtschaft

Die gesamtwirtschaftliche Lage seit der Unabhängigkeit stellt sich mit einem Pro-Kopf-Bruttoinlandsprodukt (BIP) von 6500 € besser dar als in anderen Ländern der Region (Bulgarien ca. 2000 €, Rumänien ca. 1800 €).

Das unter *Tito* vergleichsweise wohlhabende Jugoslawien zeigte sich nach 10-jähriger HDZ-Regentschaft und Balkankrieg zunächst als wirtschaftlich zerrüttet. Mit den Kriegswirren 1995

022is Foto: wl

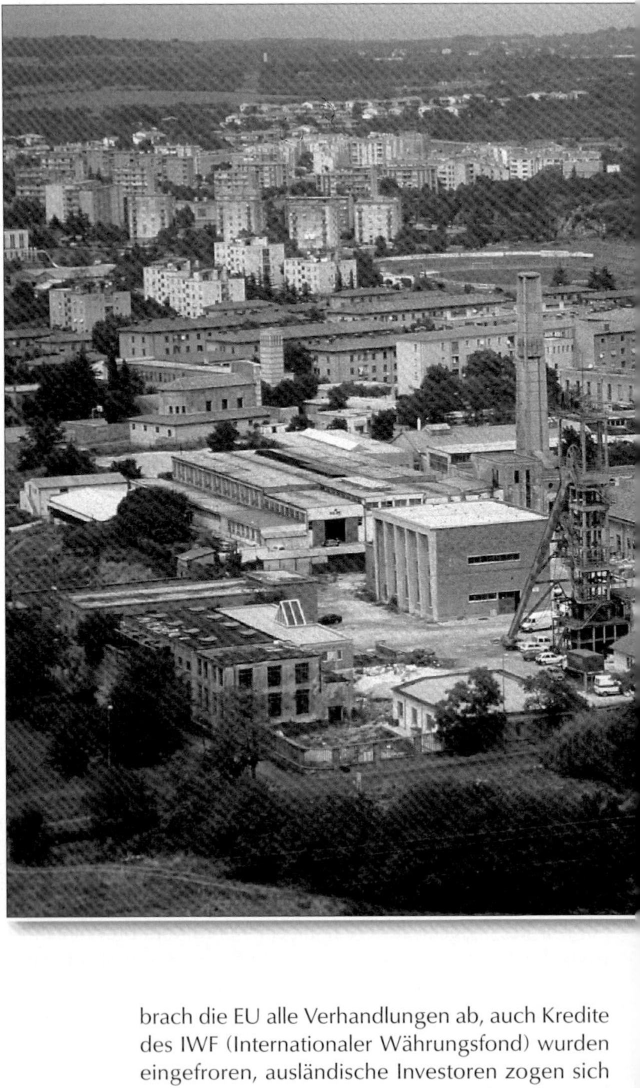

brach die EU alle Verhandlungen ab, auch Kredite des IWF (Internationaler Währungsfond) wurden eingefroren, ausländische Investoren zogen sich zurück. Hyperinflation (1500%) war die Folge und auch der Tourismus brach zusammen. Neben ei-

Zechen wie Podlabin sind eine Stütze der kroatischen Wirtschaft

ner künstlichen Überbewertung des Kuna sorgte ein immenses Handelsdefizit – die Importe betrugen fast das Doppelte der Exporte – für **Stabilitätsprobleme.**

Die EU-nahen Folgeregierungen unter Präsident *Mesić* und Premier *Sanader* schafften unerwartet rasch eine deutliche **Trendwende:** das Wachstum, die wichtigste Kennzahl einer Volkswirtschaft, wuchs 2005 bereits um 5%. Nicht zuletzt aufgrund dieser Entwicklung erklärte Brüssel Kroatien endlich zum offiziellen EU-Beitrittskandidaten. Ebenfalls als positiv wird die Tatsache bewertet, dass lediglich ca. 4% der Bevölkerung in Armut leben (unter 20 US-Dollar pro Tag), womit Kroatien zu den wirtschaftlich erfolgreichsten Staaten in Ost- und Südosteuropa zählt.

Schwerpunkte

Die Schwerindustrie mit 23% und der Handel mit 11% sowie Landwirtschaft und Fischerei mit 10% sind die wichtigsten Säulen der nationalen Wirtschaft, wobei ferner dem Tourismus eine strategische Schlüsselrolle zukommt (⇨Tourismus).

Wichtigste Exportgüter Kroatiens sind Maschinen, Kleidung, Kleingeräte und petrochemische Produkte; importiert werden hauptsächlich Fahrzeuge, Transportausrüstungen und Industriemaschinen. Zentren der Schwerindustrie (Schiffbau, Maschinenbau, Bergbau, Petrochemie) sind heute Rijeka, Zadar, Šibenik und Split, während Istrien und Slawonien als landwirtschaftliche Zentren (nur gut 15% des kroatischen Landes sind für intensive landwirtschaftliche Nutzung geeignet) das Land mit Obst, Gemüse, Wein, Oliven und Getreide versorgen. Fischfang, meist nur noch im Nebenerwerb, wird auf den Inseln und in den meisten Küstenorten Kroatiens betrieben.

Tourismus

Einbruch durch den Krieg

Nach Jahren der Skepsis und der irrigen Ansicht, Kroatien sei ein Teil Jugoslawiens und daher ob des Balkankrieges sowie wegen des Kosovo-Konfliktes ein unsicheres Reiseland, erfreut sich die Tourismusbranche wieder einer kontinuierlich steigenden Tendenz. Während das „alte" Kroatien der 1980er Jahre 60 Millionen Besucher jährlich verbuchen konnte, brach der Tourismus Anfang der 90er Jahre (Balkankrieg) fast völlig ein und lag 1995 gerade noch bei knapp 13 Millionen Übernachtungen (fast ausschließlich in Istrien). Seither verbucht die Branche erfreuliche Zuwachsraten, die mittlerweile jährlich zwischen 5 und 10% betragen und 2004 zu ca. 80 Millionen Übernachtungen führten.

Der natürlichen **Schönheit des Landes** taten alle früheren politischen und kriegerischen Wirren keinen Abbruch, so dass heute absehbar ist, dass die kroatische Adria mittelfristig wieder eines der beliebtesten europäischen Urlaubsziele werden wird.

012is Foto: wl

Kein unsicheres Reiseland

Von den nunmehr jährlich rund **20 Mio. Kroatien-Urlaubern** (Tendenz steigend) kommen die meisten Auslandsgäste aus Italien (ca. 2.500.000), Deutschland (ca. 2.200.000), Tschechien und Slowenien (ca. 750.000).

Nach der friedlichen Entwicklung in Serbien-Montenegro zeichnet sich deutlich eine Phase der weiteren Entspannung zwischen den beiden Staaten ab, so dass der „Balkan-Effekt" bald keine negativen Auswirkungen mehr auf den Tourismus in Kroatien haben dürfte.

Steigende Beliebtheit der Adria

Die Verteilung der Besucherströme unterliegt bislang einem markanten **Nord-Süd-Gefälle** und beschränkt sich dabei überwiegend auf den kroatischen Küstenstreifen: Rund 50% der Kroatien-Touristen reisen nach Istrien, 25% zur Kvarner Bucht, der Rest entfällt auf die dalmatinische Küste (ca. 20%) sowie Nordkroatien und das Binnenland (5%), letztere meist nur als Transitstation.

Verkehr und Umwelt

Luft und Wasser

Man ist sich in Zagreb darüber im klaren, dass nur eine heile Umwelt auf Dauer den Anspruch an stetig steigende Besucherzahlen flankieren kann. Gleichzeitig steht auch fest, dass westliche Besucher einen gestiegenen Anspruch an Infrastruktur, Unterkunft und allgemeine Qualität des Urlaubszieles (von der Eiscreme über den Straßenzustand bis zum Unterhaltungsangebot) mitbringen. Und erstaunlicherweise scheint die Quadratur des Kreises zu gelingen: Wegen der recht geringen Industrie- und Fahrzeugdichte bleibt die Umwelt nahezu intakt, was sich vor allem auf die Luft- und Wasserqualität positiv auswirkt.

Probleme bereiten allenfalls **veraltete Chemiewerke.** Aufgrund fehlender finanzieller Möglichkeiten wurden sehr strenge gesetzliche Auflagen bei Neuinvestitionen und Neugründungen festgeschrieben, um zumindest keine neuen Sünden zu schaffen. Es bedarf dennoch westlicher Unterstützung, um eine technische Entgiftung der altjugoslawischen Kraftwerke und Chemieanlagen zu ermöglichen.

Der Tourist wird hiervon allerdings kaum etwas bemerken, sicht- und spürbar sind **saubere Luft und exzellente Wasserqualität.** Messstationen entlang der gesamten kroatischen Adriaküste kontrollieren dies permanent und bezeugen lastenfreien Badespaß allerorten!

Straßenbau Zwei größere **autobahnähnliche Straßen** befinden sich noch im Bau: Karlovac – Novo Mesto (Slowenien) sowie Zagreb – Dalmatien durch Bosnien-Herzegowina. Die Dalmatien-Autobahn ist bereits bis Split fertig und soll noch bis Dubrovnik gebaut werden (etwa bis 2008). Die Strecke Zagreb – Split verkürzt sich damit auf ca. 3 Stunden (umgerechnet 22 € Maut).

Der kroatischen Tageszeitung „Slobodna Dalmacija" vom 29. Januar 2006 zufolge, will der italienische Architekt *Giorgio de Romanis* eine 120 Kilometer lange **Riesenbrücke** von Ancona nach Zadar bauen. Sie soll rund 40 m hoch werden und 20 Milliarden Euro kosten. Das Projekt wird im Mai in Dubrovnik der Öffentlichkeit vorgestellt.

Menschen und Gesellschaft

Allgemein sind die Kroaten **sehr freundlich und hilfsbereit,** dabei aber weit weniger aufdringlich, als man dies aus anderen Ländern der Region gewohnt ist – aber Achtung: Alleinreisende Frauen werden durchaus angesprochen, allerdings stets im höflichen Rahmen. Die Kroaten geben sich im Großen und Ganzen sehr deutschfreundlich, zeigte sich Deutschland doch als Vorreiter bei der Anerkennung des unabhängigen Kroatien – diverse

Straßen wurden nach *Helmut Kohl* und *Hans-Dietrich Genscher* benannt.

Es ist aber sehr wichtig, die **Privatsphäre** zu respektieren, bei aller Freundlichkeit bleibt man Fremden gegenüber immer etwas **reserviert.** Dies ändert sich schlagartig, wenn man etwa privat unterkommt und Kontakt zum Vermieter hat – sehr schnell sind freundschaftliche Bande geknüpft, wozu auch der reichlich fließende hausgebrannte Slibowitz oder ein Krug Wein aus eigener Herstellung beitragen.

Sonst trifft man sich zu einem **Plausch vor der Tür,** spaziert die Promenaden entlang, beobachtet die lokale Fußballmannschaft beim Training oder spielt eine Partie **Boccia,** ein im westlichen Mittelmeerraum weit verbreiteter Freizeitspaß. Am Sonntag treffen sich die Männer nach dem Kirchgang zum Frühschoppen in einer der vielen Bars, die Frauen zum Schwatz auf den Straßen oder es werden vor den Türen Spitzendecken und Wolljacken gehäkelt.

Das wichtigste aber ist, dass der Besucher den **Stolz der Kroaten** auf ihre junge Republik und die erreichten wirtschaftlichen Leistungen beachtet und nicht durch abwertende Bemerkungen über Land, Leute und Eigenheiten verletzt.

Politik ist Männersache in Kroatien, Frauen lösen sich allerdings allmählich aus der traditionellen Rolle als Hausfrau und Mutter. Immerhin sind per Gesetz die Löhne und Gehälter zwischen den Geschlechtern angenähert worden und eine **moderne Sozialgesetzgebung** ermöglicht durch Erziehungsurlaub die Berufstätigkeit auch als Mutter. Nicht zuletzt ist mit der Ministerin für Tourismus auch eine Frau im Kabinett vertreten, womit der Bann gebrochen sein dürfte.

Von der Betriebsamkeit der Küstenorte
ist im Bergland vielerorts wenig zu spüren

024is Foto: wl

Der familiäre Zusammenhalt ist nach wie vor sehr groß und bildet den Kern der sozialen Gemeinschaft, auch Vetternwirtschaft und Schwarzarbeit sind - von obersten Führungsetagen bis zum kleinen Mann - weit verbreitet, teilweise aus schnöder Gewinnsucht, teils aber auch aufgrund sozialer Nöte.

Wie anderswo auch blüht in Kroatien der Irrglaube, man könne mit **Lotto und Fußballtoto** sein bescheidenes Einkommen aufbessern - die Wettkioske scheinen allgegenwärtig zu sein. Typisch südländisch und angesichts der im Sommer teils unerträglichen Hitze auch verständlich ist die **lange Mittagspause,** die meist von 12–15 Uhr andauert. Zu dieser Zeit scheinen die Dörfer und Altstadtgassen wie ausgestorben und leer; in den Städten herrscht dagegen Dauerbetrieb.

025is Foto: wl

Bildung und Soziales

In der Republik Kroatien besteht eine **allgemeine Schulpflicht** ab dem fünften oder sechsten Lebensjahr. Mit Erlangen der Hochschulreife kann an den nationalen Universitäten oder im Ausland ein **Studium** aufgenommen werden.

Wichtigste **Fremdsprachen** sind Englisch, Deutsch (wegen der langen Gastarbeitertradition) und Italienisch, wobei es kaum regionale Abstriche zu machen gibt; aus eigenen Erfahrungen denkt man als Tourist, jeder Kroate beherrsche fließend vier Sprachen.

Die **Sozialgesetzgebung** steckt noch in den Kinderschuhen (Rente unter dem Existenzminimum, unzureichender Krankenversicherungsschutz usw.) und wird unter der Regierung *Mesič* weiter ausgebaut und verbessert. Noch immer dient die **Familie** als wichtigste Säule der sozialen Versorgung; auch die hohe Arbeitslosenzahl mit der damit einhergehenden Schwarzarbeit stellt ein zentrales Problem dar.

Religion

Die überwiegende Mehrheit der Kroaten gehört traditionell der römisch-katholischen Kirche (über 80%) an, daneben existieren serbisch-orthodoxe, moslemische und protestantische Minderheiten. Die Kirche spielt eine **bedeutende Rolle** im Leben der Kroaten, wenngleich nicht so dominant wie etwa in Italien (gesellschaftlich) oder Polen (politisch). Der katholische Glaube wird zuvorderst als einigendes Band der Kroaten und Abgrenzung zu den orthodoxen (Serbien-Montenegro) und moslemischen (Bosnien-Herzegowina) Nachbarn betrachtet und wird somit auch als Legitimation der Westintegration verstanden.

Traditionelle Künste und Folklore

Handarbeiten

Zu den interessanten kunsthandwerklichen Besonderheiten Kroatiens gehört das **Häkeln** von Zierdeckchen und **Stricken** von Pullovern und Jacken, eine noch heute insbesondere von älteren Frauen vor der Haustür oder im Hinterhof ausgeübte Volkskunst.

Musik und Tanz

Einige Bekanntheit erlangten auch die mit Begeisterung gepflegten Tänze, die teilweise auf **Fastnachtsbräuche** und teilweise auf eine Tradition seit den **Türkenkriegen** zurückgehen. Bekannteste Bräuche sind in diesem Zusammenhang das Verbrennen einer in türkische Gewänder gehüllten Puppe zu Fasching *(Mesopust)*, der Moreška-Tanz, ein Schwerttanz aus Süddalmatien, und die Kumpanija, ein musikalisch begleitetes Kampfstück. Wenn auch die Türken auf kroatischem Boden kaum Relikte hinterließen, so wurden doch Speis' und Trank und auch die Volksmusik erheblich von ihnen beeinflusst – wenn auch nicht so

wie im stark muslimisch geprägten Bosnien-Herzegowina. Bedeutendste **Musikinstrumente** sind Dudelsack (nur Istrien), Tamburica (eine Art Balalaika), Kavala (Langflöte) und Sopila, eine in der Kvarner Bucht verbreitete Oboenart.

Trachten

Volkstrachten sind selten geworden und werden in der modernen Gesellschaft verdrängt. Nur gelegentlich, etwa zu **Feiertagen** oder auch bei **Festspielen,** vornehmlich in touristischen Hochburgen, werden noch Trachten getragen, die sich an ländlicher Kleidung früherer Jahrhunderte orientieren. Es dominieren dabei die Farben Rot, Weiß und Schwarz.

Beliebtes Souvenir: gehäkelte Spitzendeckchen

Architektur und Kunst

Griechen Die im 5. Jh. nach Süddalmatien und auf einige Inseln vorrückende griechische Kultur hinterließ bemerkenswerte Spuren, die besonders wegen ihres **Realismus** bestechen. Ein bekanntes Beispiel ist das Kairos-Relief in Trogir.

Römer Mit der römischen Kolonisation folgte für den gesamten Küstenraum eine **architektonische und kulturelle Blüte** durch die Errichtung von Tempeln und Theatern, Aquädukten und Thermen sowie den Bau von Kanalisationssystemen. Damit wurde ein für die damalige Zeit modernes Stadtbild geprägt, welches sich noch heute sehr gut in Zadar betrachten lässt.

Byzanz Nach dem Untergang Westroms folgten Rückeroberungsversuche byzantinischer Kaiser von Konstantinopel aus bis nach Norditalien, wodurch die christianisierte Bevölkerung als neues Gebetshaus die **Basilika** mit Intarsien aus Perlmutt und Marmor, Mosaiken und steinernen Baldachinen am Hauptaltar erhielt. Das Prunkstück schlechthin aus dieser Zeit, die Eufrasius-Basilika, kann in Poreč (Istrien) bewundert werden.

Slawen Byzantinisch beeinflusst, aber in vollkommen eigenständiger, **frühromanischer Bauart,** errichteten die eindringenden Slawen vom 7. bis 11. Jh. vor allem zylindrisch geformte, sehr massiv wirkende **Kirchen mit Kuppeldach** in den unterschiedlichsten Größen – so etwa die kleinste Kuppelkirche der Welt in Nin oder die berühmte Donat-Kirche in Zadar.

Romanik In den bereits existierenden Städten entlang der gesamten Küste hielt die Epoche der Romanik vom 11. bis ins 13. Jh. Einzug. **Monumentale Kirchenbauten** (Bischofskirchen) entstanden in Dubrovnik, Trogir, Zadar und Senj sowie auf Rab und

627da Foto: fz

Krk. Daneben erfuhr auch der Profanbau einen bedeutsamen Aufschwung, grob gehauene Steinblöcke lösten Holz und Fachwerk als Baumaterialien ab. In diesen **trutzigen Wohnhäusern** (erhalten noch in Split und Trogir) waren ebenerdig Stallungen, im Obergeschoss Wohnräume untergebracht.

Gotik

Während der kroatischen Gotik (13.–15. Jh.) prallten zwei unterschiedliche Strömungen aufeinander: Durch den blühenden Seehandel waren Fürsten und Kaufleute wohlhabend geworden und versuchten, diesen Wohlstand in einer großartigen Stadtarchitektur zu zeigen und – nicht zu vergessen – vor Eindringlingen von außen zu verteidigen. So entstanden die typischen **mittelalterlichen Stadtanlagen** mit gewundenen Gassen, herrlichen Bürgerhäusern und wehrhaften, die gesamte Stadt umgebenden Stadtmauern und Verteidigungsanlagen. Beste Beispiele hierfür finden sich in Dubrovnik und Trogir. Die Geistlichkeit präsentierte sich in dieser Phase in Form von bescheidenen, so genannten Bettelorden (Franziskaner,

Dominikaner). Sie bauten ihre Gotteshäuser ebenso schlicht, wie sie lebten. Beispiele für diese **einschiffigen, schmucklosen Kirchen** sind Sv Franje in Pula (Istrien) und Sv Dominik in Dubrovnik.

Renaissance

Vorhandene Bauwerke wurden während der Renaissance (15./16. Jh.) erneuert und erweitert, das Stadtbild der führenden Handelsmetropolen wurde zum Muster für die Stadtplanung mit **Loggien, Stadtplätzen, Rathäusern und Rektorenpalästen.** Gute Beispiele sind etwa das Rathaus in Pula oder der Rektorenpalast in Dubrovnik: Säulengang außen am Erdgeschoss, zwei- oder dreiteilige, verschnörkelte Fenster im ersten Stock und fast quadratische, kleinere Fenster im zweiten Obergeschoss. Fast alle bestehenden Kirchen wurden innen umgestaltet und verziert. Die Stadtmauern wurden wegen der vorrückenden Türken stärker befestigt. Als Paradebeispiel für den **Festungsbau** sei Karlovac mit seiner typischen Sternform genannt.

Barock

Den Barock des 17./18. Jh. muss man für Kroatien insofern als zweigleisig betrachten, als die Kvarner Bucht – und hier insbesondere Rijeka – zunehmend unter **österreichischen Einfluss** fiel (Beispiel: Veitskirche in Rijeka) und mit einigen Neuerungen aufwartete, während der Süden (Republik Ragusa, Dalmatien) im Zuge des türkischen Rückzugs und eigenen Machtverlusts dagegen eher eine Flaute erlebte. Die wichtigsten Küstenstädte verlegten sich auf das Minimum, nämlich den Erhalt der Stadtmauern. Lediglich in Dubrovnik wurden nach dem verheerenden Erdbeben von 1667 von vorwiegend italienischen Architekten unter Beteiligung örtlicher Baumeister barocke Neubauten geschaffen (Kathedrale).

Klassizismus

Das 19. und frühe 20. Jh. – die Phase des Klassizismus – brachte der Kvarner Bucht, vor allem Rijeka und Pula als durch Bahnlinien erschlossene

028is Foto: wl

Häfen Österreichs, neue Verwaltungsgebäude und Schauspielhäuser, aber auch erste Hotels. Beispiele hiefür lassen sich gerade zwischen Rijeka und Pula zuhauf entdecken, etwa das Theater und das Jadrolinija-Gebäude in Rijeka oder die verspielten Villenbauten in Opatija, die teilweise in den **Jugendstil** fallen. Der Bahnanschluss brachte auch den weiter südlich gelegenen Städten Split und Zadar neuen Aufschwung und damit klassizistische Neubauten.

Typische Architektur des ausgehenden 19. Jahrhunderts

Gegenwart Es ist nur natürlich, dass diese Vielfalt an kulturellen Einflüssen nicht nur ihre Spuren hinterließ, sondern auch Kunst und Kultur der Gegenwart nachhaltig beeinflussen. Im Straßenbild der Städte wird man auf viele kleine **Ateliers und Kunstwerkstätten** wie z.B. Filigranjuweliere, aber auch **Straßenmaler und -musikanten** treffen, die den klassischen Vorbildern nacheifern bzw. unter deren Einfluss hervorragende Eigenkreationen hervorbringen. Bekannte Vertreter der gegenwärtigen Kulturszene sind der faszinierende Maler *I. Antolčić* (Lošinj), der beliebte klassizistisch geprägte Bildhauer *I. Meštrović* (Split) und der Regisseur *P. Prpović* mit seinem aktuellen Kinofilm „Tito i Ja" (Tito und ich), welcher die Erinnerungen eines kleinen Jungen an die Ära Titos, der in Kroatien geadezu heroisch verehrt wird, filmisch aufarbeitet.

628da Foto: fz

Reiseroute durch
Nordkroatien

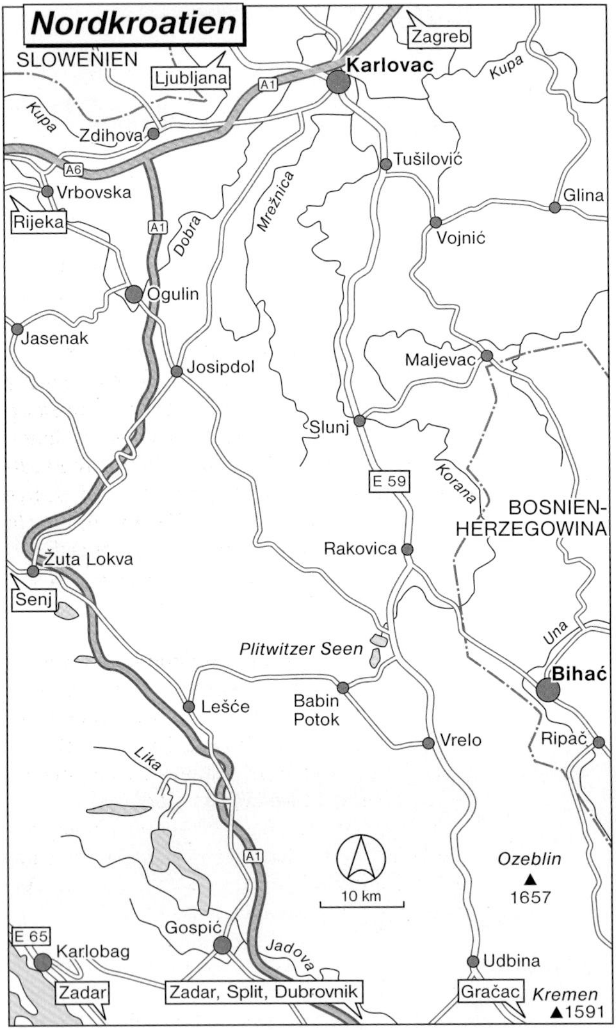

Vorhergehende Seite: Eine Attraktion, die sich lohnt – die Krka-Fälle

Karlovac

Bei der Anreise zu den dalmatischen Städten und Inseln sei die Route Ljubljana – Karlovac – Plitwitzer Seen ganz besonders empfohlen. Diese Strecke lässt sich angenehmer, stressfreier und schneller befahren als die kurvenreiche Küstenstraße. Zudem kann man noch einige besondere, ganz unterschiedliche Eindrücke gewinnen. Unter anderem wird der aufmerksame Beobachter in den Orten sehr viele Kriegsschäden (Einschüsse) feststellen.

Die „Vier-Flüsse-Stadt" Karlovac – Kupa, Korana, Doba und Mrežnica fließen in unmittelbarer Nähe zusammen – ist für viele Reisende der erste Stopp in Kroatien. Das 60.000 Einwohner zählende Städtchen ist wegen seines **historischen Altstadtkerns** (ehemalige „Militärgrenze") und seines Franziskanerklosters bekannt. Die Festung wurde auf einem Grundriss in Form eines sechszackigen Sterns 1579 errichtet und galt seinerzeit als Musterbeispiel einer idealen Stadtplanung im Geiste der Renaissance.

Es gibt jedoch noch einen Grund, Karlovac zu besuchen: Bierkenner wissen, dass Kroatiens größte – und wohl auch beste – **Bierbrauerei** hier beheimatet ist. Das „Karlovačko Pivo" ist nicht nur gut und landesweit erhältlich, es ist auch um einiges preiswerter als westliche Importbiere.

Am Vorplatz des Klosters liegen ein kleiner Markt und Imbissstände; Haupteinkaufsstraße mit Kaufhaus und Bank ist die Ul. Zrinskog. Nette Altstadtkneipen liegen rund um das Kloster.

Zvijezda

Der frühneuzeitliche Altstadtkern, Zvijezda (Stern) genannt, bildet die zentrale Sehenswürdigkeit der Stadt. Die Vorbilder dieser **Stadtanlage** bedingten, dass Verteidigungs- und Sakralbauten zuerst, Wohn- und Verwaltungshäuser erst anschließend errichtet wurden. Besonders sehenswert wird der Besucher das **Franziskanerkloster** mit der ange-

091is Foto: wl

gliederten **Kirche der hl. Dreifaltigkeit** finden (Zentralplatz Trg Bana J. Jelačica). Die Kirche selbst wurde im 17. Jh. errichtet und mit einem schwarzen Marmoraltar (1698) sowie einem Barockaltar der Karlovacer Kumparnista (Zimmerer-Zunft) von 1689 ausgestattet. Sehr schmuckvoll wirkt die Ikonostase mit 65 (!) Ikonen des kroatischen Malers und Kunstschnitzers *A. Teodorović* (1813). Im Kloster ist ein kleines **Museum** für Sakralkunst und antiquarische Literatur untergebracht. Die Madonnenstatue auf dem Vorplatz im Stil des italienischen Hochbarock wurde errichtet, als die Pest 1691 in Karlovac wütete. In der Ul. Strossmeyera kann ein kleines **Heimatmuseum** (Mo–Fr 8–15, Sa/So 10–12 Uhr) besucht werden.

Korana-Park

Wenige Hundert Meter außerhalb des Zentrums (Stjepana Radica in südlicher Richtung) liegt der Korana-Park, eine hübsch angelegte Grünanlage mit **Skulpturen lokaler Künstler.**

Info

●**Touristeninformation Karlovac:** Ul. P. Zrinskog 3, Tel./Fax 047-615115, karlovac-touristinfo@ka.hinet.hr.

An- und Weiterfahrt

Bei der Anfahrt von Slowenien aus (Ljubljana) die E 70 bis Novo Mesto, dann die M 4 bis Karlovac nehmen. Von Zagreb die E 59/65 (gebührenpflichtig). Von Rijeka und Istrien über die E 65; bei der Rückfahrt über die Senijska Ulica (andere Seite der Bahnschienen ab Zvijezda) zur E 65. Weiterfahrt nach Split und zu den Plitwitzer Seen: über die Ulica Rakovac (diesseits der Schienen ab Zvijezda) zur E 59/E 71.

Bus

Der Busbahnhof liegt an der Ecke Večeslava Holjevca/Tadije Smičiklasa. Busse fahren mehrmals täglich von und nach Zagreb, Rijeka und Pula (und in weitere istrische Städte) sowie Split und Dubrovnik.

Bahn

Der Bahnhof liegt etwa 1500 m nordwestlich der Zvijezda (vom Hauptbahnhof rechts die Večeslava Holjevca über den Fluss, dann rechts die Zrinskog 500 m hinein). Verbindungen nach Zagreb, Rijeka und in den Süden (Split).

Slunj

Wer ein kleines, malerisches Dörfchen als Raststation auf dem Weg von Karlovac zu den Plitwitzer Seen bevorzugt, sollte in Slunj (2000 Einwohner) halten. Direkt hinter der Brücke führt rechts ein Asphaltweg zu einem See hinunter. Am kleinen Mühlbach bietet die urige Konoba Pod Rasto (ehemalige Mühle, sehr angenehm und preiswert) täglich von 10–23 Uhr sehr günstige Fischgerichte aus eigener Zucht. Ein Stück außerhalb wird man linker Hand eine Ruine entdecken - eine **Frankopanenburg** von 1328, später Vorposten der „Militärgrenze" gegen die Türken.

Rast im malerischen Slunj

092is Foto: wl

An der Hauptstraße von Slunj gibt es einen Minimarkt, eine Bank und eine Tankstelle. Über Rakovica gelangt man zu einem der ganz großen Höhepunkte der Reise, den Plitwitzer Seen.

Info

- **Touristeninformation Slunj:** Zagrebacka 12, Tel. 047-777630, tzgslunj@ka.tel.hr.

Plitwitzer Seen

Wer erinnert sich nicht an die malerischen Wasserfälle, von denen der Apachen-Häuptling **Winnetou** seinem weißen Blutsbruder Old Shatterhand zuwinkt? Noch immer ziehen die überwältigenden Kaskaden der Plitwitzer Seen – Drehort zahlreicher Karl-May-Filme – ohne große Werbung alljährlich Hunderttausende begeisterter Besucher an.

Wasserspiele faszinieren die Menschen seit jeher und erst Recht, wenn sich 16 größere und kleinere Seen ganz natürlich, mal als kleine Kaskade, mal als hoher Wasserfall, auf einer Gesamtlänge von 7,2 Kilometern in sattem Grün ineinander ergießen und dabei insgesamt 156 Höhenmeter hinabfallen. Die kristallklaren Seen nehmen eine Gesamtfläche von 2,2 km^2 ein, die Fläche des Nationalparks beträgt insgesamt 295 km^2 und erstreckt sich um den **Gebirgszug Mala Kapela.**

Schon 1928 wurde Plitvice per Gesetz zum **Nationalpark** ernannt, 1949 endlich international anerkannt und 1979 schließlich zum **UNESCO-Welterbe** erkoren. Nicht zuletzt deshalb konnten während des Bosnien-Krieges glücklicherweise größere Schäden im Park vermieden werden, liegt er doch im damals heftig umkämpften Bihač-Gebiet. Dieses wurde 1991 von Serbien besetzt und 1995 durch Kroatien zuückerobert; erst 1996 erhielt das in Europa einmalige Naturdenkmal seinen würdigen Frieden zurück.

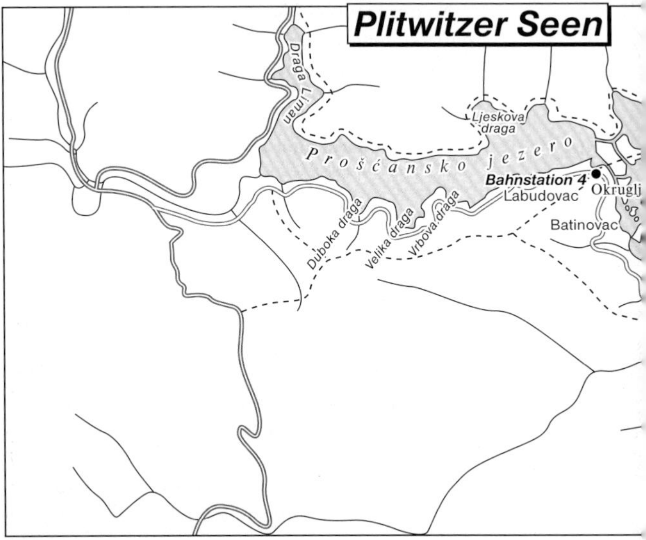

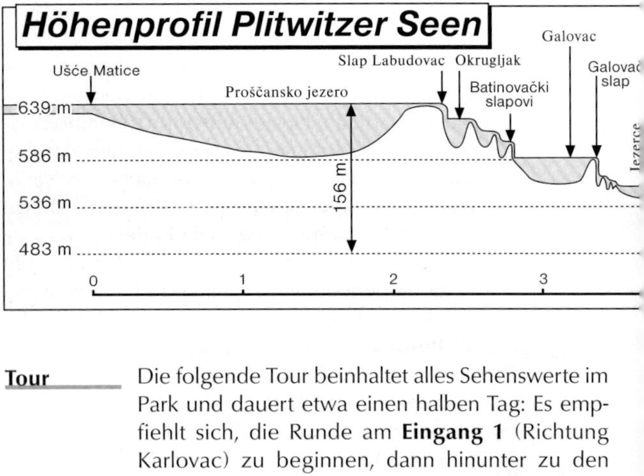

Tour

Die folgende Tour beinhaltet alles Sehenswerte im Park und dauert etwa einen halben Tag: Es empfiehlt sich, die Runde am **Eingang 1** (Richtung Karlovac) zu beginnen, dann hinunter zu den großen Fällen der unteren Seen zu gehen und weiter zur Anlegestelle P3. Mit dem Boot setzt man über zu P2 und geht an den oberen Seen

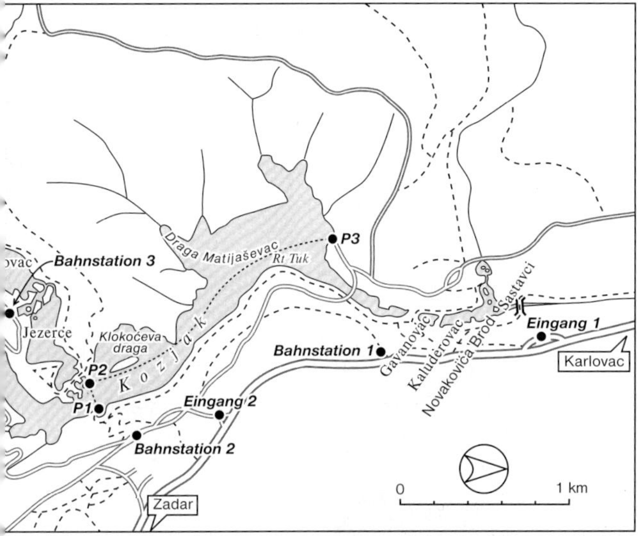

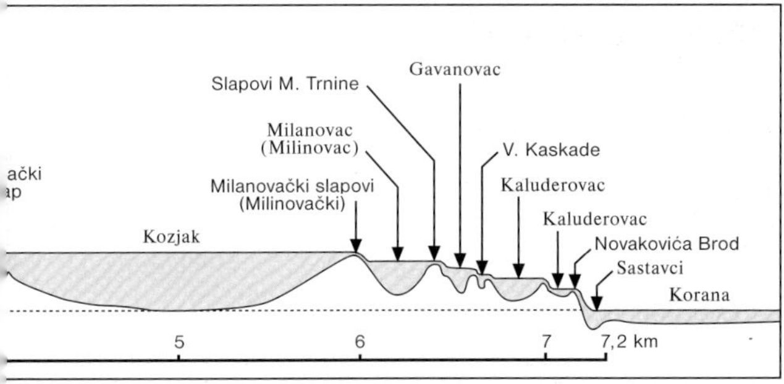

Nordkroatien

entlang bis **Labudovac.** Von dort (ST 4) fährt man mit der Touristenbahn bis ST 1 nahe dem Parkplatz zurück. Der Hotelbereich liegt bei Eingang 2 (Touristenbahn ST 2). Der Park ist vorbildhaft sauber, bitte unbedingt darauf achten, dass dies auch so bleibt! Jegliche Art von Wassersport ist strengstens verboten.

093is Foto: wl

Info

• **Nacionalni Park Plitvicka Jezera,** 53231 Plitvicka Jezera, Tel. 053-751015, Fax 751013, np-plitvice@np-plitvice.tel.hr. Der Park ist tgl. von 8 bis 20 Uhr geöffnet, Eintritt 90 K, Kinder (7–18 Jahre) 50 K, Kleinkinder frei. Alle Fahrten (Boote, Touristenbahn) sind im Preis enthalten; kostenlose Parkplätze liegen an den Haupteingängen 1 und 2. Die Tickets sollte man aufbewahren, da routinemäßige Kontrollen vorkommen.

Unterkunft

• Wer als Zwischenstation in Plitvice übernachten möchte, findet das **AC Korana** €€€, Tel. 023-751888, Fax 751882, einen sehr angenehmen Campingplatz ca. 8 km vor Plitvice Richtung Karlovac im Dorf Grabovac. Alternativ wäre das neue **AC Korona** €€€ in Catrnja (550 Pätze), Tel 053-751879 und 751888, sowie das **AC Turist** €€ (300 Plätze), Tel. 047-784 077 bzw. 777177, Infos unter www.rakovica.hr, in Grabovac zu nennen.

• In Grabovac liegt auch das günstige **Hotel Grabovac** €, Tel. 053-751999, Fax 751892, www.np-plitvice.com.

• Im Bereich von Eingang 2 des Parks wurden drei Hotels etabliert, das günstigste ist das **Hotel Bellevue** €€, Tel. 053-751700, Fax 751165, www.np-plitvice.com.vice.com.

• **Privatunterkünfte** bieten mittlerweile fast alle Ortschaften zwischen Slunj und Jezerce (nördlich und südlich des Parks) recht preiswert an, insbesondere rund um Grabovac.

Nordkroatien

Weiterfahrt nach Süden

Plitvice – Gospič – Karlobag

Von den Plitwitzer Seen bis nach Gračac erstreckt sich eine unwirtliche, felsige, steppenähnliche Höhenlandschaft, in der man sehr deutlich die Folgen der bis 1995 andauernden kriegerischen Auseinandersetzungen sehen kann. **Bosnien,** Zentrum des damaligen Bürgerkriegs, liegt nur wenige Kilometer entfernt und abseits der Hauptstraße warten noch Unmengen von (scharfen!) **Minen** auf ihre Entdeckung; zahllose Häuser bieten einen traurigen Anblick sinnloser Zerstörung.

Kristallklar ergießt sich das Wasser von See zu See

094is Foto: wl

Der Winnetou-Fall von Plitvice

In Korenica geht es rechts ab durch das sehr stark zerstörte Städtchen **Gospič** und seine landwirtschaftlich intensiv genutzte Hochebene zum Höhenhotel und küstennahen **Pass Baške Oštarije.** Hinter dem kleinen Tunnel öffnet sich der Blick sensationell-malerisch bis zum Meer und den vorgelagerten Inseln. Über Serpentinen geht es dann hinunter nach **Karlobag** an der Küstenstraße mit hübschen Ruinen einer alten Frankopanen-Wehrburg. In dem Ort, dem die Insel Pag unmittelbar vorgelagert ist, lockt ein kleiner Strand zum Bad in den Fluten; Minimarkt, Obstmarkt und die Bistros Adriatic und Konoba Katarina an der Hauptstraße sorgen für das leibliche Wohl.

Plitvice – Gračac – Zadar

Wer nicht die Autobahn benutzen möchte, kann auch alternativ auf der Landstraße weiterfahren: von den Plitwitzer Seen bis nach **Gračac,** einem ebenfalls im Krieg arg in Mitleidenschaft gezogenen Städtchen, in dem die EU ein Förderprogramm für die Bürgerkriegsflüchtlinge bereitstellt. Rund um Gračac liegt die ausgesprochen fruchtbare und streckenweise malerische **Hochebene Ličko Polje.**

Eine Abzweigung führt auf einer sehr gut ausgebauten Nebenstrecke nach Gospič (die unterwegs abzweigende, malerische Nebenroute von Sv Rok zur Küste ist derzeit nicht befahrbar, aber sehr empfehlenswert, gegebenenfalls ausprobieren!). Von Gračac hinunter zur Küstenstadt **Zadar** ändert sich das Landschaftsbild: Die fruchtbare Ebene weicht einer kargen, nur von einigen Ziegen bevölkerten Felslandschaft. Der E 59 von Gračac in südlicher Richtung folgend, findet der Reisende den Weg nach Zentral- und Süddalmatien.

001da Foto: wl

Norddalmatien

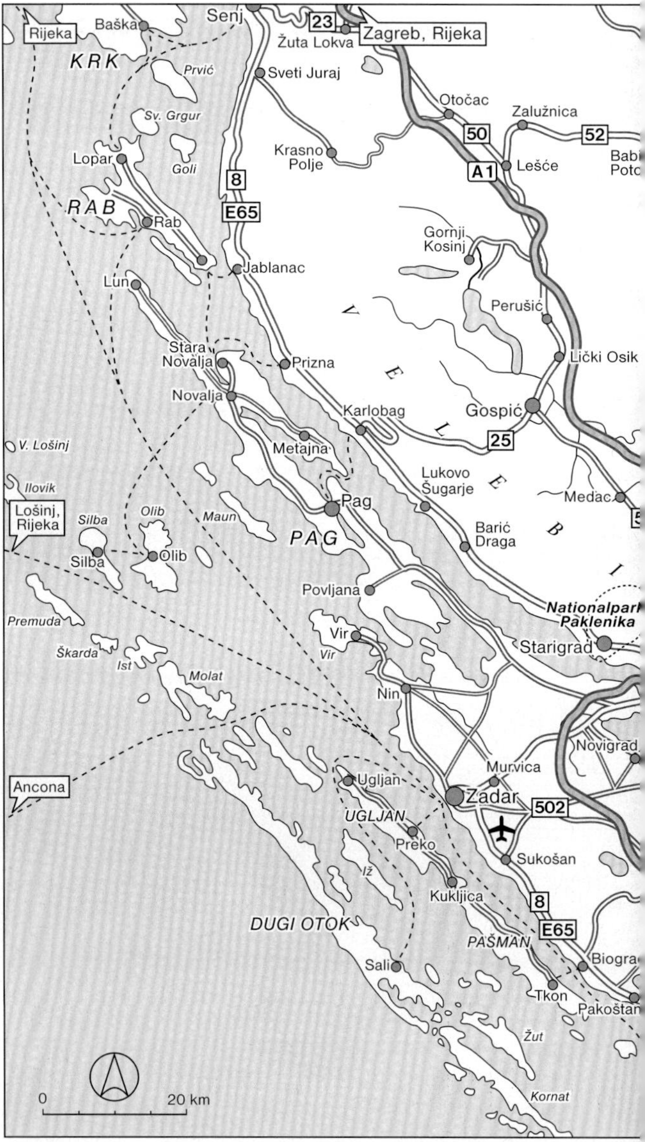
Rijeka
Baška
KRK
Senj
23
Žuta Lokva
Zagreb, Rijeka
Prvić
Sveti Juraj
Otočac
Zalužnica
Sv. Grgur
50
52
Krasno Polje
Lopar
Goli
8
A1
Lešće
RAB
E65
Rab
Gornji Kosinj
Jablanac
Lun
Perušić
V
Stara Novalja
Prizna
Lički Osik
E
Novalja
Gospić
Karlobag
L
25
V. Lošinj
Metajna
Ilovik
Lukovo Šugarje
E
Medak
Lošinj, Rijeka
Pag
Silba
Olib
Maun
Barić Draga
B
Silba
Olib
PAG
I
Povljana
Premuda
Nationalpark Paklenika
Vir
Škarda
Vir
Starigrad
Ist
Molat
Nin
Novigrad
Murvica
Ancona
Ugljan
Zadar
502
UGLJAN
Preko
Sukošan
Iž
Kukljica
8
DUGI OTOK
E65
PAŠMAN
Sali
Tkon
Pakoštan
Žut
0
20 km
Kornat

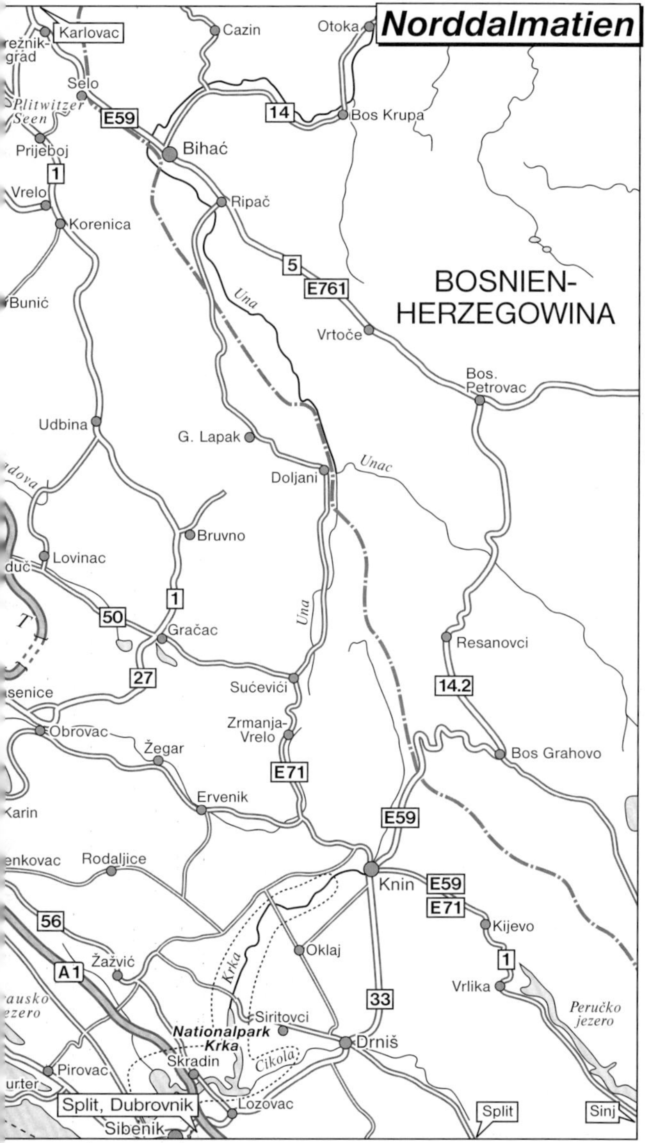
Norddalmatien
Karlovac
Cazin
Otoka
Selo
Plitwitzer Seen
E59
14
Bos Krupa
Bihać
Prijeboj
1
Vrelo
Ripač
Korenica
5
E761
Una
BOSNIEN-
HERZEGOWINA
Bunić
Vrtoče
Bos.
Petrovac
Udbina
G. Lapak
Doljani
Unac
Bruvno
Lovinac
1
50
Una
Gračac
Resanovci
27
Sućevići
14.2
Obrovac
Zrmanja-
Vrelo
Žegar
Bos Grahovo
E71
Ervenik
E59
Rodaljice
Knin
E59
E71
56
Kijevo
Oklaj
Žažvić
A1
Krka
1
Vrlika
33
Peručko
jezero
Siritovci
Nationalpark
Krka
Drniš
Skradin
Cikola
Pirovac
Split, Dubrovnik
Lozovac
Split
Sinj
Sibenik

Überblick

Die **Region rund um Zadar** darf getrost als das abwechslungsreichste Gebiet Dalmatiens bezeichnet werden: Dutzende größerer und kleinerer Inseln sind von Zadar aus erreichbar, ein interessantes Hinterland mit zwei atemberaubenden Nationalparks lockt und auch ein halbes Dutzend historisch und architektonisch faszinierender Kleinstädte zieht den interessierten Besucher in seinen Bann – nicht zu vergessen Zadar selbst, jene verwaltungstechnisch, logistisch und historisch bedeutendste Stadt des nördlichen Dalmatien.

Nationalpark Paklenica

Seien wir ehrlich: So schön und reizvoll die unterschiedlichen Regionen und Orte eines Küstenlandes auch sein mögen, nach einer Weile gelüstet es den Reisenden danach, das Hinterland zu erkunden oder die atemberaubende Berglandschaft aus der Nähe zu sehen. Es gibt nur wenige Möglichkeiten, den **Velebit** so intensiv kennen zu lernen wie im küstennahen Nationalpark Paklenica. Ohne zu große Erwartungen wecken zu wollen – ein Tag in Paklenica wird zu einem bleibenden Erlebnis!

Faszinierend sind das phänomenale **Bergpanorama** und die reiche **Pflanzen- und Tierwelt:** Über 200 Vogelarten kreisen an den Hängen; Marder, Wiesel, Wolf oder Wildschwein kann man mit Glück, Schlangen, Feuersalamander und andere Reptilien durchaus häufig beobachten. Der Nationalpark Paklenica steht in einem interessanten Kontrast zur sonst dominierenden Meereswelt in Dalmatien.

S. 116/117: Herrliche Wanderpfade im Nationalpark Paklenica

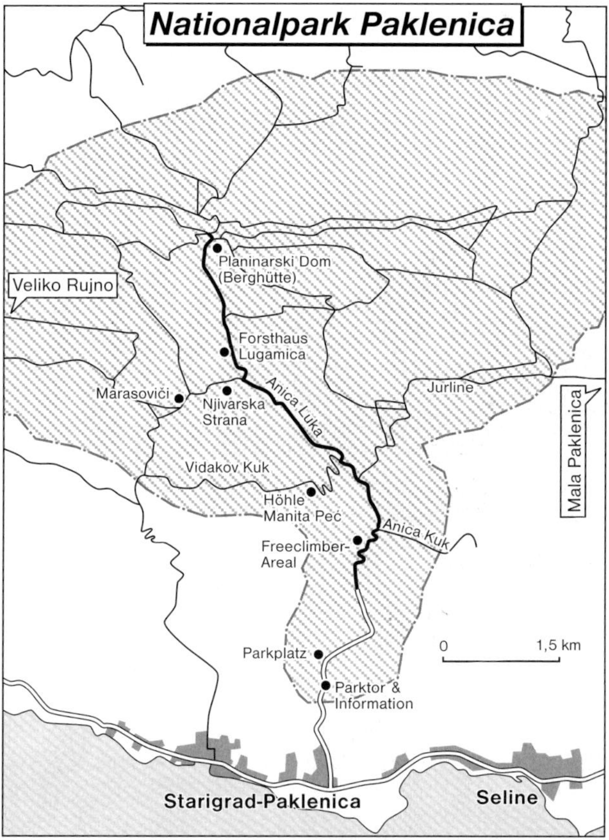

Campen, Pflanzen sammeln oder gar Jagen sind im Park selbstverständlich tabu, Zuwiderhandlungen werden ebenso wie Umweltverschmutzung streng geahndet. **Bergkletterer** dürfen nur an ausgewiesenen Stellen klettern (Anmeldung am Parkeingang erforderlich). Das Areal ist nicht kinderwagen- oder rollstuhlgeeignet.

Starigrad Ausgangspunkt für einen Parkbesuch ist der Ort Starigrad an der Küste, der aufgrund seines guten

002da Foto: wl

Ideal für Freeclimber: der Nationalpark Paklenica

touristischen Angebotes vor allem bei Kletterern und Freeclimbern ein sehr beliebter Standort ist. Baden ist hier in bescheidenem Umfang möglich. An der kleinen Marina liegen der Markt sowie – für größere Expeditionen wichtig – die Hauptverwaltung des Nationalparks.

● Im Ortsteil Seline (Richtung Zadar) gibt es **Einkaufs- und** etliche **Campingmöglichkeiten** (u.a. AC Pisak € und AC Vrsa €), ebenso in Starigrad selbst (AC Peko €, AC Atlan €, AC Plantaža € und AC Paklenica €) – alle sind gut beschildert. Derzeit ist nur beim größten Campingplatz AC Paklenica eine vorherige Reservierung per E-Mail unter turisthotel@zd.tel.hr bzw. Tel. 023-369236, Fax 369203 möglich.
● Das **Hotel Alan** €€€, Dr. Tudmana 14, Tel. 023-209050, Fax 369202, alan@zadar.net. Günstiger kommt man im **Hotel Vicko** €€, J. Dokoze 20, Tel./Fax 023-369304, hotel-vicko @zd.htnet.hr, unter.

Wanderungen

Die Zufahrt zum Park liegt 200 Meter südlich des Hotels Alan an der Hauptstraße (braunes Schild) und führt vorbei am malerischen Gehöft Škinjići zum **Parkeingang** (Eintritt 25 K, Kinder 15 K, Faltblatt, Informationen und Wanderkarten erhältlich). Von hier fährt man noch zwei Kilometer weiter die Schlucht hinauf zum Parkplatz, wo der Fußweg beginnt. Zahllose bestens **ausgeschilderte Wanderwege** durchkreuzen das Gebiet; wer Gipfelbesteigungen oder Mehrtagestouren vornehmen möchte, wende sich an die Parkverwaltung. Auch die Besichtigung der Höhle Manita Pećina ist nur in Begleitung möglich.

Zu empfehlen ist unbedingt der Hauptpfad durch die **Freeclimber-Schlucht,** über den man die Serpentinen hinauf zum Höhenweg Anica Luka gelangt. Das Geröllfeld rechter Hand (Schild „Anica Kuk") gibt den Blick auf einen Brutfelsen seltener **Greifvögel** frei (u.a. Weißkopfgeier), ist aber recht schwierig zu begehen. Ein Stückchen weiter auf dem Hauptweg sprudelt eine Quelle – das frische Gebirgswasser kann ab hier an mehreren Stellen des Weges genossen werden (Feldflasche mitnehmen!). Die Abzweigung „Jurline/Mala

Paklenica" führt zum unberührtesten und damit wohl auch malerischsten Teil des Parks (vor der Wanderung nach der aktuellen Wegequalität fragen!); gleiches gilt für die Abzweigung nach links zur **Höhle Manita Pećina.**

Der Hauptweg ist weiter beschildert mit „Šumarska Kuta Lugarnica" (Forsthaus) und „Planinarski Dom" (Berghaus). In beiden ist täglich von 10–17 Uhr Einkehr möglich, diese empfiehlt sich aber erst oben in der **Berghütte,** wo kleine Snacks und warme Getränke angeboten werden (ca. 2 Stunden Gehzeit ab Parkplatz). Tipp: Badesachen mitbringen, ein **Naturpool** lädt zur Erfrischung ein!

Von hier aus gibt es etliche interessante Möglichkeiten des Weiterwanderns, eine Detailkarte hängt oben am Berg-Blockhaus. Um einen kleinen Rundweg zurück zum Parkeingang zu gehen, halte man sich unmittelbar vor der Hütte stehend links (Veliko Rujno) und dann weiterhin stets links („Marasoviči", „Njivarska Strana", 5 Stunden Gesamtgehzeit). Wählt man einen weiteren Umweg über die Höhle („Marasoviči/Manita Pećina", 6 Stunden Gesamtgehzeit), gelangt man zurück zum Hauptpfad.

Insel Pag

Die 63 Kilometer lange und nur 1,5 bis 11 Kilometer breite Insel Pag zählt zwar administrativ zum Verwaltungsgebiet Rab und somit streng genommen zu den Inseln der **Kvarner Bucht.** Doch nicht nur die logistische Anbindung durch die **Brücke bei Zadar,** sondern vor allem die karge Landschaft macht Pag in vielerlei Hinsicht zum „nördlichsten Teil Dalmatiens". Von der bizarr-faszinierenden Landschaft abgesehen, lohnt sich der Besuch der Insel besonders wegen der interessanten Städte Novalja und Pag.

Die knapp 8000 Einwohner leben traditionell vom Wein- und Olivenanbau sowie von der Schaf-

003da Foto: wl

zucht, vor allem die jüngere Generation konzentriert sich aber vorwiegend auf den allmählich blühenden Tourismus. Zwei besondere Spezialitäten von Pag sind besonders hervorzuheben: zum einen der landesweit berühmte Pager **Schafskäse** *(paški sir),* zum anderen die Pager **Spitzen-Stickereien.** Die Stickkunst führte 1906 sogar zur Gründung einer eigenen „Spitzenstick-Schule" im Hauptort.

Getrocknete Fledermaushäute in Žigljen

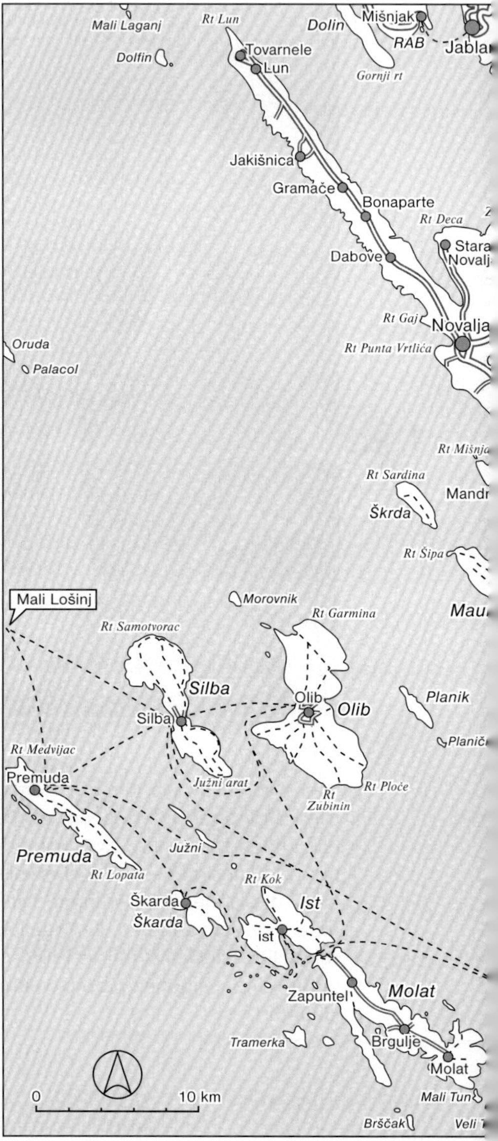
Mali Laganj
Dolfin
Rt Lun
Tovarnele
Lun
Dolin
Mišnjak
RAB
Gornji rt
Jakišnica
Gramače
Bonaparte
Rt Deca
Dabove
Rt Gaj
Novalja
Rt Punta Vrtlića
Oruda
Palacol
Rt Sardina
Škrda
Rt Šipa
Mali Lošinj
Morovnik
Rt Garmina
Rt Samotvorac
Silba
Silba
Olib
Olib
Planik
Rt Medvijac
Premuda
Južni arat
Rt Ploče
Rt Zubinin
Južni
Premuda
Rt Lopata
Rt Kok
Škarda
Škarda
Ist
ist
Zapuntel
Molat
Tramerka
Brgulje
Molat
0
10 km
Mali Tun
Brščak

Norddalmatien

Geschichte

Wie andere kroatische Adriainseln kannte auch Pag jungsteinzeitliche Besiedlung. Historische Erwähnung aber fand die Insel erstmals während der römischen Kolonisation im 1. Jh., als die Römer hier illyrisch-liburnische Grabstätten und Siedler vorfanden und beschrieben. So nimmt man an, der Name Pag stammt vom lateinischen *pagus* (Dorf).

Nach dem Untergang Westroms im Jahre 476 fiel Pag nominell an Ostrom (Byzanz, ⇨Glossar), wurde aber von kroatischen Königen verwaltet. Damit begann auch jenes permanente Wechselspiel in der Oberhoheit über Pag, welches noch heute die Frage aufwirft, ob die Insel eher zu Dalmatien oder zu Nordkroatien (Kvarner) zu zählen ist: König *Kresimir IV.* nämlich schenkte 1078 den Nordteil von Pag an die Stadt Rab, wohingegen der Südteil an Zadar fiel. Und damit war Pag zum Spielball der unterschiedlichen Interessen geworden: Ungarn/Kroatien kämpfte gegen Venedig um Rab und Rab wiederum kämpfte gegen Zadar um Pag. Der Grund war das Salz der Salinen von Pag, ein bis in die Neuzeit höchst wertvolles Handelsgut.

Venedig errang schließlich 1376 den politischen Sieg (Abtretung der Oberhoheit durch Kroatenkönig *Ludovig Veliki*), erst unter den Habsburgern (ab 1797) und mit dem damit verbundenen Wirtschaftsaufschwung konnte ein neues Nationalbewusstsein entwickelt werden. 1918 war Pag zunächst Bestandteil des jugoslawischen Königreiches, 1941 folgte jedoch die italienische Besatzung, während derer bei Slano nahe Pag-Stadt ein Konzentrationslager ähnlich dem auf Rab errichtet wurde. Im April 1945 ging die Insel in Kroatisch-Jugoslawien und somit in Kroatien auf.

Überfahrt

Die Fährgesellschaft Jadrolinija betreibt die Überfahrt zum Norden der Insel, von **Gradina-Prizna** auf dem Festland nach **Žigljen** (8–20 Uhr halbstündlich, 20–8 Uhr zehn Nachtfähren; 65 K/PKW und 10 K/Person). Achtung: die

Fähre legt bei schlechtem Wetter auf Pag nicht in Žigljen, sondern in Stara Novalja an und ab!

Viel einfacher haben es Reisende von Süden her, da eine **Brücke** bei Ražanac nördlich von Zadar („Paški Most", kostenlos) vom Festland nach Pag führt.

Bus

Von den beiden Hauptorten Pag und Novalja besteht eine Busverbindung mit **Rijeka und Zadar** (2–3x täglich). **Inselbusse** verbinden alle wichtigen Orte miteinander (z.B. Pag - Novalja 7x täglich)

Novalja

Von der Anlegestelle Žigljen kommend (tolles Panorama Richtung Festland), trifft der Reisende mit Novalja (1950 Einwohner) auf den zweitgrößten Ort der Insel Pag. Eine weitläufige Uferpromenade und ein gutes Freizeitangebot von Kiesstränden bis zu Diskotheken machen den einstigen Fischerort zum beliebtesten Ferienziel auf der Insel.

Vom kleinen, verwinkelten Ortskern abgesehen wirkt Novalja heute eher modern und großzügig. Sehenswert sind das **Heimatmuseum** mit stadtgeschichtlichen Exponaten sowie die Kirche **Sv Majka Božija** aus dem 17. Jh., errichtet auf den Resten einer frühchristlichen Basilika aus dem 4. Jh.; die moderne Pfarrkirche Sv Katarina dahinter wurde erst 1906 erbaut. Sehr seltsam mutet derzeit das **„Römische Museum"** an (Schild mit Aquädukt beachten). In einem Neubau-Keller (!) wurde ein antikes römisches Wasserleitungssystem gefunden; die Eingangshalle ist noch im Bau („Rimskij", 8–13 und 18–20 Uhr).

Zu den diversen **Stränden** der unmittelbaren Umgebung gehen Wege oder Pisten von der Hauptstraße Richtung Kolan ab – auf die Beschilderung „plaža" (Strand) achten! Weitere empfehlenswerte Strände erreicht man Richtung Žigljen an der kleinen Nebenstraße Caska – Metajna, wobei besonders die herrlichen Buchten um Caska Beachtung verdienen. Im Ort badet man am besten beim Hotel Liburnja.

Info und Agenturen

- Eine Handvoll zuverlässiger **Agenturen** bietet wie üblich Wechsel, Unterkunft, Ausflugsorganisation, u.a.:
- **Sv Marija** (direkt an der Bushaltestelle), Tel. 053-661655, Fax 662150, sv.marija@gs.hinet.hr.
- **Sunturist,** Kranjceviceva, Tel. 053-663257, Fax 661611, sunturist@gs.hinet.hr; beide liegen am Ortseingang.

Bei den Agenturen sind **Ausflüge** zu den umliegenden Inseln (Kornaten, Fylet, Gite usw.) sowie das berühmte Pager „Disco-Picknick" an einem einsamen Strand sehr gefragt.

Camping

- **AC Straško** €€, Tel. 053-661226, Fax 053-661225, 2 km südlich von Novalja an der Südseite der Insel; geöffnet Mai bis September. Sehr schönes Camp mit Kiesstrand, Restaurant, Minimarkt und Wassersport-Aktivitäten.
- Zwischen Novalja und Lun liegt direkt an der Hauptstraße die von Einheimischen gelobte **Konoba Vitalo;** kurz dahinter zweigt ein Asphaltweg zum kleinen, malerischen und sehr ruhigen **Camp Drazica** (nur für Zelte) ab.

Unterkunft

- Sehr beliebt – allerdings 5 km außerhalb gelegen – ist die Anlage **Gajac-Hostin** €€€, Richtung Pag, Asphaltweg rechts, Tel. 053-684367, Fax 684368, www.hostin.hr, hübsche Ferienwohnungen, Minimarkt, Post, Bank, Restaurants usw.
- Günstige Zimmer bietet die **Restaurant-Pension Sirena** €, Tel. 053-661954, am Ortsausgang Richtung Lun.
- Das **Hotel Loža** €€€, Tel./Fax 053-663381, Fax 663430, turno@turno.hr, liegt unmittelbar im Altstadtzentrum am alten Kai und bietet abends Tanzmusik auf hoteleigener Terrasse.

Essen und Trinken

Einige nette Cafés und Snackbars säumen den hübschen Marktplatz im Zentrum, besonders hervorzuheben ist die **Konoba Ankorn** (vom Marktplatz aus in die kleine Seitengasse hinein) mit der bislang besten Küche von Novalja mit exquisiten Fleisch- und Fischgerichten.

- In der unteren Preisklasse bieten mehrere Pizzerien ihre Gerichte an; Erwähnung verdienen **Stara Novalja** (auch etliche Nudelgerichte) sowie die **Pizzeria Maestral** (Ortsausgang Richtung Lun) mit sehr großen und preiswerten Portionen.
- Für Fischgerichte sei **Starac i more** („Der alte Mann und das Meer") empfohlen – auch wegen eines originellen Fischerbootes im Hofgarten.

Nützliches

- Im Ortskern zwischen Marktplatz, Busbahnhof (am Kai) und Hauptstraße findet der Reisende alle notwendigen Institutionen: Die örtliche **Ambulanz** ist unter Tel. 053-661367, die **Apotheke** (an der Hauptstraße) unter Tel. 053-661370 zu erreichen. Die **Post** öffnet ihre Tore werktags 7–21 Uhr, Sa nur 9–12 Uhr; die örtlichen **Banken** (Privred-

004da Foto: wl

na und Riječka) sind Mo–Sa 7.30–13 Uhr, die Riječka Mo–Fr bis 20 Uhr geöffnet.

- **Tanz** bietet das Hotel Loža; **Sport- und Leihmöglichkeiten** (Räder, Surfbretter, Boote usw.) bestehen im AC Straško sowie in einigen der Badebuchten rund um Novalja.
- Ein ordentlicher **Supermarkt** liegt an der Uferpromenade neben dem Fischrestaurant Stari Mrlin, frisches Obst gibt es auf dem **Markt** hinter der Post. Souvenirs (Brillen, T-Shirts etc.) verkaufen die Stände entlang der Promenade.
- **Tauchen:** In Stara Novalja (nahe alte Anlegestelle) bieten die beiden Basen **Nautilus,** Tel. 053-651258, und **Lagona Divers** (mit Tauchpension Mama), Tel. 053-651328, info @Lagona-Travel.de, Land- und Bootstauchgänge an.

Bus

Inselbusse und Festlandsverbindung s.o.; sehr wichtig sind die **Strand-Shuttle-Busse** um 9, 12, 14 und 18 Uhr vom Kai zu den Stränden Zrče und Straško; alle Busse halten auch am AC Straško.

Badefreuden in Vlašići im Südosten der Insel

Landzunge Lun

Über die 20 Kilometer lange und nur einen knappen Kilometer breite Landzunge Lun führt ein sehr einsamer und karger Höhenweg zur Siedlung **Lun-Tovarnele.** Die Fahrt empfiehlt sich besonders dann, wenn man auf Pag länger wohnt und Zeit mitbringt - hier oben scheint sie nämlich still zu stehen. Lediglich Feigenbäume und Ziegen bevölkern die karge Landschaft. Eine „Einbahnstraßen-Schlinge" durchzieht den kleinen Ort mit Kai, zwei Zimmeranbietern, der Konoba Bonaca und dem Fischlokal Jadran, einem Minimarkt und einer kleinen Kiesbadebucht.

Rund um den Sv Vid (349 m)

Zwischen Novalja und Pag erhebt sich die malerische Bergregion des Sv Vid (Hl. Veit), mit 349 Metern die höchste Erhebung der Insel. Bedeutendste Siedlung des Landesinneren ist **Kolan,** bekannt für Wein- und Käseprodukte (kleine Käserei) sowie Spitzendecken, die an den Straßen feilgeboten werden. Sehr zu empfehlen sind das Grill-Restaurant Kolan im Ort sowie ein Besuch des kleinen **völkerkundlichen Museums** an der Hauptstraße (nur Mi, Sa und So 18–21 Uhr geöffnet). Auch der Gipfel des Sv Vid kann von Kolan aus erwandert werden (knapp 2 Stunden ab Ortsmitte, roter Kreis als Markierung); atemberaubende Blicke auf das Umland und die beiden vorgelagerten Inselchen Škrda und Maun lohnen die Mühen. Lediglich Maun (ca. 10 km^2) ist von einigen Schafhirten bewohnt; die Inseln sind nur per Fischerboot ab Mandre oder Šimuni an der Südseite von Pag zu erreichen.

Die Küstenroute zwischen Šimuni und Pag-Stadt ist landschaftlich besonders sehenswert. **Mandre** ist ein – zumindest noch – ruhiger, kleiner Fischerort ohne Hektik und Trubel, zahlreiche neu erbaute Ferienwohnungen lassen jedoch einen baldigen Aufschwung erwarten.

Nützliches

- Šimuni bietet einen netten **Campingplatz** (AC Šimuni €€, Tel./Fax 023-698208, Busanbindung Pag/Novalja, gut 10 Minuten per Fahrzeug ab Pag-Stadt), eine sehr gute Marina mit dem **Restaurant Šobar,** Kran und Slip, Tel. 053-698020, Fax 698025, die **Tauchbasis Šimuni** sowie das empfehlenswerte **Grill-Restaurant Smirka.**
- In allen genannten Orten bieten zahlreiche **Privatvermieter** Zimmer an, ebenso die örtlichen Touristikagenturen an den Hauptstraßen.

Pag-Stadt

Der mit 2375 Einwohnern größte Ort der Insel bildet das wirtschaftliche und administrative Herz von Pag. Kleinstädtisches Flair, eine kleine Altstadt, emsiges Markttreiben und sogar Strandleben ergeben eine angenehme Mischung aus Betriebsamkeit und Gelassenheit. Besonders auffällig wird der krasse Gegensatz zur ansonsten stillen und fast öden Insel, wenn man aus Richtung Zadar kommt und den Südteil von Pag erkundet hat; natürlich tragen auch die kargen, weitläufigen Salinenfelder und die Salzfabrik am südlichen Ortsende zu diesem Bild bei.

Der zentrale Uferparkplatz bildet einen sehr guten Ausgangspunkt für einen Rundgang; wer mit dem Fahrzeug nahe an den Strand möchte, parkt am besten bei den Lagerhallen auf der anderen Seite der Salinen.

Interessant sind in Pag selbst vor allem der **historische Altstadtkern** rund um den Trg Kralja Kresimira. Hier liegt die dreischiffige **Basilika Kolegiata,** errichtet vom bekannten kroatischen Baumeister *Juraj Dalmatinac* um 1466 in stilistischer Mischform: Über dem gotischen Portal erhebt sich beispielsweise eine Rosette mit zwei Erzengeln im Renaissance-Stil; man beachte auch die interessante Semiplastik im Altarbereich. Auch der benachbarte **Rektorenpalast** stammt von Dalma-

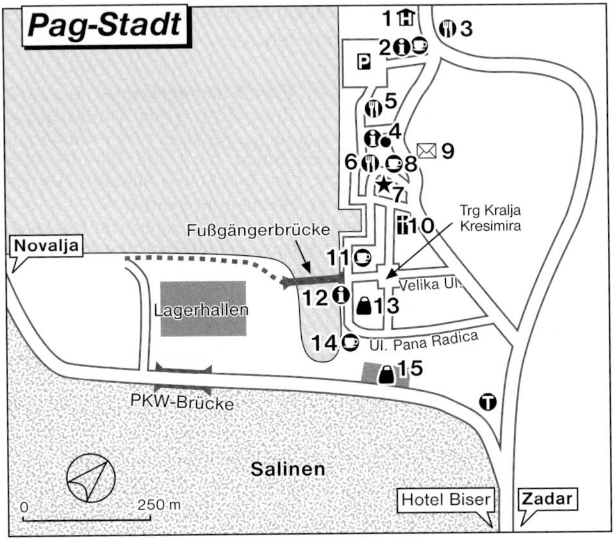

1	Hotel Pagus	7	Stadtmauer & Burgreste
2	Turist Biro, Café/Bar Koralj	8	Konoba Bodulo
3	Taverna Grill	9	Post
4	Sun-, Antunja- u. Mediteran-Tours; Rupedi Divers	10	Kapelle
5	Restaurant Rendez-Vous & Tauchbasis RR Sub	11	Cafés & Bistro Diogen
6	Restaurant Smokva	12	Touristeninformation Pag
		13	Souvenirstände
		14	Konoba 2 Ferana
		15	Supermarkt

tinac. In den Altstadtgassen rund um den Trg Kresimira, insbesondere in der Velika Ulica, wird allerlei lokale Kleinkunst und Handwerkliches feilgeboten – Bilder, Spitze, Taschen, Bekleidung und auch Käse; Wechselstuben und Banken sind hier reihenweise zu finden.

An der alten Stadtmauer, einem restaurierten Teilstück aus dem 15. Jh., liegt die kleinere Benediktinerkirche Sv Margarita aus dem Jahre 1526. Zum Flanieren bietet sich die **Uferpromenade** an, hier hat man die breiteste Auswahl an Restaurants und Cafés, auch werden Souvenirs und Andenken angeboten. Über die Fußgängerbrücke an der Touristeninformation schließlich gelangt man zum nur wenige Gehminuten entfernten **Kiesstrand;** Bademöglichkeiten in begrenztem Umfang finden sich auch vor dem Hotel Pagus. Einige Tauchschulen bieten im Ort ihre Dienste an.

Info und Agenturen

Privatunterkünfte, Ausflüge, Leihfahrzeuge usw. vermitteln u.a.:

- **Agentur Mediteran,** Tel. 023-600042, Fax 611238, mediteran.pag @email.hinet.hr.
- **Touristeninformation,** Obala Tita 1, Tel. 053-611286, tgl. 8-21 Uhr.

Unterkunft

- **Hotel Biser** €-€€, Matoša 8, Tel. 053-611333, Fax 611444, hotel-biser1@zd.hinet.hr, etwas außerhalb vom Zentrum mit eigenem Strand.
- Das **Hotel Pagus** €€, Starcevica 1, Tel. 053-611210, Fax 611101, hotelpagus@coning.hr, neben dem PKW-Parkplatz ist schlicht und o.k.

Essen und Trinken

- Ein großer **Supermarkt** an der Ausfallstraße Richtung Novalja bietet Selbstverpflegern alles, was das Herz begehrt. Frisches Obst und Gemüse wird auf dem **Markt** bei der Margarita-Kirche verkauft.
- Das **Bistro Diogen** nahe der Brücke bietet sich für herzhafte Kleinigkeiten an.
- Preiswerte Lokalküche bieten der **Taverna Grill** gegenüber vom Hotel Pagus sowie das **Restaurant Smokva.**
- Gehobenere Küche offerieren das **Rendez-Vous** (französische Küche), die urige **Konoba Bodulo** bei der Stadtmauer (8–15 und 18–24 Uhr, nicht zu teuer) sowie das **Dva Ferana** mit seinem sehr hübschen Innenhof.

Nützliches

- Bekannteste **Tauchschulen** sind RR Sub (am Restaurant Rendez-Vous), Tel. 053-912048599, und Rupedi Divers (neben Sun Turist).
- **Postfilialen** liegen nahe der Stadtmauer sowie an der Promenade; hier sowie in den **Banken und Wechselstuben** der Velika Ulica ist Geldwechsel meist durchgehend 8–20 Uhr möglich.

Bus

Die Bushaltestelle liegt neben dem PKW-Parkplatz (kleine Kartenverkaufsstelle); hier fahren Lokal- sowie Langstreckenbusse ab (z.B. Richtung Zagreb 7x täglich, Ljubljana 10.30 Uhr).

005da Foto: wl

Halbinsel Povljana

Zwischen der Stadt Pag und der Brücke zum Festland erstreckt sich eines der **kargsten Gebiete Kroatiens,** die Povljana-Halbinsel. Trotz des Mangels an Bewuchs hat auch diese Gegend ihren Reiz, vor allem für diejenigen, die Abgeschiedenheit und Einöde nicht als Nachteil eines Reiseziels empfinden.

Dorf Povljana

Vorbei am Salzwerk von Pag und an den **Salinen** erreicht man die winzige, im Schilf liegende Salzarbeitersiedlung **Gorica,** wo eine Abzweigung zur 650-Seelen-Gemeinde Povljana führt, das (noch) als Geheimtipp erwähnenswert ist. Süßwasser-

Karge Landschaft rund um die Salinenfelder

quellen auf den Anhöhen rund um das Dorf verwandeln die umliegenden Parzellen beinahe in eine Oase für Obst- und Gemüseanbau. Das kleine Zentrum liegt rund um die Pfarrkirche, allerdings darf nicht mehr als ein paar Obst- und Gemüsestände und ein Minimarkt erwartet werden.

Dem Sträßchen hinter der Kirche nach rechts folgend, findet der Sonnenanbeter mit der Plaža Dubrovnik den **schönsten Strand der Insel** (Sand!) mit der kleinen Kapelle Sv Nikola und ein paar kleinen Schänken. Gut isst man auch im Grill Mornar am Ortseingang. Westlich des Ortes gibt es größere Heilschlamm-Vorkommen, die gegen Rheuma eingesetzt werden. Achtung: in allen erhältlichen Karten ist eine Straße zwischen Povljana und Smokvica verzeichnet – es gibt keine!

- Die kleine **Touristeninformation,** Ul. St. Radica 20, Tel. 053-692003, Mo–Sa 8–12 und 18–21 Uhr, liegt an der Hauptstraße – hier werden Geldwechsel, Unterkunftsvermittlung (Zimmer €, Ferienwohnung €€, AC Mali Dubrovnik €), Auskünfte usw. geboten.

Velo Blato

Die Verbindungsstraße Povljana – Velo Blato (großer Sumpf) wird jedem Durchreisenden als **„Mondlandschaft"** in Erinnerung bleiben; lediglich kleine Mauern im typisch mediterranen Stil grenzen die weitläufigen, öden Parzellen ab und man fragt sich unwillkürlich: wovon eigentlich – es wächst doch ohnehin nichts? Hier könnte gut ein Film über das „Leben" nach einem Atomschlag gedreht werden! Der große **Sumpf** passt im Sommer in dieses Szenario; in der Regenzeit, in der die Oberfläche des Sees sich vervielfacht, bildet er ein unverzichtbares **Biotop** für Wildgänse, Fasane und andere Vögel.

Vlašići

Ein Abstecher führt nach Vlašići, einer 200 Einwohner zählenden Gemeinde am Ende der Nebenstraße. Hinter der Kirche führt eine S-Kurve den Hügel hinauf zu Ferienwohnungen, der Konoba Spider und zu einem Asphaltweg, über den man einen sehr hübschen **Badestrand** erreicht. Das Zentrum liegt unmittelbar an der Kirche mit Minimarkt und der Agentur Turist-Biro (Tel. 053-692139, nur vormittags offen).

Noch vor Vlašići zweigt eine schmale Nebenstraße nach **Smokvica** ab, einem kleinen landwirtschaftlichen Weiler auf 70 Höhenmetern. Hier kann man hausgemachte Produkte einkaufen, vor allem aber zu einigen unberührten Badebuchten auf schmalen Pfaden hinunterwandern.

Wieder zurück an der Hauptstraße am Velo Blato erreicht man über das Dörfchen **Dinjiska** (mit kleinem Strand) die 340 Meter lange **Brücke Paški Most** zum Festland Richtung Nin und Zadar.

Nin

Knapp 20 Kilometer nordwestlich von Zadar, auf dem Weg zur Insel Vir, stößt der Reisende auf das alte Salzstädtchen Nin (ca. 1700 Einwohner), bekannt für eine gesunde, überdurchschnittlich **salzhaltige Luft** sowie **Heilschlamm,** der zur Rheuma-Therapie eingesetzt wird. Der Ort bietet sich als idealer Standort an, wenn man Norddalmatien erkunden möchte, ohne in der Großstadt Zadar zu wohnen. Idyllische Abgeschiedenheit, gute Bademöglichkeiten sowie einige interessante Sehenswürdigkeiten ergeben einen sehr positiven Gesamteindruck.

Stadtgeschichte

Nin war bereits vor den Römern bewohnt und zählt zu den Hauptsiedlungsgebieten der Liburner. Die zahllosen **liburnischen Gräber** machen Nin zu einem der wichtigsten Ausgrabungsorte Kroatiens. Relikte einer größeren **Tempelanlage** und Augustusstatuen (im archäologischen Museum von Zadar zu sehen) legen Zeugnis von der nachfolgenden römischen Besiedlung ab. Im Hochmittelalter erkannte die Stadt den ungarisch-kroa-

006da Foto: wl

tischen Doppelmonarchen an, fiel dann aber 1328 an Venedig (vgl. Stadtgeschichte von Zadar). Im Spätmittelalter wurde Nin mehrfach bei kriegerischen Auseinandersetzungen mit den vorrückenden Türken zerstört, weshalb die Bewohner um 1400 einen Graben um die Stadtmauern herum zum Meer zogen – hierdurch wurde Nin eine Insel. 1797 ging der Ort an Österreichisch-Dalmatien.

Orientierung

Nin liegt an der Route Zadar – Insel Vir; an der Ortseinfahrt teilt sich für den Selbstfahrer der Ort: Man kann entweder am Kreisverkehr vor der Fußgängerbrücke parken (Schild „Centar", hier kleiner Markt; in dieser Gegend liegen auch die meisten Privatzimmer) oder zunächst Richtung

Bucht von Nin und Altstadtkern

Vrsi (beschildert) durch das Salinenfeld bis zur kleinen Autobrücke linker Hand und dort in die Stadt hineinfahren (keine großen Parkplätze). Von der Fußgängerbrücke kommend, betritt man das alte Tor in der Stadtmauer und steht unmittelbar im alten Zentrum der künstlichen Insel.

Sehenswertes

Kapelle Sv Nikolaj

Noch vor Nin liegt – von Zadar kommend linker Hand – ein seltsamer Turm auf einem Hügel; hierbei handelt es sich um die Kapelle Sv Nikolaj aus dem 11. Jh., errichtet auf einem prähistorischen Hünengrab. Der turmähnliche obere Teil wurde als **Beobachtungsposten** während der Türkenkriege aufgestockt.

Sv Anselmo

Betritt man Nin durch das Stadttor hinter der Fußgängerbrücke, liegt halbrechts der Hauptweg, halblinks das Parallelsträßchen dazu. Folgt man dem Hauptweg, trifft man neben der Reiseagentur auf die Pfarrkirche Sv Anselmo aus dem 9. Jh., deren besondere Attraktion die angeschlossene **Schatzkammer** sein dürfte: Neben zahlreichen holzgeschnitzten sakralen Kunstschätzen sind lokale Feinschmiedearbeiten im gotischen und romanischen Stil zu bewundern. Ebenso sind Reliquien des hl. Anselm zu sehen: ein Schulterblatt und eine Hand. Das Kirchengebäude selbst und dessen Innenmalereien wurden im 18. Jh. vollständig renoviert.

● **Sv Anselmo,** täglich 9.30–12 und 17.30–21 Uhr; Eintritt 10 K, Kinder 5 K.

Archäologisches Museum

Weiter die Straße entlang, vorbei an Restaurants und Ständen mit Likören der Region, erreicht man das Archäologische Museum mit Exponaten zu den Ausgrabungen der liburnisch-römischen Epoche sowie zur Lokalgeschichte mit einer Kopie des berühmten **Višeslav-Taufbeckens** aus dem 9. Jh.

007da Foto: wl

Der hochmittelalterliche Bischof Gregor von Nin
wird als eine Art erster kroatischer Freiheitskämpfer verehrt

Dieses stammt aus der Zeit, als Missionare die südslawischen Kroaten zum Christentum bekehrten. Links am Museum vorbei liegt am Ende des Weges ein **römisches Ausgrabungsfeld** von bemerkenswerten Ausmaßen.

- **Arheološki Muzej,** täglich 9–12 und 18–21 Uhr, Eintritt 10 K.

Sv Križ

Etwa 250 Meter weiter rechts steht man unvermittelt vor der **kleinsten Kathedrale der Welt,** Sv Križ (Heilig-Kreuz)! Der eher unscheinbare vorromanische Bau aus dem 9. Jh. diente dem jeweiligen Bischof von Nin als bischöfliche Kirche und stand daher mit jeder anderen Kathedrale der Welt auf einer Stufe.

Wenige Meter weiter steht das **Denkmal** des Nationalhelden *Grgur Ninski* (Bischof *Gregor von Nin,* ⇨Glossar), jenes norddalmatischen Freiheitskämpfers, der für den Erhalt der slawischen Sprache und ein starkes Kroatentum eintrat.

Praktische Tipps

Info

- **Information:** Vor der Fußgängerbrücke bei der Post, Mo–Sa 8–21 Uhr, Tel. 023-64280, Fax 265247.

Unterkunft/ Camping

Eine **Privatunterkunft** – auch unter der Hand – ist in Nin leicht zu bekommen, sehr viele Privatvermieter hängen ihre Schilder nahe der Fußgängerbrücke aus (Festlandseite, nicht in der Altstadt).

- Die Agentur am Stadttor vermittelt ebenfalls Unterkünfte; viele Reisende bevorzugen jedoch die **Feriensiedlung Zaton** €€€-€€€€, Tel. 023-280211, Fax 264225, apartments @zaton.hr, die 2 km vor Nin liegt.
- Hier befindet sich auch der Campingplatz **AC Zaton** €€, Tel. 023-315255, Fax 312750, turisthotel@zd.tel.hr, für 4500 Gäste. Das Freizeitangebot reicht von Tennis über Surfen bis zu Reitsport. Berühmtheit erlangte jedoch vor allem die **Disco Saturnus** – die (noch) größte Diskothek Dalmatiens.
- An der Straße Richtung Vrsi liegen weitere, kleinere Campingplätze: **AC Ninska Laguna** €€, Tel. 023-264265, **AC Dispet** €, Tel. 023-264246, **AC Nik,** Tel. 023-264143, und **AC Nin,** Tel. 023-264031.
- Ebenfalls im Bezirk Zaton liegt in der Dražnikova 17 das beliebte **Aparthotel Onk'l Ivan** €-€€, Tel. 023-265900,

Fax 26590, unkl.ivan@htnet.hr, mit sehr schönen Zimmern und Apartments.

Essen und Trinken

Einige hübsche und preiswerte Lokale locken die Kundschaft in Nin. Viele liegen in der Hauptstraße nahe der Kirche; jeder Besucher wird bald seinen Favoriten gefunden haben. Dass Nin ein kulinarisches El Dorado ist, hat sich weit herumgesprochen, ab 19 Uhr wird es überall schwierig, noch einen Platz zu bekommen, was aber nicht zu einer Schnell-servier-Mentalität geführt hat! Je nach Geschmack und Reisekasse sind besonders zu empfehlen:

- Die **Pizzeria** außen vor dem Stadttor (Fußgängerbrücke). Es gibt nur wenig Auswahl, aber die Gerichte sind preiswert und gut.
- In der preislich unteren, geschmacklich aber mindestens mittleren Kategorie sei **Tomislavs Bufet** (links um die Ecke vom Archäologischen Museum) wärmstens empfohlen. Die gebratenen Sardellen stehen übrigens nicht auf der Karte.
- Dalmatische Spezialitäten bietet das **Sokol** (Tel. 023-264412) mit hübschem Innenhof hinter dem Stadttor.
- Exquisite Fischgerichte und nationale Delikatessen serviert die **Konoba Aenona** (Tel. 023-264052) beim Grgur-Denkmal (mittlere bis gehobene Preisklasse).
- Selbstversorger finden eine **Bäckerei** sowie mehrere **Minimärkte** in der Altstadt-Hauptstraße; Obst und Gemüse bietet der **Markt** landseitig vor der Fußgängerbrücke.

Aktivitäten

- **Sportmöglichkeiten, Verleihstellen** und **Disco Saturnus** in der Feriensiedlung Zaton (s.o.).
- **Baden** ist an etlichen Stränden rund um Nin möglich; auch im Hochsommer sehr ruhig ist es 1,5 km außerhalb Richtung Vrsi, hinter der Salzfabrik und den Lagunen links (wo ein einsamer Schlot sichtbar wird). In Vrsi, nur wenige Kilometer von Nin entfernt, gibt es ebenfalls mehrere gute Strandabschnitte, außerdem eine **Diskothek** (Atlantik) sowie die bei Nachtschwärmern sehr beliebte Pizzeria Bonaca.

Nützliches

- **Post:** am Kreisverkehr beim Markt vor der Fußgängerbrücke; Mo–Sa 7–9.30, 10–17 und 17.30–21 Uhr (auch Geldwechsel).
- Eine kleine **Apotheke** befindet sich bei der Post; das Camp Zaton verfügt über eine **Erste-Hilfe-Station** (Tel. 023-64444).

Bus

Haltstelle der Linie Vir – Zadar an der Post, Verbindung nach Vir etwa alle 2 Stunden, nach Zadar alle 90 Minuten.

Insel Vir

Mit nur 22 km^2 und 600 Bewohnern erweist sich die Insel Vir – Ferienhochburg der Norddalmatier – nicht gerade als riesig. Auch was die ausländischen Besucherzahlen anbelangt, dürfte Vir eher eines der Schlusslichter der in diesem Buch beschriebenen Inseln sein – aber vielleicht macht gerade das für manchen einen besonderen Reiz aus. Das urkundlich schon während der Regentschaft von König *Krešimir* (11. Jh.) erwähnte Vir besticht weniger durch historische Bauten, als vielmehr durch seine schlichte Rolle als **Erholungsinsel.** Das Eiland wurde per Brücke an das Festland angebunden, ein Abstecher bietet sich insbesondere vom nahe gelegenen Nin an.

Vir-Stadt

Die Zufahrtsstraße ab der Brücke mit eher hässlichen Neubauten und industriellen Parzellen bis zum Ortseingang des Hauptortes Vir wirkt zunächst ernüchternd, wovon man sich aber nicht abschrecken lassen sollte. In Vir-Stadt (Einbahn-Rundstraße, Schild „Zadar" folgen) locken entlang

008da Foto: wl

der Hauptstraße mehrere Straßenbäckereien mit sehr gutem *jabučni burek;* es gibt Pizzerien, einen guten Supermarkt sowie entlang der kleinen Marina die üblichen Souvenirstände.

Nützliches

- An der Marina findet man das örtliche **Turist-Biro,** Tel./Fax 023-362196, das Privatzimmer vermittelt, Bustickets verkauft usw.
- Kurz dahinter liegt das **AC Kotarina** €€, Tel. 023-362196, Fax 362018. Sehr nett sind auch die örtlichen **Pensionen Bašić** €, Tel. 023-362224 und **Ivo** €, Tel. 023-362240. Alternativ kann man im **AC Matea** €, Tel. 023-362102, Fax 362196, turisthotel@zd.tel.hr, unterkommen.
- Eine kleine **Dorfpost** am Ortsausgang Richtung Torovi (Mo–Sa 8–20 Uhr) bietet auch Geldwechsel.
- Dahinter beginnt eine Ausfallstraße mit einem großen **Supermarkt** an der Gabelung Torovi - Lozice.

Lozice und Torovi

Die Strecke nach Lozice ist wenig bebaut und ruhig, in der Ansiedlung gibt es einen Minimarkt („Biss") und eine Schänke. Der Weg endet in einer meist einsamen **Badebucht** - wenn man Wochenenden und Feiertage meidet.

Richtung Torovi passiert man den Inselfriedhof und hat an einer weiteren Gabelung die Möglichkeit, den 112 Meter hohen **Sv Jurai** rechts oder links bis Torovi zu umrunden - in beiden Fällen enden die Wege inmitten weit verstreuter Neubauten und üppiger Felder. Nur zu Fuß oder per Allradfahrzeug lassen sich die Wege zu den einzelnen Buchten weiter erkunden (lohnenswert!).

Weites Land auf Vir

Zadar

Kaum ein Reisender, ob zu Wasser oder zu Land, wird Zadar links liegen lassen ob seiner Bedeutung als **Handels- und Fremdenverkehrsmetropole.** Mit 76.300 Einwohnern stellt Zadar auch für die Norddalmatier das wichtigste Zentrum für Arbeit, Einkäufe und Kultur dar. Neben dem Tourismus bilden Nahrungs- und Genussmittelproduktion, Schiffbau und Textilfertigung die wichtigsten Säulen des regionalen Wirtschaftslebens. Besondere Bekanntheit erlangte die Spirituosen-Industrie mit dem berühmten **Maraschino-Likör,** gewonnen aus den Kirschen des sehr fruchtbaren Umlands von Zadar. Wer auf dem Seeweg zu anderen dalmatischen Städten oder auf eine der vorgelagerten Inseln des **Zadar-Archipels** fahren möchte, reist ebenso über Zadar wie diejenigen, die von hier aus Ziele in Italien per Autofähre (Ancona, Triest) oder Schnellboot (Venedig) besuchen wollen.

Das Stadtbild muss zweigeteilt betrachtet werden: Die „altjugoslawischen" Außenbezirke wirken auf den ersten Blick eher abstoßend und

009da Foto: wl

ähneln anderen Großstädten wie Rijeka oder Split. Die **auf einer Landzunge gelegene Altstadt** dagegen darf in ihrer architektonischen Gesamterscheinung sicher zu Recht als Perle der kroatischen Kultur und Geschichte bezeichnet werden.

Stadtgeschichte

Im 2. Jh. v. Chr. übernahmen die **Römer** die vom illyrischen Stamm der Liburner angelegte Hafenstadt und bauten sie unter dem Namen Jadera weitläufig aus: Es entstanden ein Kapitol, eine Kanalisation, Thermen mit Wasserversorgung vom 20 Kilometer südlich gelegenen Vransko Jezero, Befestigungsmauern sowie ein Amphitheater. Im Frühmittelalter nominell byzantinisch, geriet Zadar ab dem 11. Jh. unter den starken Einfluss der **kroatisch-ungarischen Monarchie,** womit eine kulturelle und ökonomische Blütezeit ihren Anfang nahm.

Die Stadt widersetzte sich lange Jahre erfolgreich den Übernahmeversuchen Venedigs, wurde im 13. Jh. jedoch überrannt und mit Ausnahme einiger Sakralbauten vollkommen zerstört. Der ungarisch-kroatische König *Ladislav* sah sich schließlich gezwungen, ganz Dalmatien 1409 an **Venedig** zu verkaufen. Positiv wirkte sich vom 15. bis 17. Jh. die Gefahr durch die **Türken** aus (im 16. Jh. weite Eroberungen im Hinterland, ⇨Bosnien), als die norddalmatische Metropole als Bollwerk gegen die Türken stark befestigt wurde. Ruhe kehrte ab 1571 ein, als eine vereinigte Flotte aus venezianisch-dalmatischen Kriegsgaleeren und solchen des maltesischen Johanniter-Ordens die Türken in der **Seeschlacht von Lepanto** entscheidend besiegte. Während der anschließenden **österreichi-**

Das römische Forum, der zentrale Platz von Zadar, mit den Kirchen Sv Donat und Sv Stošija

Zadar
PKW - Fährpier
7
6
5
Liburnska oba
Bedemi zadarskih pobu
Ancona-Pier
Istarska obala
Brčica
Jeliča
Trg tri
bunara
Danila
B. Petranonica
8
Br. Bilsić
Bianchinija
Karamana
Divnica
Knezova Subica Bobirskin
Trg Sv
Krševana
Trg Sv
Frane
9
Trg Sv
Stošije
10
12
11
Simuna Kozicica
Siroka ul
22
23
Zelini Trg
(Forum)
Madijeva
Zadaeskog mira 1358
Obala Kralja P. Kresimira IV
Varcška
Kanal von Zadar
0
200 m

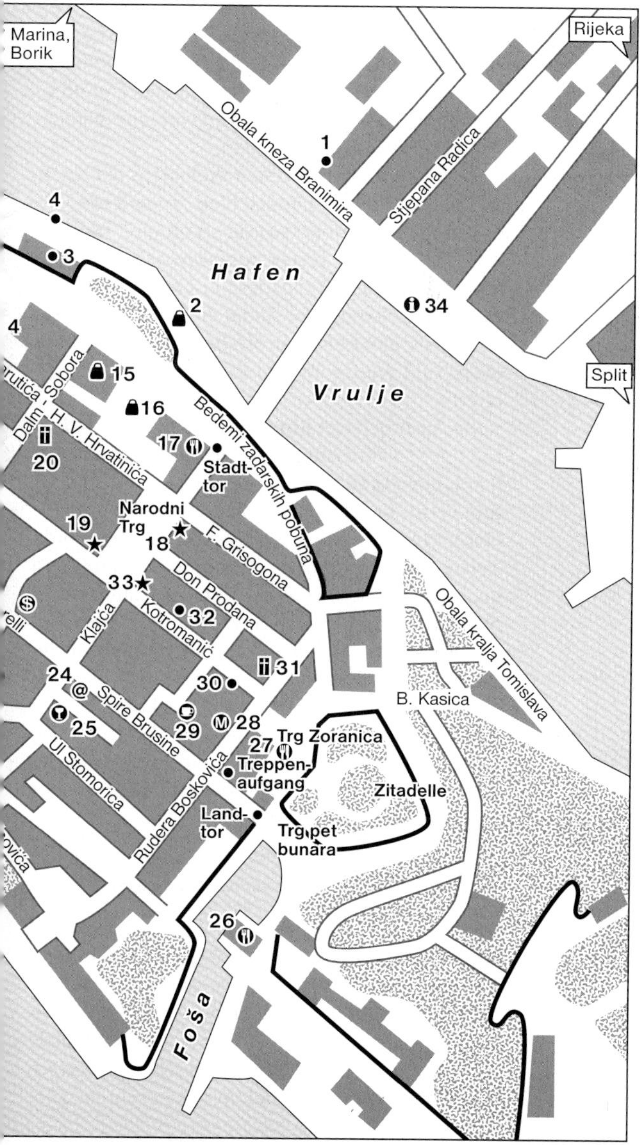
Marina, Borik
Rijeka
Split
Obala kneza Branimira
Stjepana Radica
Hafen
Vrulje
Bedemi zadarskih pobuna
Dalm. Sobora
H. V. Hrvatinića
Narodni Trg
Stadt-tor
F. Grisogona
Don Prodana
Kotromanić
Klajća
Spire Brusine
Ul Stomorica
Rudera Boškovića
Trg Zoranica
Treppen-aufgang
Zitadelle
Land-tor
Trg pet bunara
B. Kasica
Obala kralja Tomislava
Foša
1
2
3
4
15
16
17
18
19
20
24
25
26
27
28
29
30
31
32
33
34

schen Phase (1797–1918), unterbrochen nur von den Feldzügen *Napoleons,* wurde Zadar die **Hauptstadt Dalmatiens** und Hort des intellektuellen Widerstandes gegen jegliche Fremdbestimmung – Ziel der Südslawen war eine Vereinigung Dalmatiens mit Kroatien.

Nach dem Ende des Ersten Weltkriegs fiel Zadar an Italien, blieb im Unterschied zu anderen Gebieten italienisch und wurde somit eine **italienische Enklave** im ersten jugoslawischen Königreich (analog zu Königsberg in Ostpreußen). Im Zweiten Weltkrieg war Zadar eine der am härtesten von Gefechten betroffenen Städte Jugoslawiens und wurde im Oktober 1944 von *Tito* erobert.

Mit Ausbruch des **Bürgerkriegs 1991** nach dem Fall der sozialistischen Republik Jugoslawien, der damit einhergehenden serbischen Besetzung der Krajna um Knin und der darauf folgenden mehrjährigen Einkesselung Zadars folgte eine erneute Zeit des Leidens und der Zerstörung. Fast pausenlos beschoss serbische Artillerie die Stadt – die meisten Bewohner harrten während der dreijährigen Belagerung in Kellern aus oder flohen, etliche Bauten wurden beschädigt oder zerstört. Die vollständig restaurierte Altstadt erweckt heute den Eindruck, als sei nie etwas passiert, und man kann daher nicht oft genug verwundert den Kopf darüber schütteln, dass dieser Wahnsinn vor unserer Haustür nur 15 Jahre zurückliegt!

Sehenswertes

Stadttore

Von der Obala Branimira aus betritt man die Altstadt über die Fußgängerbrücke und das neue **Landtor** (Nova Vrata) zwischen dem kleinen Yachthafen und den weitläufigen Fähr-Anlegestellen. Das alte **Seetor** (Morska Vrata) gegenüber den Fährpiers birgt den venezianischen Löwen sowie eine Erinnerungstafel an die berühmte Seeschlacht von Lepanto (s.o.).

Stadtplan S. 148, Übersichtskarte S. 170

- 1 Agentur Atlas
- 2 Fischmarkt
- 3 Jadrolinija
- 4 Ugljan-Pier
- 5 Schnell- und Personenfähren
- 6 Busbahnhof
- 7 Jadrolinija-Hauptstelle
- 8 Agentur Rimanic
- 9 Franziskanerkirche
- 10 Sv Stošija
- 11 Sv Donat
- 12 Post
- 13 Seefahrts-Museum
- 14 Sv Krševan
- 15 Meggi-Supermarkt
- 16 Markt
- 17 Atrij
- ★18 Patrizier-Palast
- ★19 Stadtwache
- 20 Sv Andrija
- 21 Agentur Kompass
- 22 Archäologisches Museum
- 23 Sv Marija
- @24 Internet-Café & Landkarten
- 25 Studentenkneipen
- 26 Foša
- 27 Konoba Skoblar
- 28 Nautisches Museum
- 29 Café Plaza
- 30 Agentur Turisthotel
- 31 Sv Simun
- 32 Agentur Croatia Express
- ★33 Stadtloggia
- 34 Touristeninformation
- Banken

Fischmarkt und Markt

Das neue Landtor (Nova Vrata) ist nicht zu verwechseln mit dem **Stara Vrata** (altes Tor) direkt am Fischmarkt an den Stadtmauern, welches kaum auffällt und nicht viel mehr als ein Durchgang durch die Mauer zu sein scheint. In den Morgenstunden vertreiben hier die zahllosen Fischer aus dem gesamten Umland täglich ihre Ware – frischer geht es für eine Stadt kaum, auch wenn der Morgenduft nicht unbedingt dem eines Blumengartens entspricht ...

Durch das alte Tor kommt man zum eigentlichen Markt unter freiem Himmel, wo von Schafskäse über Dalmatinerschinken bis zu Obst und Gemüse alles erhältlich ist, was die Natur des Landes hergibt. Wer es lieber modern mag: Direkt an den Markt schließt sich die so genannte „Meggi Boutique" an, eine Kombination aus Supermarkt und kleineren Boutiquen.

Nautisches Museum

Nach diesen ersten exquisiten, wenngleich auch überwiegend kulinarischen Eindrücken der Altstadt dürfte das Marinemuseum zwischen Seetor und Sv Kreševan für Segler und Nautiker mit seinen Exponaten zur städtischen und dalmatischen **Seefahrtsgeschichte** von einigem Interesse sein.

● **Narodni Morski Muzej,** täglich 9–12 und 18–21 Uhr, So nur 9–13 Uhr.

Sv Krševan

Die nur wenige Meter entfernte dreischiffige **romanische Kirche** Sv Kreševan aus dem 12. Jh. wird das Auge des architektonisch Interessierten erfreuen: Die mit üppigen, verspielten Galerien, Bögen und angedeuteten Säulen reich verzierte Kirche war 1403 Stätte der Krönung *Ladislavs* zum kroatisch-ungarischen König, jenes Ladislavs also, der sechs Jahre später Dalmatien an Venedig verkaufen sollte. Auch wenn die spätmittelalterlichen Fresken im Inneren nur mehr zu erahnen sind, dient Sv Kreševan dennoch als gut erhaltenes Beispiel der Sakralarchitektur des Hoch- und Spätmittelalters. Der im 16. Jh. begonnene Campanile blieb unvollendet, die Kirche selbst wurde im 18. Jh. im barocken Stil restauriert. Die Statue des *Petr Oranic* (1508–1543) zeigt den Lokalpatrioten der Unabhängigkeitsbestrebungen Dalmatiens von Venedig.

Forum und Sv Donat

Das alte, 3,6 km^2 große römische Forum, damals wie heute **zentraler Platz der Stadt,** weist zwar keine römischen Bauten mehr auf, die alten Säulen und die Weitläufigkeit des Platzes vermitteln jedoch einen guten Eindruck dieses erhabenen, antiken Ortes.

Heute dominiert der markante, 27 Meter hohe Rundbau Sv Donat das Forum; die **Rotunde** zählt zu den exorbitantesten Sakralbauten Dalmatiens

010da Foto: wl

und wurde im 9. Jh. zunächst als repräsentative Hauskapelle des Episkopats von Zadar unter Bischof *Donatus* (8./9. Jh.) errichtet. Die mittlere der drei Seitenkapellen im Erdgeschoss beherbergte einst den Hauptaltar, eine Treppe führt an der Innenseite der Kapellmauer hinauf zur beeindruckenden Galerie. Sv Donat dient heute keinen liturgischen Zwecken mehr, wegen der hervorra-

Sv Donat - Wahrzeichen von Zadar

genden Akustik werden hier gelegentlich klassische Konzerte abgehalten. Der Eintritt beträgt 5 K/Person.

Sv Stošija

Unmittelbar neben Sv Donat steht die zwischen dem 12. und 14. Jh. errichtete, romanische **Kathedrale** Sv Stošija (Anastasia). Die drei Portale des semizyklischen Vorbaus führen in das Innere der dreischiffigen Basilika, deren Seitenschiffe zahlreiche wertvolle Reliquien bergen, u. a. die der hl. Anastasia, die hier auf Anweisung des Bischofs Donatus von Zadar ihre letzte Ruhestätte fand. Das Hauptschiff führt zum erhöhten Altarbereich mit Baldachin von 1332 sowie dem original-venezianischen Chorgestühl aus dem 15. Jh. Der abgesetzte, 56 Meter hohe Campanile wurde im 15. Jh. begonnen und erst im 19. Jh. nach dem Vorbild der Kathedrale von Rab fertig gestellt. Im rechten Seitenschiff existiert ein Zugang zum Innenhof des Gesamtareals mit den Grundmauern eines frühmittelalterlichen Baptisteriums aus dem 6. Jh.; von hier gibt es Verbindungsgänge zur Donat-Kirche und zur Kathedral-Sakristei.

Archäologisches Museum

Ebenfalls am Forum, gegenüber Sv Donat, öffnet das Archäologische Museum – erbaut auf den Fragmenten des ursprünglichen erzbischöflichen Palastes – seine Pforten. Die Sammlung von über 80.000 Exponaten lokaler und regionaler Funde aus der Jungsteinzeit bis ins Mittelalter untermalt außerordentlich gut die historischen Eindrücke zu Zadar. Das liegt zum einen an der recht aufgelockerten Darbietung, zum anderen an den konkreten Inhalten zur liburnischen (1. Jahrtausend v. Chr.), römischen (2. Jh. v. Chr. bis 5. Jh. n. Chr.) und insbesondere altkroatischen (8.–11. Jh.) Kultur der Region Dalmatien, die in keinem anderen Museum des Landes so konzentriert zu finden sind.

● **Öffnungszeiten:** Mo–Fr 9–13 und 18–21.30, Sa bis 21, So nur 18–21 Uhr, Eintritt 10 K.

011da Foto: wl

Sv Marija

Unmittelbar neben dem Museum steht das **Benediktinerinnenkloster** Sv Marija mit der gleichnamigen dreischiffigen Klosterkirche aus dem späten 11. Jh. Das im Zweiten Weltkrieg stark in Mitleidenschaft gezogene Bauwerk wurde jüngst umfassend restauriert, insbesondere die aufwändigen spätbarocken Stuckornamente im Inneren. Durch das polierte weiße Gestein wirkt die Kirche außergewöhnlich lichtdurchflutet. Das Kloster selbst beherbergt eine kunsthandwerkliche **Feinschmiede-Ausstellung** zum Thema „Gold und Silber von Zadar" mit zahllosen wertvollen Sakralgegenständen

Atrium des Franziskanerklosters

und Kirchengemälden venezianischer Meister. Legenden zufolge wurden die Kunstschätze in den 40er Jahren unter dem Klosterfundament vergraben und überstanden so den Krieg unversehrt.

Gospa od Zdravlja

Am Ende der Ulica Bianchinija steht die kleine **Kapelle** Gospa od Zdravlja mit einem wertvollen Sakralkunstwerk dalmatischer Skulpturkünstler, einem von Marmorengeln flankierten Marienbildnis aus dem späten 16. Jh. im vergitterten Altarbereich. Die Kapelle wurde 1990 zerstört, mittlerweile aber wieder vollständig restauriert.

Sv Frane

Vor der Kapelle Gospa od Zdravlja die kleine Gasse Ul. Tri Bunara entlanggehend, erreicht man das **Franziskanerkonvent** Sv Frane, errichtet im 13. Jh. im gotischen Stil. Die Kirche, ohne Seitenschiffe gebaut, wirkt sehr weiträumig und schlicht. Auf der rechten Seite ist eine Statue des Ordensheiligen Franziskus zu sehen, im Hauptaltarbereich ein Franziskusgemälde aus dem 18. Jh. von *G. Pitteri.* Die nur auf Anfrage zu besichtigende Ordens-Schatzkammer birgt Kruzifixe und Sakralmalereien, die im Laufe der Jahrhunderte zusammengetragen wurden. Rechts der Kirche liegt der Klosterbereich mit einem atriumähnlichen Innenhof und Grabplatten ehemaliger Ordensbrüder an den Säulengängen.

Altstadtgassen und Sv Mihail

Vom Franziskanerkloster sind es nur wenige Schritte zur parkähnlichen **Uferpromenade** Obala Kralja Krešimira IV mit Blick auf die vorgelagerten Inseln des Zadar-Archipels. Der Promenade folgt man nun in südlicher Richtung bis zur Ul. Stomorica und wendet sich Richtung Altstadtmitte. Durch nette Gassen mit zahllosen kleinen Straßenkneipen und Cafés erreicht man die Ul. Brusine mit der kleinen Kirche Sv Mihail, deren stille Schmucklosigkeit und kühler Marmor einen angenehmen Kontrast zu den lebhaften Innenstadt-Gassen bilden.

Landtor und Bastion

Die Ul. Brusine weiter in südlicher Richtung entlanggehend, achte man linker Hand auf einen Treppendurchgang, der zur alten Bastion oberhalb des Landtores führt. Letzteres wurde 1553 vom Venezianer *Sanmicheli* gebaut und gilt als wichtigstes Renaissance-Denkmal Zadars. Unverkennbar sind die beiderseits des Portals angebrachten venezianischen Löwen sowie der hl. Chrysogon, der städtische Schutzheilige. Auf der alten Bastion sind die fünf Brunnen zu sehen, welche dem offenen Platz den Namen Trg Pet Bunara verleihen. Die Bastionsmauern selbst, gebaut Mitte des 16. Jh., dienen heute als kleiner Park mit Aussicht über den inneren Yachthafen Foša.

Sv Šimun

Von der Bastion aus überquert man den Trg Zoranica und steht unvermittelt vor der rötlich-ockerfarbenen Kirche Sv Šimun aus dem 14. Jh. Zentrales Kunstwerk im Inneren ist der **Sarkophag des hl. Simeon,** gefertigt 1377 auf Anordnung der Gattin des ungarisch-kroatischen Königs *Ludwig I.* Den Sarkophag zieren - neben der liegenden Simeon-Figur auf dem Deckel - hauptsächlich Darstellungen monarchischer Ereignisse wie der Einzug Ludwigs in Zadar oder das Wappen des Hauses Anjou, dem Ludwig entstammt.

Narodni Trg

Neben dem Forum stellt der inmitten der Altstadt gelegene Narodni Trg (Volksplatz) den Mittelpunkt Zadars dar. Hier wurden die bedeutendsten weltlichen Bauwerke der venezianischen Epoche, etwa die **Stadtloggia** (1565 von Sanmichele erbaut) mit ihren für die Renaissance so markanten pseudorömischen Doppelsäulen oder die **Stadtwache** mit dem typischen Uhrturm aus dem Jahre 1562 erbaut. Im Inneren der Stadtwache ist heute die ethnografische Sammlung Zadars untergebracht. Das relativ moderne **Rathaus** entstammt der italienischen Besatzungszeit. Auf dem Platz bieten lokale Künstler Aquarelle und Radierungen feil - es lohnt sich zu handeln!

012da Foto: wl

Praktische Tipps

Anfahrt

Durch das Schild „Trajekt" (Fähre) wird man automatisch ins Zentrum geleitet, es empfiehlt sich aber, sofern man nicht zu einer Fähre möchte, in der Obala Branimira gegenüber der Altstadt-Halbinsel zu parken (kostenlos).

Info und Agenturen

- **Touristeninformation Zadar,** Ilije Smiljanica 5, Tel. 023-212412 und 023-212222, www.zadar.hr.

Tickets (Flug, Bahn, Bus), **Unterkunft, Leihfahrzeuge** usw. bieten u.a. diese Agenturen:

- **Atlas,** Obala Branimira 12, Tel. 023-235850, Fax 235772, atlas@zadar.net.
- **Croatia Express,** Široka Ul., Tel. 023-250502, Fax 250499, croatia@zd.hinet.hr.
- **Kompass,** Široka Ul., Tel./Fax 023-251892, kompas-zadar@zd.hinet.hr.
- **Rimanis,** A. Paravije 11, Tel./Fax 023-251005, rimanic-travel@zd.hinet.hr.

Camping

- **AC Borik** €€, Tel. 023-332074, Fax 332065; angenehmster Platz von Zadar.
- **AC Punta Bajlo** €€, Tel. 023-22336, Fax 436728, nur Tennis im Freizeitangebot.

Unterkunft

Es empfiehlt sich, im Umland (z.B. Nin) Quartier zu nehmen und für einen oder zwei Tagesausflüge nach Zadar zu kommen. Die Stadt selbst eignet sich kaum als Standort für einen längeren Aufenthalt, weil es recht umständlich ist, von den relativ weit außerhalb gelegenen Unterkunftsmöglichkeiten mit Bussen zum Zentrum zu kommen.

Im Grunde bieten sich nur zwei Varianten an – entweder eine recht **günstige Privatzimmer-Unterkunft** über eine der Touristenagenturen oder aber der **Stadtteil Borik** (Stadtbus Nr. 5 ab Busbahnhof) mit einigen Hotels, die unter www.hoteliborik.hr arrangiert werden können.

- In der **Jugendherberge,** Centr Omladinski, Obala K. Trpimira 76, Tel. 023-331145, Fax 331190, zadar@hfhs.hr, an der Marina von Borik ist eine Anmeldung 3 Wochen vorher erforderlich; Zimmer 10,55–12,65 €.
- Das **Aparthotel Donat** €€€, M. Radovana 7, Tel. 023-206500, Fax 332065, prodaja@hoteliborik.hr, bietet Zimmer und kleine Appartements.
- Am oberen Ende der Preisskala rangieren das **Hotel Novi Park** €€€€, Tel. 023-206636, Fax 332065, prodaja@hoteliborik.hr, in Seenähe am Campingplatz und das **Hotel Barbara** €€€€, gleiche Tel., Fax, E-Mail, mit eigenem Casino.

Zwischenübernachtungen wie auch längere Aufenthalte können schon in Deutschland organisiert werden, z.B. für diese Pensionen:

- **Pension Stanic,** 250 m vom Ufer in Zadar entfernt, www.pension-stanic.de, Tel. in Deutschland 07251-56862, kleiner Familienbetrieb.
- **Pension Maria,** Put Petrica 24, Tel. 023-334244 (anrufen, die Besitzer holen Gäste am Bahnhof ab), eine von Lesern empfohlene kleine Privatpension auf der Festlandsseite.

Norddalmatien

Essen und Trinken

- Einfache Snacks findet man am **Markt** (Bäckereistände, halbe Hähnchen im Meggi-Supermarkt usw.).
- Am Trg Zoranica (bei den fünf Brunnen) liegen gleich mehrere nette, kleine Cafés/Pizzerien – besonders empfehlenswert ist hier die **Café-Bar Kolona,** zu erkennen an der markanten (pseudo-)römischen Säule.
- Zünftig kroatisch speist man in der **Konoba Marival** am Narodni Trg, während das **Café Plaza** in der Režnica eher jugendliches Publikum anzieht.
- Als Tipp für die zünftige Küche regionaler Köstlichkeiten empfiehlt sich die unauffällige **Konoba Skoblar** am Trg Petra Zoranica.
- Eine ganze Reihe kleiner und uriger **„Studentenkneipen",** häufen sich in der Varoška Ul./Ul. Stomorica.
- In der gehobeneren Preisklasse darf besonders das **Restaurant Atrij** am großen Stadttor hervorgehoben werden, welches neben hervorragenden dalmatischen auch internationale Gerichte kreiert.
- Für sehr gute kroatische Fischspezialitäten sei das **Foša** außerhalb der Zitadellmauern am Yachthafen empfohlen.

Nützliches

- **Post:** Ul. Šimuna Kožičića, Mo–Sa 7–21 Uhr.
- **Bank:** Dalmatinska Banka, Trg Sv Stošija; Hypo-Adria Banka, Ul. M. Klaića; Torgovačka Banka, Ul. M. Boreli, und Splitska Banka, Ul. P. Borc V.
- **Erste Hilfe:** Medizinisches Zentrum Zadar, Tel. 023-315677.

Aktivitäten

Auf den Campingplätzen im Ortsteil Borik bzw. am dortigen Strand werden **Tretboote, Surfbretter** usw. verliehen.

●**Kino Pobeda,** Altstadt, schräg gegenüber vom Narodni Trg, 2x wöchentlich fremdsprachige Filme im Original.

●Segler finden zwei **Marinas:** Ul. I. Mestrovića/Obala Branimira, Tel. 023-430430, Fax 312500 (mehr für heimische Mitglieder), sowie die neuere Marina Borik, Kneza Domagoja 1, Tel. 023-333036, Fax 331018.

●**Taucher** wenden sich an **Zadar Sub,** Dubrovačka 20, Tel. 023-214848, oder **Diveclub Zlatna Luka** in Bibinje, Tel. 023-261413, info@diving-zlatnaluka.net.

Bus

Von der Fußgängerbrücke (Altstadtseite) aus der Uferstraße Obala Tomislava rund 1,5 km folgen bis zur Zagrebačka, dann rechts bis zur Kreuzung mit der Ante Starčevica – hier liegen außerhalb der Altstadt **Bahnhof und Haupt-Busbahnhof** nebeneinander. Ein stündlicher städtischer Pendelbus verbindet den Busbahnhof mit der Bushaltestelle Liburnska Obala auf der Altstadt-Halbinsel. Alle weiteren Routen – Langstrecke wie auch in andere Stadtteile (insbesondere zu den Campingplätzen) – werden nur vom Hauptbusbahnhof aus befahren. Täglich angefahren werden 5–22 Uhr: Mostar 10x, Biograd 16x, Nin 20x, Petrčane 12x, Sukošan 17x, Vrsi 10x, Dubrovnik/ Makarska/Ploče 10x, Split fast durchgehend alle 30 Minuten, Zagreb/Nordkroatien 30x, Korčula 1x um 22.30 Uhr. Innenstadt- und Regionalbusse sind weiß, die Innenstadtbusse halten außen vor dem Busbahnhof.

Bahn

Die Bahnverbindungen sind dagegen bescheidener. Im Bahnhof gibt es Information, Wechselstube sowie ein Ausflugsbüro, Fahrkarten bekommt man an dem gelben Schalter in der Ecke. Es handelt sich zumeist um **Zubringerzüge bis Knin,** wo dann umgestiegen werden muss.

Schiff

Das **Jadrolinija-Büro** liegt zwischen den Ancona- und Inselfähren bei Pier (Vez) 2 und ist Mo–Fr 7–21 und 23.30–01 Uhr, Sa 7–02 Uhr und So 7–12 und 14–01 Uhr geöffnet. Eine kleine Verkaufsstelle gibt es zudem bei Pier 7 (z.B. für Ugljan).

Die Verbindungen, vor allem zu den **vorgelagerten Inseln,** sind (in der Hauptsaison) zahlreich: Ugljan 12x täglich (ca. 13 €); Dugi Otok mehrfach täglich wechselweise nach Zaglav und Brbinj (ca. 40 €); Preise für PKW mit 2 Personen. Molat 2–3x täglich; Silba und Mali Lošinj nur Mo und Mi (alles PKW-Fähren). Ferner gibt es reine Personenfähren zu den Inseln Ilovik, Olib, Silba, Rivanj, Žverinac, Molat, Brgulje, Zapuntel, Ist, Premuda, Sestrunje, Božava, Iž und Rava – allerdings nicht unbedingt täglich, so dass sich eine vorherige Anfrage zu den Verbindungen schon vor der Anfahrt nach Zadar lohnt, entweder bei Jadrolinija Zadar, Tel. 023-212003, Fax 385-23-311151, in der Zentrale in Rijeka, Fax 385-51-211485, oder unter www.jadrolinija.tel.hr/jadrolinija. Hier erfährt man alle aktuellen Fährverbindungen und -preise. Auch behilflich ist die deutsche Generalagentur DER-Traffic, Emil-von-Behring-Straße 6, 60424 Frankfurt/Main, Tel. 069-95885800, Fax 95885822.

2–3x wöchentlich stoppt die **Schnellfähre Rijeka – Dubrovnik** in Zadar; ferner besteht von Juni bis September eine Personen-Schnellbootverbindung zwischen Zadar und **Ancona** (Italien) und zwar vom 23.7. bis 31.8. täglich, sonst Fr–So, für 100 € (hin- und zurück) bzw. 60 €, wenn die Rückfahrt am selben Tag stattfindet.

Flug

Eiligen Geschäftsreisenden bietet der 13 km östlich des Zentrums gelegene **Flugplatz Zemunik** Anbindung an das Luftnetz mit rund zehn nationalen Flügen täglich; das Büro von **Croatia Airlines** liegt in der Poljana Nodila 7, Tel. 023-314272, Fax 314835. Jeweils abgestimmt auf Ankunft/Abflug pendelt ein städtischer Linienbus zwischen Altstadthaltestelle, Busbahnhof und Flugplatz.

Südlich von Zadar

Ab Zadar in südlicher Richtung beginnt das eigentliche dalmatische Festland. Hinter hässlichen Petro-Werken unmittelbar an der Küstenstraße (hier auch großer Supermarkt) folgt nach den Vororten Sukošan (Abzweigung Flughafen) und Turanj (kleiner Strand, Campingplatz AC Jadran, Tel. 023-388644), der ruhige **Badeort Sveti Filip i Jakov,** beschildert als „Apartmanskoje Naselje" (Apartment-Siedlung). Im Dorf um die Pfarrkirche „Philip und Jakob" aus dem 16. Jh. gibt es einige Unterkünfte.

Info und Agenturen

Weitere Auskünfte und Organisationshilfen zu diesem recht jungen Touristenort geben:
- **Touristeninformation Filip i Jakov,** Tel./Fax 023-389071,
- **Sirena,** Obala Tomislava 2, Tel./Fax 023-389147, ivra@zd.hinet.hr.
- **Koima,** Remetinecka 77, Tel. 01-6556667, Fax 6556888, apartmani@apartmani-hrvatska.com.

Unterkunft

- **Hotel Mayica** €€, Tel. 023-388471, Fax 388470, ilirija@zd.hinet.hr.
- **Hotel Croatia** €€, Tel. 023-290100, Fax 388667, atn-croatia@zd.hinet.hr.
- **Campingplatz AC Dardin,** Tel. 023-388960, Fax 388607, sowie drei weitere kleine Camps.

Die norddalmatische Inselwelt

„Und als der Herr die Gestaltung der Erde beendet hatte bemerkte er, dass von den Naturschönheiten, die er der Erde zugedacht hatte, noch eine ganze Reihe übrig geblieben waren. Der Herr blickte auf sein Werk und war erstaunt über das tiefblaue Meer, welches er kurz zuvor unter dem Saum Südeuropas versteckt hatte. Also nahm er die restliche Naturpracht und ließ sie in der Adria fallen" – so entstand einer Legende nach die Landschaft des norddalmatischen Inselarchipels.

Insel Olib

Das 25 km^2 große Olib liegt etwa mittig zwischen der Insel Lošinj und Zadar, wird aber nur von letzterem aus per Fähre angefahren und führt daher ein eher stiefmütterliches Dasein im norddalmatischen Fremdenverkehr. Die Inselform ähnelt der ihrer bekannteren Schwester Silba, nämlich der einer Eieruhr mit dem Hauptort im Mittelpunkt. Olib wurde im 15. Jh. als Fluchtinsel vor den Türken von Kroaten besiedelt und begann unter dem Lokaladel zu prosperieren (Oliven, Wein, Schafzucht). Mit den Wirren des Ersten Weltkriegs setzte eine umfangreiche Auswanderungswelle, vorwiegend nach Nordamerika, ein – heute leben lediglich rund 180 Menschen auf Olib. Den Reiz der idyllischen Zurückgezogenheit auf der **autofreien Insel** kennen bislang vorwiegend kroatische Besucher vom Festland.

Sehenswert ist im Ort Olib die Pfarrkirche Sv Marija, die um 1785 an eine noch heute sichtbare Kapelle angebaut wurde. Das Innere birgt ein schlichtes Holzkreuz, welches von Pater *Cetinjanin,* dem Anführer der Flüchtlinge des 15. Jh., nach Olib gebracht worden war. Auf der Südwestseite stehen die Reste des alten Klosters Sv Ante Opata, welches 1948 aufgegeben wurde.

Gute **Bademöglichkeiten** bestehen unmittelbar in der Bucht von Olib-Stadt (befestigt) sowie in der zu Fuß in gut 15 Minuten erreichbaren Bucht Slatinica auf der Ostseite (Sand).

Überfahrt

Personenfähre **Zadar – Olib** 1–2x täglich, ca. 5 Uhr ab Olib, 14 Uhr ab Zadar; **Olib – Silba und Premuda** 1–2x täglich außer So (meist 4.30 und 17 Uhr); **Olib – Molat** nur Mi 4.20 Uhr; **Olib – Mali Lošinj** nur Mi und Sa. Genaue Informationen über die oft wechselnden Zeiten erhält man im Touristenbüro am Hafen, Tel. 023-370162, Mo–Sa 16.30–20.30 Uhr.

Nützliches

- Im Touristenbüro am Hafen werden auch **Privatzimmer** €€ vermittelt. Die (noch) einzige offizielle **Pension Amfora** €€ (Tel. 023-376010) liegt am Hafen, ebenso wie Post, Laden und Marktstände.
- Kühle Getränke bietet die **Konoba Plavnik** am Hafen, gute Lokalküche gibt es in der **Gostionica Olib.** Gehobenere Küche bietet der Seglertreff **Gostionica Amfora,** ebenfalls am Hafen.
- Achtung: Bargeld vorher tauschen, bislang war in der Dorfpost **kein Geldwechsel** möglich.

Insel Silba

Das 15 km² große Silba unterscheidet sich, von der Form einer Eieruhr mit Hauptort im Mittelpunkt abgesehen, sehr stark von der Nachbarinsel Olib. Während letzteres von Vegetation und Kultur her die Nähe zum kargen Pag widerspiegelt, zeigt Silba deutliche Ähnlichkeiten zu Lošinj: eine einst reiche Seefahrer- und Kapitänsinsel mit milderem Klima und gepflegtem Bewuchs, nur in geringem Umfang landwirtschaftlich genutzt. Mit dem Untergang der Segelschifffahrt – Anfang des 20. Jh. lagen im Hafen noch 200 inseleigene Segler vor Anker – folgte eine Umstellung auf den „Durchreisetourismus“ zu See von Mali Lošinj nach Zadar. Heute gilt Silba als beliebteste nordwestliche Insel des Archipels von Zadar. Die bekannteste Sehenswürdigkeit ist der so genannte **Liebesturm,** ein schlanker, hexagonaler Aussichtsturm, den ein ortsansässiger Kapitän im 18 Jh. sei-

013da Foto: wl

ner Liebsten errichtete, damit sie sein Schiff überall auf dem Meer erspähen könne!

An der malerischen Küste von Molat

Überfahrt

Die Schiffsverbindungen sind recht komplex, auch die Abfahrtszeiten sind variabel je nach Jahreszeit. Für Juni bis September gilt: von/nach **Zadar** Mi–Fr und So/Mo 1x am Nachmittag; von/nach **Mali Lošinj** So/Mo und Mi–Fr je 1x; von/nach **Pula** Di, Mi, Sa, So je 1x; von/nach **Olib** 1x täglich; von/nach **Premuda** Mo–Sa je 1x täglich; von/nach **Molat** Mi sehr früh und von/nach **Ilovik** Do und Fr jeweils am Nachmittag. Auskunft und Buchung beim Jadrolinija-

Büro am Fährhafen, Tel. 023-370010, täglich 6–12 Uhr sowie vor den Abfahrtszeiten, oder bei der Mik-Agentur im Ort, Tel./Fax 023-370030, täglich 8.30–20.30 Uhr.

Nützliches

- Im Ort sind alle touristisch wichtigen Institutionen vorhanden (alle nahe dem Liebesturm): **Post, Erste-Hilfe-Station, Läden** usw.
- Gastronomisch bieten etliche Cafés und Restaurants kulinarische Leckerbissen, besonders empfehlenswert sind das **Nautic** für Fischgerichte und die **Pizzeria Jadran** nebenan. Sogar eine Disco ist vorhanden: die **Disco Bar „1"** bietet Tanz, Musik, Spieltische und ein angenehmes Freigelände, 22–03 Uhr.
- Zimmer €€ und Ferienwohnungen €€ vermittelt die **Agentur Mik.**

Insel Molat

Unterholz und Baumschulen wie auch die zerklüftete Küste prägen das Landschaftsbild der 23 km² großen Insel Molat, deren rund 230 Bewohner sich auf die Orte Molat, Bruglje und Zapuntel verteilen. Sie leben ausschließlich von Schafzucht, Ackerbau, Fischfang und Tourismus. Seit 1409 venezianisch, wurde Molat an die Adelsfamilien von Zadar als Lehen vergeben, was das faschistische Italien 1941–43 „aus historischen Besitzgründen" zum Anlass nahm, hier ein Konzentrationslager zu errichten. Heute ziehen die vielen kleinen Buchten Angler, Segler und Badefreunde an. Autoverkehr ist auf Molat rar, alle Ziele werden ausschließlich zu Fuß erschlossen.

Knapp drei Viertel der Inselbewohner leben im **Hauptort Molat,** wo man Post, Bäckerei, Minimarkt, Apotheke mit Erste-Hilfe-Station sowie Ferienwohnungen (€-€€, am Hafen) findet. Mehrere kleine Kies- und Sandbuchten an der Nordseite sind in wenigen Gehminuten erreichbar – auf dem Weg passiert man das ehemalige italienische Konzentrationslager.

Das „landwirtschaftliche Zentrum" **Brgulje** bietet zwei Kneipen, einen Minimarkt sowie eine Hand voll Privatzimmer (€). Zehn Gehminuten unterhalb des Dorfes liegen die kleine Marina sowie mehrere Kies- und Sandbuchten. Am Pier legt die Fähre Zadar – Polat an, aber nicht immer!

Der drittgrößte Weiler auf Molat besteht aus **Zapuntel** und dem etwas unterhalb gelegenen Haupt-Fährpier **Polat.** Beide Teilorte haben je eine Dorfschänke zu bieten.

Überfahrt

Fähranbindungen von/nach **Zadar** (1x täglich), **Mali Lošinj** (Mi und Sa oder So), **Ist** (täglich außer Sa) und **Silba/Olib** (Mi).

Insel Ist

Vom 174 Meter hohen **Straža** blickt eine kleine Kapelle seit Urzeiten über das 10 km² große und autofreie Ist. Während man auf anderen Inseln vorwiegend Ackerbau und Viehzucht betreibt, leben die 280 verbliebenen Seelen auf Ist wie in früheren Jahrhunderten vom Fischfang. Bademöglichkeiten gibt es in den kleinen Nachbarbuchten (Kies/Fels) des einzigen Dorfes der Insel, Wassersportmöglichkeiten bietet eine Tauchschule (Rarog Sub, Tel. 023-372444, www.rarog-sub.com).

Überfahrt

Regelmäßige Fähranbindungen bestehen zwischen **Rijeka** (2x tgl.) und **Zadar** (1x tgl.) sowie unregelmäßig zwischen **Mali Lošinj** (nur in der Nacht von So auf Mo), **Molat** (1x tgl.) und **Premuda** (So).

Nützliches

- Wichtigste Anlaufstelle im Dorf ist neben der Tauchbasis das **Restaurant Maestro,** dessen Besitzer große Pläne für den in den Anfängen begriffenen Tourismus hat: Neben dem Lokal und dem **Turist-Biro,** Tel. 023-372419, Fax 372464, betreibt er auch den **Tennisplatz** und vermittelt Ferienwohnungen/Zimmer €€.
- Der kleine Ort bietet **Post, Erste-Hilfe-Station,** ein paar **Läden,** mehrere **Restaurants** (sehr zu empfehlen das **Katy**) und schließlich eine **Marina** für die vielen Segelsportfreunde (Meldung im Turist-Biro).

Weitere norddalmatische Inseln

Nahezu alle im Folgenden aufgeführten Inseln sind touristisch **relativ unerschlossen,** bieten aber zumindest private Unterkunfts- und Verpflegungsmöglichkeiten; die Anfahrt erfolgt in aller Regel ab Zadar am Nachmittag, die Rückfahrt von der jeweiligen Insel sehr früh am Morgen. Hier gibt es noch einiges zu entdecken und Dutzende weiterer Inseln in Norddalmatien warten auf die ersten westlichen Touristen.

Škarda Zu den vollkommen unbekannten „Felsbrocken im Meer" des Archipels von Zadar gehört die nur 3 km² große Insel Škarda. Im gleichnamigen Hauptort wohnen nur noch 60 Seelen, die von Schafzucht und partieller Landwirtschaft für den Eigenbedarf leben. Es gibt mehrere unberührte **Felsbadebuchten,** aber keinen öffentlichen Fährverkehr; Tagesausflüge werden vom Turist-Biro der Nachbarinsel Ist organisiert.

Premuda Ganz im Nordwesten der dalmatischen Inseln liegt die für ihre **Sand- und Kiesstrände** bekannte 9 km² große Insel Premuda in Sichtweite von Silba. Das Dörfchen gleichen Namens mit 105 von Wein- und Olivenanbau lebenden Einwohnern, die sich über jeden Besucher freuen, bietet Privatzimmer (€) und Ferienwohnungen (€€, Turist-Biro), einen Minimarkt sowie Fähranbindung von/nach Zadar (1x täglich), Ilovik (Do und Fr), Mali Lošinj (Mi und So), Ist (Mi), Silba (täglich außer Do) und Molat (Mi und So).

Rivanj Auf Rivanj zwischen Ugljan und Sestrunj leben nur noch 50 Menschen, vorwiegend ältere, die ihre Heimat nicht mehr verlassen wollen. Die meisten wohnen im gleichnamigen Hauptort der 3,3 km² großen Insel, wo sich die Anlegestelle (Fährverbindungen wie Sestrunj) und ein kleines Geschäft befinden. Nur wenige Besucher verirren sich auf die ruhige Insel mit ihren **Felsbadeplätzen.**

Sestrunj 160 Menschen halten die Stellung auf dem 14 km² großen Sestrunj, der „Schwester von Iž", zwischen Ugljan und Dugi Otok. Wein- und Olivenanbau sowie Fischfang ermöglichen den Bewohnern ein sehr bescheidenes Auskommen. Touristen verirren sich nur selten hierher, obgleich Sestrunj wegen seiner zentralen Lage im Archipel von Zadar mehrere Möglichkeiten zum Inselspringen bietet: 1x täglich von/nach Zadar, 1x täglich von/nach Rivanj sowie So–Di und Do je 1x von/nach Molat und Ist.

Zverinac

Es sind vorwiegend die **Segler** der norddalmatischen Gewässer, die ab und zu auf der Südseite des nicht einmal 5 km² großen Eilandes zwischen Sestrunj und Dugi Otok anlegen. Nicht viel mehr als Schafe (Käse!), Wein, Oliven, Feigen und letztlich sehr freundliche 80 Seelen in den wenigen Weilern von Zverinac warten auf seltenen Besuch.

Ugljan und Pašman

Die beiden langgestreckten, den Städten Zadar und Biograd vorgelagerten Inseln Ugljan (47 km², 6150 Einwohner) und Pašman (56 km², 3100 Einwohner) sind durch eine Brücke miteinander verbunden und werden von vielen Touristen gleichsam „in einem Aufwasch" besucht, ohne dabei überlaufen oder sehr touristisch zu wirken. Da zahllose Bewohner in den genannten Städten Arbeit fanden, wurde eine sehr gute Fähranbindung geschaffen, die es auch den Reisenden ermöglicht, gegebenenfalls spontan und ohne große Vorplanung Ugljan-Pašman zu besuchen. Die übrigen Inselbewohner leben von der Landwirtschaft (Wein, Feigen, Oliven, Früchte), wobei die Fruchtbarkeit von Nord nach Süd abnimmt, was auch die deutlich dünnere Besiedelung auf Pašman erklärt.

Das Landschaftsbild ist von **hügeligen Waldbereichen** (Nadel- und Laubgehölz gleichermaßen) auf Ugljan und Nord-Pašman geprägt, die Südhälfte Pašmans weist vorwiegend kräuterbewach-

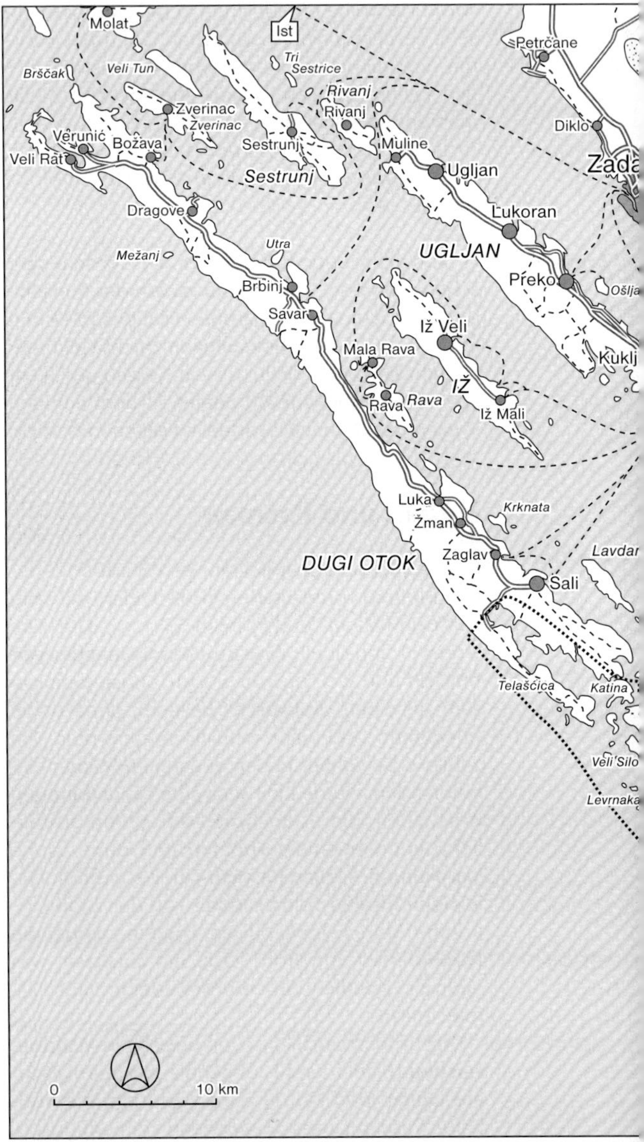
Molat
Ist
Tri Sestrice
Brščak
Veli Tun
Zverinac
Zverinac
Rivanj
Rivanj
Petrčane
Diklo
Zadar
Veli Rat
Verunić
Božava
Sestrunj
Sestrunj
Muline
Ugljan
Lukoran
Dragove
Utra
Mežanj
UGLJAN
Preko
Ošlja
Brbinj
Savar
Iž Veli
Mala Rava
Kuklj
IŽ
Rava
Rava
Iž Mali
Luka
Krknata
Žman
Zaglav
Lavdara
DUGI OTOK
Sali
Telašćica
Katina
Veli Silo
Levrnaka
0
10 km

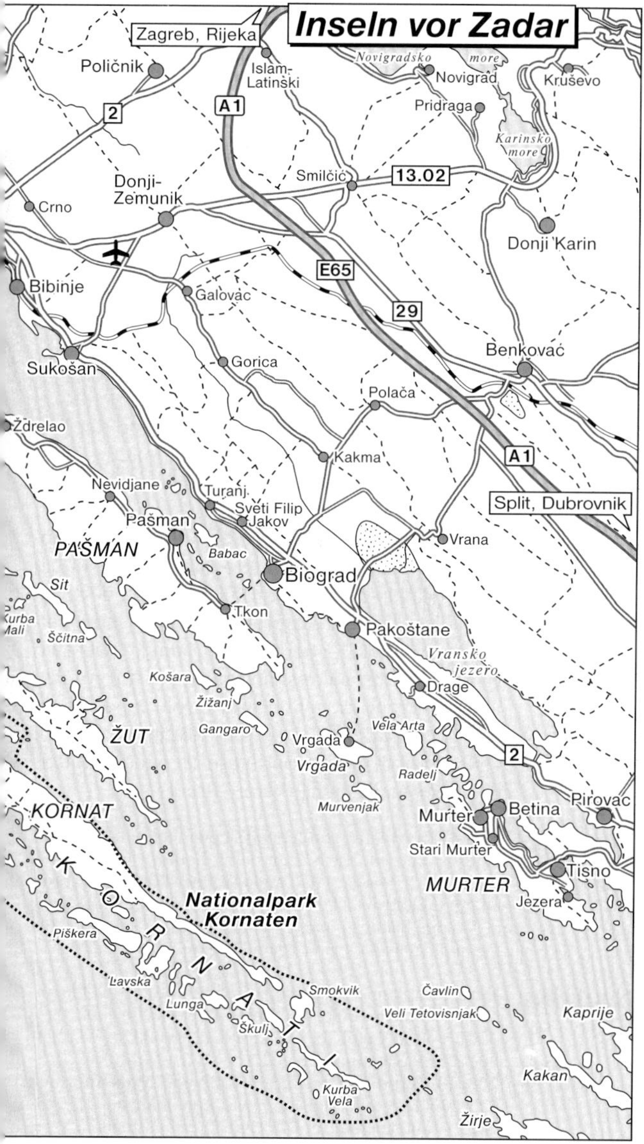
Inseln vor Zadar
Zagreb, Rijeka
Poličnik
Islam-Latinski
Novigradsko more
Novigrad
Kruševo
A1
2
Pridraga
Karinsko more
Smilčić
13.02
Donji-Zemunik
Crno
Donji Karin
E65
Bibinje
Galovac
29
Benkovac
Sukošan
Gorica
Polača
Ždrelao
A1
Kakma
Nevidjane
Turanj
Split, Dubrovnik
Sveti Filip Jakov
Pašman
Vrana
PAŠMAN
Babac
Biograd
Sit
Tkon
Kurba Mali
Ščitna
Pakoštane
Vransko jezero
Košara
Drage
Žižanj
Gangaro
Vela Arta
ŽUT
Vrgada
Vrgada
2
Radelj
Murvenjak
Pirovac
KORNAT
Murter
Betina
Stari Murter
Tisno
MURTER
Jezera
K
O
Nationalpark Kornaten
Piškera
R
N
Lavska
Smokvik
Čavlin
Lunga
A
Veli Tetovisnjak
Kaprije
Škulj
T
I
Kakan
Kurba Vela
Žirje

sene **Karstlandschaften** auf. Höchste Erhebungen sind der Škah (288 m) auf Ugljan sowie der Bakoli (274 m) auf Pašman, wobei auf beiden Inseln jeweils die Festlandseite mit den Siedlungen flach, die Südwestküste steil abfällt. Noch eine Besonderheit ist erwähnenswert: Viele Kroaten aus Zadar und Biograd haben ein Landhäuschen auf den Inseln errichtet und verbringen ihren Urlaub oder die Wochenenden dort. Es stehen daher weit weniger als auf anderen Inseln Unterkünfte zur Verfügung; Touristen nehmen meist mit den zahlreichen Campingmöglichkeiten vorlieb.

Beide Inseln waren schon in der Antike besiedelt, sowohl illyrische als auch römische Ruinen zeugen davon. Die heutigen Siedlungen entstanden im Mittelalter als Fluchtorte während der Türkenkriege. Da das Festland weiträumig in türkischer Hand war, dienten die Inseln gleichzeitig auch als „ausgelagertes Ackerland" der Bewohner von Biograd und Zadar. Die Geschichte der Doppelinsel weist übrigens interessante Parallelen zu Cres-Lošinj in der Kvarner Bucht auf, da dort wie auch hier die Inseln ursprünglich miteinander verbunden waren. Der heutige Kanal an der flachsten Landstelle entstand erst im späten 19. Jh., um den Schiffsverkehr zwischen den Inseln zu ermöglichen. In den 70er Jahren des 20. Jh. schließlich verband man Ugljan und Pašman wieder mittels einer (kostenlos befahrbaren) Brücke.

Überfahrt

Zwei Fähren bieten von Juni bis September eine gute Verbindung zu den Inseln, zum einen **Zadar – Preko** (14 € PKW mit 2 Person; 12x täglich) und **Biograd – Tkon** (10,50 € PKW mit 2 Person; 8x täglich); Fahrtzeit jeweils eine knappe halbe Stunde. Öffentliche **Busse** verbinden alle genannten Inselorte und beide Fährpiers.

Nützliches

Eine ganze Reihe „Minicamps" ohne Komfort bieten zumindest etliche offizielle Stellplätze: **Marijo,** Tel. 023-288172, **Kod Cige,** Tel. 023-288035, **Batalaža,** Tel. 023-288153, **Pavleština,** Tel. 023-288102, **Porat,** Tel. 023-288318, **Garmina,** Tel. 023-288307 und **Makelinic,** Tel. 023-2881059, alle Ugljan, sowie **Kod Jakova,** Tel. 023-260231 und **Lucina,** Tel. 023-260173 auf Pašman.

Dorf Ugljan

Der Fischerort Ugljan ist keinesfalls der Hauptort der Insel und bietet auch nur bescheidene touristische Infrastruktur wie eine kleine Post und einen Minimarkt. Er erlangte aber durch zwei Anlagen einige Bekanntheit: zum einen durch das **Franziskanerkloster Sv Franje** von 1430 auf der Nordseite am Ufer, zum anderen durch die Landzunge Muline mit **römischen Ruinen,** von denen etliche noch unter Wasser liegen und zum beliebten Tauchspot wurden. Die besten Strände liegen beim Kloster (Sand), beim verfallenen Hotel Zadranka (befestigt) sowie bei den zahlreichen kleinen Campingplätzen in Ortsrandlage. Ugljan bietet einige Bootsliegeplätze; Boote vermietet die Agentur Galius.

Nützliches

- Informationen und Unterkunftsvermittlung bei der **Agentur Galius,** Tel. 057-288011, tgl. 8–12 und 17.30–20 Uhr, die auch Tagesausflüge zu den Kornaten anbietet.
- Sehr empfehlenswert ist die **Restaurant-Pension Stari Dvor** € nördlich der Pfarrkirche. Auch das einfache **Hotel Ugljan** €, Tel. 288024, Fax 288004, hotel-ugljan@ vzd.hinet.hr, bietet preiswerte Zimmer.

Preko

Im Angesicht des gegenüberliegenden Zadar nimmt sich Ugljans Hauptort Preko (1650 Einwohner) eher bescheiden aus, er bietet aber eine ganze Reihe von touristischen Annehmlichkeiten (einzige Tankstelle der Doppelinsel!). Sehenswert sind die romanische Johanneskirche aus dem frühen 13. Jh. sowie die lebhafte Uferpromenade. Es locken ferner ein Strandbad, die kleine vorgelagerte **Badeinsel Galovac** mit dem alten Franziskanerkloster (Bootstaxi ca. 3 K) sowie eine Wandermöglichkeit zur **Bergfeste Sv Mihovil** (gut 1 Stunde, herrlicher Blick), man beachte das Hinweisschild beim Hotel, wo auch stabile Räder verliehen werden.

Nützliches

- Neben Jadrolinija (am Pier) bieten die **Agenturen Barba,** Tel. 023-85541, **Turist-Biro,** Tel. 023-86012 und **Rušev,** Tel. 023-86418 Auskünfte, Ausflüge und Unterkunftsvermittlung (Doppelzimmer und Ferienwohnungen €-€€). Für den Notfall steht auch das **Hotel Preko** €€€, Tel. 023-286041, Fax 286040, hotelpreko@coning.hr, zur Verfügung.
- Bank, Post, Supermarkt, Fachgeschäfte sowie Obst- und Gemüsemarkt runden das Angebot ab.

Kukljica

Das alte Bootsbau- und Fischerdorf Kukljica besteht aus zwei Teilen, die unterschiedlicher nicht sein könnten. Da ist auf der einen Seite der alte Ort mit seiner beschaulichen Rückständigkeit und einem idyllischen Fischerhafen, mit Dorfpost, Obstständen, einer Ribarnica (Fischmarkt), ein paar hausbackenen Kneipen und Geschäften – Touristen sieht man hier eher selten. Die kapseln sich nämlich unweit davon im Ferienkomplex Zelena Punta ab, mit eigenem Strand, Bootsliegeplätzen und Tenniscourts. Bademöglichkeiten gibt es reichlich rund um die Sabusa-Bucht (beschildert, befestigt) und die Jelenica-Bucht (Felsbucht, FKK).

014da Foto: wl

Nützliches

- Touristenkomplex **Zelena Punta** €€, Tel. 023-373337, Fax 373545, zelenapunta@coning.hr, recht preiswert.
- Auskünfte über (einige wenige) Privatunterkünfte im Altort erteilt das **Turist-Biro,** Tel. 023-373229 am Hafen.
- Taucher wenden sich an die **Basis Nereida** (im Zelena Punta), Tel. 01-350432, Fax 01-391054.
- Für abendliche Unterhaltung sorgt die **Disco Coco's.**

Zdrelac

Hinter Kukljica erreicht man bald die **Brücke nach Pašman,** einen Unterschied merkt man aber zunächst weniger in der Landschaft, als vielmehr in der Telefonvorwahl, die hier 023 lautet. Erste Anlaufstation ist meist das Dörfchen Zdrelac mit Post, Einkaufsmöglichkeit und einem kleinen Turist-Biro, welches sehr einfache, aber auch sehr günstige Zimmer und Ferienwohnungen vermittelt. Camper loben das AC Ruža € am Ortseingang trotz des Mankos, dass es nicht unmittelbar am Meer liegt. Mehrere Badebuchten liegen beiderseits des Hafenbeckens sowie rund um den Ort (über Pfade erreichbar).

Nevidjane

Acht Kilometer weiter auf der Inselstraße erreicht man die landwirtschaftliche Hochburg der Doppelinsel, die 450-Seelen-Gemeinde Nevidjane mit einer trotz der Meereslage enormen Schaf- und Ziegenzucht. Bademöglichkeiten bestehen in Sand- und Kiesbuchten Richtung Süden.

Nützliches

Post, Minimarkt und zwei **Gaststätten** bieten grundlegende touristische Versorgung, das **Turist-Biro** (an der Durchfahrtstrasse), Tel. 023-269239, vermittelt Privatzimmer €.

Dorf Pašman

Administratives Zentrum der Teilinsel Pašman ist der gleichnamige Ort (350 Einwohner), etwa mittig auf der Inselnordseite gelegen. Weinbau und Tourismus sind die Haupterwerbsquellen des schon zu illyrischer und römischer Zeit besiedelten Ortes. Die lange Geschichte beweisen archäologische Funde an der Küste, teilweise auch im Meer, deren Erschließung allerdings mangels Geldgeber noch auf sich warten lassen. Bademöglichkeiten gibt es zahlreich in der Lučina-Bucht sowie in den Nachbarbuchten (Sand, Kies).

Nützliches

- Auch touristisch hat das Örtchen einiges zu bieten: **Turist-Biro,** Tel. 023-269333 mit Ausflugsangeboten (z.B. Kornaten zu 18 €/Person) und Zimmervermittlung €, **Post, Bäckerei, Minimarkt,** mehrere **Restaurants** am Hafenbecken sowie das **AC Lučina** €, Tel./Fax 023-260173 in der nahe gelegenen Bucht. Nebenan bietet auch die **Pension Lučina** €€, Tel. 023-269381, Unterkunft.

Tkon

Auf dem Weg nach Tkon bietet sich ein Besuch des **Historischen Museums** (Eintritt 3 K) in Kraj an, welches einen Überblick über die Funde und den Ausgrabungsstand der römischen und illyrischen Relikte auf Pašman bietet.

Tkon selbst basiert auf der Gründung des **Benediktinerklosters** auf dem „Hausberg" Čakovac aus der Zeit der Kreuzzüge, als der ursprüngliche Ordenssitz in Biograd zerstört wurde. Die festungsartige Bauweise zeugt von der Schutzfunktion des Klosters, in deren unmittelbarer Umgebung in den folgenden friedlicheren Jahrhunderten Fischer und Bauern, teils auf der Flucht vor den Türken, eine neue Heimat suchten. Seit dem Spätmittelalter hat sich das Kloster zu einem Hort der glagolitischen Schriftkultur entwickelt, die auf den norddalmatischen Inseln bis weit in das vergangene Jahrhundert hinein emsig gepflegt wurde. Das

Kloster kann gegen eine kleine Spende (etwa 5 K/Person) zwischen 15 und 19 Uhr täglich besichtigt werden; auch die herrliche Aussicht lohnt den Anstieg. Durch den natürlichen Hafen und die Nähe zu Biograd auf dem Festland erfuhr Tkon mit der neuen Fährverbindung eine weitere Aufwertung.

Nützliches

- **Supermarkt, Metzgerei, Bäckerei** und **Post** bieten dem Besucher das Nötige für den Alltag, das **Turist-Biro,** Tel. 023-85836, täglich 8–12 und 17.30–19.30 Uhr, vermittelt Ausflüge und Unterkunft (Zimmer, Ferienwohnungen €€).
- Recht beliebt ist auch das **AC Sovinje** €€, Tel. 023-85838, Fax 85719, wegen der flachen Sandstrände am Campingplatz und in den Nachbarbuchten.

Insel Iž

Obgleich nur 17 km² groß und ohne größere Bodenschätze, Naturhäfen oder andere Anziehungspunkte, besiedelten illyrische Stämme das Inselchen Iž schon vor der Zeitenwende. Auch griechische Quellen verweisen auf eine frühe Besiedlung, die im 8. Jh. kroatisch dominiert war. In der Folgezeit entwickelte Iž sich kulturell zu einer Hochburg des glagolitischen Schrifttums – noch in den 70er Jahren des 20. Jh. schrieben die örtlichen Priester Glagolitisch – und wirtschaftlich zu einem bedeutenden Seefahrerort.

Veli Iž bildet bis heute den Hauptort, das wenige Kilometer entfernte Mali Iž blieb das beschauliche Fischerdorf. Die Anbaumöglichkeiten rund um den knapp 170 Meter hohen Korinjak beschränken sich auf Feigen, Oliven und Wein, ansonsten dienen Schafzucht, Fischfang und Tourismus dem Einkommenserwerb der rund 600 Bewohner von Iž.

Iž hat kulturell einiges zu bieten; so ist das traditionelle **Töpferhandwerk** noch heute eine Teilbeschäftigung einiger Bewohner. Besonders beliebt ist das **Fest Iška Kralj** (Königssuche, Ende Juli/An-

015da Foto: wl

fang August), welches auf dem alten Brauch basiert, einen ungekrönten König aus den Reihen der Bewohner zu wählen, der für zwei Wochen alle Festbesucher freizuhalten hat! Ob dieser ruinö-

Sardinen und Sardellen sind gegrillt besonders köstlich

sen Regelung wurde die Wahl offiziell längst abgeschafft, in touristischer Form aber im Sommer wiederbelebt.

Sehenswert ist besonders das **Ethnografische Museum** von Veli Iž (nur Mo, Mi, Sa 17.30–20.30 Uhr, Eintritt 5 K) mit Exponaten zur Inselgeschichte (Trachten, Handwerk usw.). Ansonsten kann man viel wandern, zum Beispiel in das eine Gehstunde entfernte **Mali Iž,** wo sich ein Besuch der altkroatischen Marienkirche sowie der Pfarrkirche Pavel i Petr anbietet. Baden ist in der Nähe des Hotel Korinjak am schönsten, ansonsten fährt man per Bootstaxi zur kleinen vorgelagerten **Badeinsel Rutnjak.**

Überfahrt

Die Anfahrt ist nur von **Zadar** möglich, täglich verkehrt eine Fähre (So 2); es werden sowohl Mali als auch Veli Iž angefahren.

Nützliches

- Die **Informationsstelle** am Hafen, Tel. 023-88491, von Veli Iž ist für Fährtickets und Unterkunftsvermittlung (private Zimmer € und Ferienwohungen €€) zuständig.
- Günstig ist das **Hotel Korinjak** €€ bei der Hafeneinfahrt mit Tauchschule, Tennis, Bootsverleih und Disco, Tel. 023-88306.
- Veli Iž verfügt über **Post** (Geldwechsel), **Ambulanz, Läden,** eine Hand voll **Restaurants** sowie eine **Marina,** Tel. 023-88306.
- In Mali Iž gibt es eine **Dorfpost** und die **Pension/Restaurant Knež** €, Tel. 023-88450.

Insel Rava

Das 4 km^2 kleine Inselchen Rava zwischen Iž und Dugi Otok war einst für seine Korbflechtkunst bekannt, gerät aber im Schatten der Nachbarinsel zunehmend in Vergessenheit. Die Auswanderungswelle zum Festland hinterließ noch rund 150 Bewohner in den Dörfern Veli Rava und Mali Rava, wobei ersteres den kleinen Hauptort bildet. Eine Fähre täglich verbindet die Insel mit Zadar via Iž. Post, Minimarkt und Privatzimmer (€) erlauben einen sehr zurückgezogenen Aufenthalt.

Insel Dugi Otok

Die 43 Kilometer lange, aber maximal nur fünf Kilometer breite „Lange Insel“ nimmt die größte Gesamtfläche aller norddalmatischen Inseln ein, doch nicht einmal 3000 Bewohner sind hier heimisch. Sie liegt gleich einer länglichen Nudel zwischen der Insel Molat und den Kornaten, wird aber überraschend selten von westlichen Touristen als Ziel ins Auge gefasst. Dies mag daran liegen, dass Dugi Otok trotz guter Fährverbindungen keine Stimmungskanone unter den kroatischen Ferieninseln wurde – und auch nie werden wollte! Die touristische Infrastruktur nimmt sich eher bescheiden aus. So waren es bislang denn auch mehr die **Taucher und Individualisten,** die sich mit den einfacheren Unterkünften zufrieden geben und oft noch sehr lange von dieser dalmatischen Insel schwärmen. Aber: Der Zulauf steigt!

Die Vegetation ist nicht gerade sonderlich üppig; der Nordteil weist einige Zentimeter fruchtbaren Bodens auf, was das prägende Landschaftsbild aus Hainen, Buschwerk und Sträuchern erklärt. Der Südteil dagegen darf getrost als felsig und karg bezeichnet werden, so dass im Norden bescheidener Wein- und Olivenanbau, im Süden mehr Fischfang und Viehzucht den Menschen ein Auskommen ermöglicht. Touristen sind als Bringer eines kleinen Zubrotes gerne gesehen. Der Fremdenverkehr konzentriert sich noch immer auf Božava im Norden, weitere Orte bemühen sich redlich um eine konkurrierende Stellung.

Historisch gehört Dugi Otok – wie viele Nachbarinseln auch – zu jenem Zufluchtshort, der zwar schon in der Antike besiedelt wurde, jedoch erst während der Türkenkriege seine große Bedeutung als Auffangbecken der Zuwanderungswelle von Festlandsflüchtlingen fand. Große Sehenswürdigkeiten sind auf Dugi Otok rar, es sind die Ruhe und die friedliche Landschaft, die den Gast in den Bann der „Langen Insel“ ziehen.

Überfahrt

Dugi Otok wird fast ausschließlich von **Zadar** aus angefahren, einmal wöchentlich besteht in Brbinj zudem Anbindung an die Personenschnellfähre Rijeka - Split - Dubrovnik. Fahrzeugfähren legen in zwei Orten auf Dugi Otok an, in Zaglav und Brbinj (selten auch in Sali, allerdings ohne PKW-Entladung). Zadar - Brbinj - Zadar und Zadar - Zaglav - Zadar fahren je 1-2x täglich, so dass insgesamt täglich mindestens eine Nachmittags-Übersetzmöglichkeit ab Zadar besteht. Am Wochenende wird zusätzlich eine Personen-Fährverbindung zwischen Zadar und Božava eingerichtet. Die Überfahrt mit PKW und 2 Personen kostet umgerechnet knapp 40 €.

Ohne eigenes Fahrzeug ist die Rundreise schwierig; ein **Pendelbus** verbindet die Fährstellen lediglich mit **Božava.** Achtung Selbstfahrer: Eine Tankstelle gibt es bislang nur im Hafen Zaglav.

Božava

Das von nur 150 Einheimischen bewohnte Dorf im Norden von Dugi Otok hat sich wegen seiner angenehmen **Wassersportmöglichkeiten** und seiner friedlichen Idylle zum „Touristenmagneten" entwickelt - nein, nein, es sind keine Tausende, die hier allabendlich durch die stufigen Gassen schlendern, aber der Trubel fällt eben doch ein wenig auf.

Bademöglichkeiten bestehen in den Nachbarbuchten (Promenade Richtung Leuchtturm), gute **Sandbuchten** liegen etwas außerhalb im Nordwesten. Ein kleiner **Yachthafen** ergänzt die touristische Infrastruktur.

Wer etwas einsamere Strandabschnitte sucht, sollte das nähere Umland im Nordwesten erkunden; Sandstrände locken in der **Bucht Sakarun** sowie bei **Veli Rat.** Beide sind nicht ganz leicht zugänglich; außer in der Siedlung **Verunić** gibt es auch keine Verpflegungsmöglichkeiten.

Nützliches

- In der Ortsmitte informieren die **Agenturen Ami-Travel,** Tel. 023-377713, und **Turist-Biro,** Tel. 023-377607, über Wissenswertes und vermitteln Zimmer €€, Ferienwohnungen und Boote.
- Daneben kommt man im **Hotel Božava** €€€, Tel. 023-291291, Fax 377682, bozava@zadar.net, unter. Es ist der

wichtigste Anlaufpunkt für Wassersportler, da hier die **Tauchbasis Božava-Divers** ihre Dienste anbietet, Tel. 023-291816, tauchen@bozava.de, www.bozava.de, Kontakt in Deutschland unter Tel. 0209-9775785.

• **Geldwechsel** ist nur in der Post, im Hotel oder in den Agenturen möglich. Ein **Supermarkt,** eine **Erste-Hilfe-Station** sowie **Cafés und Restaurants** an der Promenade runden das Angebot ab.

Inselzentrum

Der Fährort **Brbinj** hat ein paar Yachtliegeplätze, begrenzte Bademöglichkeiten und eine Hand voll Privatunterkünfte; ein paar Obst- und Gemüsestände sowie ein Minimarkt bieten bescheidene Einkaufsmöglichkeiten.

Interessanter ist der Ort **Savar,** dessen bekannteste Sehenswürdigkeit die vorgelagerte **Friedhofsinsel** mit der altkroatischen Pelegrinus-Kapelle aus dem 13. Jh. ist.

Unterhalb des höchsten Berges von Dugi Otok, des 340 Meter hohen **Vela Straža,** liegt das landwirtschaftliche Zentrum der Insel um den Ort **Luka.** Hier gibt es einen Minimarkt sowie das Hotel Luka €€ (Tel. 023-372114), Privatzimmer sind für rund 20 € zu haben. Beim Hotel liegt ein angenehmer Fels-/Kiesstrand, auch Surfen wird hier gerne betrieben (Verleih und Schule im Hotel).

Der ehemalige Fischerort **Zaglav** spielt heute vorwiegend als Fährort eine wichtige Rolle, beim Pier gibt es einen Minimarkt, die Inseltankstelle sowie zwei Zimmervermieter €. Kulturhistorisch von Interesse ist das nahe gelegene **Franziskanerkloster Sv Mihovil** aus dem 15. Jh.

Sali

Mehr als ein Drittel der Inselbevölkerung lebt im **Hauptort von Dugi Otok,** vorwiegend deshalb, weil die örtliche Fischfabrik als wichtigster Arbeitgeber für Auskommen sorgt. Auch der Tourismus profitiert vom relativen Wohlstand, eine Hotelsiedlung sowie ein **Yachthafen** entstanden. Sali entwickelte sich auch zum beliebten Ausgangspunkt für Ausflüge auf die Kornaten und Wanderungen ins Umland. Die nahen Bademöglichkeiten sind eher mäßig, beim Hotel gibt es einen teilweise befestigten Felsbadeabschnitt. Interessant sind in Sali die Pfarrkirche mit glagolitischen Inschriften sowie der Bergfriedhof, auf dem die neuen Gräber in den Fels gesprengt und später mit steinernen Grabplatten verschlossen werden.

Nützliches

- Auskünfte und Unterkunftsvermittlung (Zimmer €-€€ und Ferienwohnungen) bietet das kleine **Turist-Biro,** Tel. 023-377094, täglich 8–12 und 17.30–20 Uhr, am Kai.
- Das **Hotel Sali** €€, Tel. 023-377049, Fax 377078, info@hotel-sali.hr, hat ein sehr angenehmes Ambiente. In der Hotelanlage gibt es eine kleine **Tauchbasis,** Tel. 023-377079, Fax 377078, Kontakt in Deutschland: A. Meyer und L. Weiß, Tel. 040-6793264, Fax 6792332, L.Weiss-Tauchtechnik@t-online.de, sowie eine Diskothek für fetzige Abendunterhaltung.
- Im Ort findet der Besucher **Post, Supermarkt** und **Bäckerei** sowie eine kleine **Erste-Hilfe-Station.**
- An der Promenade liegen mehrere Gaststätten verstreut; besonders zu empfehlen ist das **Bife Toni** mit preiswerten und leckeren Grillplatten.
- **Bootsausflüge zu den Kornaten** oder zur Telašćica-Bucht werden im Hotel und im Turist-Biro arrangiert.

Telašćica-Bucht

Von Sali aus geht es nur per Boot oder zu Fuß nach Südosten weiter. Pfade führen zur acht Kilometer langen **Telašćica-Landzunge,** die bereits zum Nationalpark Kornaten gehört. Eine neue Zufahrtsstraße führt zum **„Friedenssee"** (Mir), wo ein kleines Restaurant die Grundversorgung gewährleistet. Hauptsächlich aber kommen Bootsfreunde hierher; die Telašćica Bucht bietet immerhin den bestgeschützten **Naturhafen** der gesamten Adria – eine Tatsache, die schon die „K.u.K"-Marine veranlasste, hier zahlreiche Manöver abzuhalten. Genaue Auskünfte zu den Wandermöglichkeiten erteilt das Turist-Biro in Sali.

Nationalpark Kornateninseln

Die Kornaten genießen einen beinahe legendären Ruf als **„Robinsoninseln"** und erfreuen sich insbesondere bei Seglern, Tauchern und Individualisten außerordentlicher Beliebtheit. Auf 235 km² Meeresfläche liegen rund **150 unbewohnte Inseln** und Inselchen, deren gesamte Landfläche gerade einmal 70 km² ausmacht. Die Kornaten sind nichts für diejenigen, die „mal eben auf dem Wege" die 1980 zum Nationalpark erklärten Inseln besuchen möchten, eine stolze Tagesgebühr und eine gewisse Voraborganisation verhindern den Massentourismus. Organisierte Tagestouren, Tauchexkursionen und Segeltörns sind denn auch die Hauptattraktionen dieser vielleicht interessantesten, weil unberührtesten Inselgruppe Kroatiens.

Zu Beginn der österreichischen Phase in Kroatien, Anfang des 19. Jh., kauften vor allem die Bauern von Murter sowie (in geringerem Umfang) die Fischer von Dugi Otok die Kornateninseln auf, um hier Landwirtschaft und Fischerei zu betreiben. Das spärliche Süßwasser lässt nur in geringem Umfang Wein-, Oliven- und Obstanbau zu, ansonsten war und ist wegen der sehr kargen Landschaft (Brandrodung) nur eine so genannte „Gastnutzung" möglich – die Bauern und Viehzüchter haben auf einigen Inseln zwar kleine Felder und Viehbestände, wohnen aber in der „Zivilisation" von Murter bzw. Dugi Otok. Die meisten verbliebenen Häuser wurden entweder dem Verfall preisgegeben, werden als exklusive Ferienwohnungen vermietet oder dienen den Bauern und Viehzüchtern als saisonale Unterkunft.

So bestechen die Kornaten an Land durch friedliche Kargheit, unter Wasser durch einen immensen Reichtum an **Unterwasserflora und -fauna.** Rund 300 Meerestierarten wurden gezählt, zu den augenfälligsten gehören Muränen, Haie, Tintenfische, Brassen, Lippfische, Barsche, Schalentiere und sogar **Korallen.**

016da Foto: fz

Norddalmatien

Der Nationalpark Kornaten ist gänzlich **autofrei,** die meisten Ausflügler gehen auf den größten Inseln **Kornat** (33 km²) und **Žut** (14 km²) an Land. Von den vielen kleineren Inseln sind etliche vollkommen einsam und nur mit eigenem Boot zu erreichen. Und manch einer wird sich bei der Anreise der Worte *George Bernhard Shaws* erinnern:

„Am letzten Tag der Schöpfung wollte der Herr sein Werk krönen – also schuf er die Kornaten (krt. „Krönung“) aus Sternen, Tränen und göttlichem Atem!“

Überfahrt

Alle Besucher des Nationalpark Kornaten müssen eine **Gebühr** in Höhe von 30 K pro Tag entrichten (Nebensaison 20 K, häufige Kontrollen!), für Teilnehmer organisierter Tagesausflüge liegt der Gesamtpreis dann bei insgesamt rund 210 K. Derartige **Tagesausflüge** beinhalten Überfahrt, Menü und Landgänge mit Bademöglichkeit und werden von etlichen Nachbarinseln (Murter, Dugi Otok, Veli Iž, Ugljan, Pašman) sowie von Zadar und Biograd aus durchgeführt und in den dortigen Agenturen angeboten. Individualreisende mit eigenem Boot wenden sich vorab an die Parkverwaltung (⇨Murter) oder an eine der Marinas (s.u.). Auch ohne Boot sind längere Aufenthalte möglich, hierzu vereinbart man bei den Agenturen der genannten Orte einfach einen späteren Rückfahrttermin.

Achtung Bootsführer: Wegen der zahllosen **Untiefen** in den Gewässern der Kornaten sei – so ein Hinweis der Parkverwaltung – vor einer Tour ohne das in einschlägigen Fachhandlungen erhältliche **Seekartenmaterial** eindringlich gewarnt! Anlegemöglichkeiten bestehen auf Kornat, Žut, Ravni Žakan, Levrnaka, Vela Smokvica, Piškera und Lavsa, wobei lediglich die ACI Piškera, Tel. 099-470009, 022-34341 und die ACI Žut, Tel. 099-470028, 022-343353, Versorgungsmöglichkeiten bieten.

Nützliches

- Die Agenturen in den genannten Orten vermitteln auf Žut und Kornat schmucke **Fischerhäuschen** zu rund 450–500 €/Woche für 4 Personen inklusive Überfahrt und Parkgebühr.
- **Restaurants** bieten ihre hervorragenden Fischgerichte in den genannten Marinas an sowie auf den Inseln Žut, Piškera, Lavsa, Ravni Žakan, Smokvice, Levrnaka, Katina sowie auf Kornat – ansonsten ist Selbstverpflegung Trumpf!
- **Baden** (auch FKK) ist ohne Einschränkungen auf fast allen Inseln der Kornaten möglich, sicherlich findet jeder Selbstfahrer seinen eigenen Favoriten unter den Inseln.
- **Tauchen** in Eigenregie ist nur mit zusätzlicher Sondergenehmigung möglich (erhältlich für 40 K bei der Parkverwaltung in Murter). Es empfiehlt sich die Nutzung der Basis Božava-Divers in Božava bzw. Sali-Divers in Sali auf Dugi Otok, die nicht nur die besten Tauchplätze kennt, sondern auch das Genehmigungsverfahren erledigen.

Biograd na Moru

28 Kilometer südlich von Zadar lockt die 5400-Seelen-Gemeinde Biograd mit Stränden, hypermodernen, ja geradezu **futuristischen Marinas,** einem recht umfassenden Freizeitangebot sowie diversen Unterbringungsmöglichkeiten. Zudem bietet sich Biograd als Sprungbrett für Ausflüge zu den Nationalparks Krka, Paklenica und Kornateninseln sowie zu der nur von hier aus zu erreichenden Insel Pašman an. Dennoch hat das Städtchen als Urlaubsstandort eine eher untergeordnete Bedeutung, obwohl es von der Logistik, den Einrichtungen wie auch dem kleinstädtischen Flair her durchaus attraktiv wirkt. Industrie fehlt gänzlich, die Menschen leben von Landwirtschaft, bescheidenem Fischfang sowie vor allem vom Tourismus.

Historisch ist Biograd insofern von Interesse, als es erstmals im 10. Jh. urkundlich erwähnt und im 11. Jh. bereits zum Sitz der kroatischen Könige erkoren wurde. Im Jahre 1102 wurde beispielsweise König *Koloman* hier gekrönt. Mehrfache völlige Zerstörungen im Hoch- und Spätmittelalter waren eine Folge der Türkenkriege und der Auseinandersetzungen Dalmatiens mit Venedig.

Ältestes Relikt der Stadt ist die **Bruderschaftskirche Sv Ivan,** von den Benediktinern im Jahre 1069 gegründet. An weltlichen Kulturgütern ist heute lediglich das kleine **Museum** (täglich 8–12 und 18–22 Uhr) gegenüber Pier 1 mit seinen vorwiegend römischen und altkroatischen Funden aus der Region sehenswert.

Nützliches

- Von der Küstenstraße der Markierung „Centar" folgend, passiert man das **Hotel Alba Maris,** das kleine **Camp Bosana,** zahlreiche Zimmeranbieter, das örtliche **Krankenhaus** und die offizielle **Touristeninformation,** Tel./Fax 023-383123. Über die Jadranska Magistrala fahren Selbstfahrer wie auch Busreisende weiter ins Zentrum von Biograd, zum Trg Kralja Tomislava IV (an der Schilder-Abzweigung Centar – Busbahnhof/Kolodvar – Trajekt/Fähre Parkplatz suchen). Hier liegen eng beieinander **Busbahnhof,**

Post (Mo–Sa 7–21 Uhr), **Apotheke, Polizei,** ein großer **Supermarkt** (täglich 6–20 Uhr), die **Bank** Splitska Banka (Mo–Fr 8–13 und 14–20 Uhr) sowie die Uferpromenade Obala Kralja Kresimira IV. An dieser findet der Reisende nacheinander **Simis Tours** (Geldwechsel, Zimmer, Ausflüge), Tel. 023-383886, Fax 383886, das **Hotel Kornati** €-€€, Ujevica 7, Tel. 023-383168, Fax 383008, ilirija@zd.hinet.hr, und die beiden Piers. Auch Cafés, Pizzerien und das städtische Museum sind hier zu finden. Am vorderen Ende der Promenade liegt die ältere **Marina Šangulin,** Tel. 023-385020, Fax 384944, am anderen Ende der Promenade die neue **Marina Kornati,** Tel. 023-383556, Fax 383303, mit dem edlen gleichnamigen Restaurant und Bootsverleih.

Camping

• An **Campingplätzen** erwähnenswert ist das zentrumsnahe und gut ausgeschilderte **AC Soline** €, Tel. 023-388556, Fax 383008, ilirija@zd.hinet.hr, mit Tennis, Minigolf und Segelkursen. Wer etwas weiter außerhalb wohnen möchte, sei auf die 5 km südlich vom Zentrum gelegene Anlage **Crvena Luka** €, Tel. 023-383106, Fax 384915, bei Pakoštane verwiesen.

Aktivitäten

• **Baden** ist im Zentrum möglich (mittelgroßer Sand/Kiesstrand am linken Promenadenende) sowie im Bereich Crvena Luka oder auf der vorgelagerten FKK-Badeinsel Sv Katarina (Fährtaxis für 15 K/Person an der Promenade).

• **Tauchen:** Taucher steuern in Biograd die **Dolphin Divers,** Obala Branimira 1, Tel./Fax 023-384841, an, eine 5*-IDC-PADI-Basis, die u.a. auch Ausrüstungsverleih und -verkauf anbietet. Per Schnellboot oder Holzkutter werden 25 interessante Tauchplätze der Gegend angesteuert – insbesondere der Nationalpark Kornaten. Geöffnet von Ostern bis Ende November, bei Gruppenbuchungen auch länger. Kontakt in Deutschland über Dolphin Divers, Röntgenstr. 12f, 76829 Landau, Tel./Fax 06341-30383 oder 0172-6200792. Hier findet man auch **Albamaris,** Tel. 099-534783, katarina.milic@zd.tel.hr, sowie **Bougainville,** Tel. 023-385901, info@bougainville.nl.

• **Bootsfahrten:** Das Jadrolonija-Büro am Pier ist täglich 6.30–20 Uhr geöffnet mit Pausen von 9–9.30 Uhr und 17–17.30 Uhr; angefahren werden insbesondere die Kornaten und Tkon auf Pašman für knapp 11 €/PKW mit 2 Personen (8x täglich).

Bus

Dubrovnik 3x täglich, Murter 20 Uhr, Pag 10 Uhr, Zadar 30x täglich, Šibenik/Split 20x täglich, Zagreb 10x täglich, Rijeka 9x täglich, Pula 2x täglich.

Vraner See (Vransko Jezero)

Weiter auf der Küstenstraße durchquert der Reisende zwischen Biograd und Vodice eine Hand voll recht selten besuchter Ortschaften am Vraner See (Vransko Jezero), einem Süßwassersee mit großem Fischaufkommen (Karpfen, Aale, Welse) und Platz für zahllose Zug- und Nistvögel (Reiherarten). Leider sind neben Surfen und Wasserski auch Angeln und Vogelschießen eine bevorzugte Freizeitbeschäftigung in diesem Gebiet. Der etwa 12 km lange und 2,5 km breite Vraner See ist nur durch einen schmalen Damm vom Meer getrennt. Er ist mit 3000 Hektar Oberfläche das größte Süßwasserreservoir Kroatiens.

Hauptort ist **Pakoštane** mit einem Dutzend Campingplätzen und Ressorts am Meer. Im drei Kilometer entfernten Vorort **Drage** – mitten auf dem Damm gelegen – bieten sich etliche Stellen zum Baden an. An der Nordseite des Sees, rund sieben Kilometer im Inland, liegt **Vrana,** eine kleine landwirtschaftliche Ansiedlung, nach welcher der See benannt wurde. Südlich des Sees schließlich, an der Küstenstraße, findet man beim Ort **Pirovac** einige unberührte Meeresbuchten mit Sandstränden (z.B. direkt am südlichen Ortsausgang über den Waldweg zum Ufer).

Camping/ Unterkunft

- Von Biograd kommend, erreicht man in Pakoštane nacheinander **AC Crvena Luka** €€, Tel. 023-383106, Fax 312750, mit Tennis und Surfbrett-Verleih, **AC Kozarica** €€, Tel. 023-381066, Fax 381465, **AC Strana** €€, Tel. 023-381580, und das kleine **Camp Jezero** €€, Tel. 023-381004, Fax 384814.
- Im Vorort Drage empfehlen sich das **AC Romantica** €€, die **Pension Stipe** € und das **Hotel Galeb** €€.
- In Vrana am Nordufer liegt das **FKK-AC Crkvine** €€, Tel. 023-638515, Fax 638511, mit eigenem Restaurant und rund 200 Stellplätzen.
- In Pirovac: **FKK-Camphotel Miran** €€€, Tel. 022-466803, Fax 467022, und **Apartment-Siedlung Mara** €€, 2 km außerhalb (beschildert).

017da Foto: wl

Neubauten prägen die Orte auf Murter

Insel Murter

Während das Festland an der Küste eher karg und wenig fruchtbar ist, erstaunt die kleine **Halbinsel Kamena** bei Tisno ob ihres natürlichen Reichtums an Feigen- und Weinparzellen. Unmittelbar vorgelagert und durch das Festland klimatisch geschützt, schließt sich die knapp 20 km² große Insel Murter an diese Halbinsel an. Nachdem schon seit Urzeiten eine **Brücke** den in Tisno nur 25 Meter breiten Murterski-Kanal überbrückt - heute freilich in Form einer modernen Drehbrücke - erfreuen sich die zahlreichen Sandstrände und Yachthäfen der Insel einer zunehmenden Beliebtheit. Die 4800 Inselbewohner leben von bescheidener Landwirtschaft (Oliven, Feigen, Wein, Obst) und natürlich von den vielen Sommerbesuchern zu Land und zur See. Vier Siedlungen verteilen sich auf Murter: Tisno als Bindeglied zum Festland, der Yachthafen Jezera, der Hauptort Murter und das landwirtschaftliche Zentrum Betina.

Tisno

Die Siedlung Tisno liegt beiderseits der Murter-Brücke und ist dadurch und auch von den Wassersportmöglichkeiten her (kleiner betonierter Streifen entlang der Straße) vorwiegend ein Transitort.

Nützliches

- Auskünfte sowie Zimmer- und Ausflugsvermittlung (Kornaten) bietet das **Turist-Biro** an der Brücke (Tel. 022-438920), täglich 8–12:30 und 17:30–20 Uhr.
- Auf der Festlandseite liegen vor der ersten Bucht die neue **Apartment-Siedlung Hostin** €, Rastovac, Tel. 022-438373, Fax 438722, www.hostin.hr, das **Restaurant Carmen** (Schotterparkplatz mit Bademöglichkeiten) und das **AC Jazina** €, Tel. 022-438241.
- Unmittelbar an der Brücke folgen **Bank** und **Post,** auf der Insel dann private **Weinverkäufer** (10 K/Liter), das **Restaurant Tony** (mit Zimmervermietung) sowie die empfehlenswerte **Konoba Brošćica** (Lokalspezialitäten: Fischplatte für 2 Personen zu 120 K und Dalmatinerschinken zu 40 K).
- Leser empfehlen ferner **Restoran-Pension Antonio** €€ mit sehr schöner Terrasse (Fischplatte f. 2 Pers. 180 K, Tintenfischsalat oder griechischer Salat 35 K, Bier 15 K) sowie das **Hotel-Restaurant Tomislav** €€ in der parallel zum Strand verlaufenden Straße (in Höhe des Antonio), www.tisno.info/hotel-tomislav/favorite.htm, sehr familiär, herrliche, erhöhte, überdachte Terrasse mit Blick zum Meer, mit ebenfalls sehr guten Preisen.

Jezera

Von der Natur mit einer geschützten, zum Festland gerichteten Bucht gesegnet, wurde aus dem einstigen Fischerdorf durch die Anlage einer modernen **Marina** ein bei Seglern und Campern beliebtes Ziel. Ein neuer, teils geteerter Fußweg verbindet Tisno und Jezera direkt am Ufer entlang (ca. 2,5 km).

Camping/ Unterkunft

- **AC Lovišća** €€, Tel. 022-439193, Fax 439215, dalmatia.camp-apt.jez@si.tel.hr; mit Disco, Minimarkt und Tennisplatz; hier auch Ferienwohnungen.
- Zwischen Jezera und Murter finden Campingfreunde eine ganze Reihe hübscher, flacher Kies- und Sandbadebuchten mit guten Plätzen, u.a. die Camps **Lantana** €, **Slanica** €, Tel./Fax 022-434580, **Kosirina** €, Tel. 022-435268, Fax 435218, **Plitka Vala** €€, Tel. 022-435268, Fax 435218 (gehört zum Kosirina).

• Die **Agentur Koima** in Zagreb, Remetinecka 77, Tel. 01-6556667, Fax 01-6556888, apartmani@apartmani-hrvatska.com, vermittelt Privatunterkunft, die **Apartmentanlage Lovišca** €€€, Tel. 022-439600, Fax 439215, dalmatia.camp-apt-jez@si.tel.hr, ergänzt das Unterkunftsangebot.

Essen und Trinken

• Empfehlenswertestes Lokal (preiswert) ist die **Taverna Kukuljari** an der Zufahrtsstraße mit „Lamm unter Glocke" als Spezialität. In der Bucht liegen die Restaurants **Kandela** und **Jezera** (Fisch) sowie ein **Minimarkt.**

Nützliches

• Im Ort selbst gibt es **Post** (Geldwechsel), **Minimarkt** und **Obst/-Gemüsemarkt;** ferner bietet das **Turist-Biro Jezera,** Tel. 022-439075 täglich von 7.30 bis 21 Uhr Informationen, Ausflugs- und Zimmervermittlung.
• **ACI-Marina Jezera,** Tel. 022-439315, Fax 439294; mit Reparaturwerkstatt, Minimarkt und Restaurant.

Bus

Eine **Busverbindung** (ab Kriegerdenkmal) nach Murter besteht etwa alle 90 Minuten.

Murter

Unterhalb des Hügels Gradina mit der Kapelle Blagorodica, mit 125 Metern die höchste Inselerhebung, erstreckt sich entlang der Hramina-Bucht der Ort Murter selbst. Da Murter und Betina rund um die Marina zusammengewachsen sind, leben in der Doppelgemeinde rund drei Viertel der Inselbewohner. Die Orientierung ist leicht: An der Gabelung vor dem Kapellberg geht es links hinunter ins Zentrum von Murter, dort immer der Uferstraße Matije Kupica folgen, die über Betina zurück zur Kapellberg-Gabelung führt.

Dem Reisenden wird der inflationäre Gebrauch des Wortes „Kornaten" auf Murter auffallen, was sich aus der historischen Tatsache erklärt, dass in früheren Jahrhunderten die Bewohner von Murter nicht nur Bauern und Fischer, sondern auch tüchtige Geschäftsleute waren. Es gelang ihnen, Adelsfamilien aus Zadar zahllose Ländereien abzukaufen, u.a. im Gebiet um den Vraner See und auf den Kornateninseln. So vergrößerten sie ihre Herden und ließen diese ausschließlich auf den Kornaten weiden, während sie Obst und Gemüse am fruchtbaren Vraner See anbauten. Zwar gingen derartige Latifundien mit der Entstehung des sozialistischen Jugoslawien verloren, die enge emotionale Beziehung der „Murteri" zu den Kornaten besteht jedoch bis heute.

Nützliches

- An der M. Kupica liegen hintereinander das **Aquanaut Dive-Center,** Tel. 022-434988, eine **Apotheke,** die **Agenturen Alga,** Tel. 022-435075, Fax 434010 und **Atlas,** Tel./Fax 022-434999, atlas-sibenik@si.tel.hr, die **Bank** Jadranska Banka (Mo–Fr 7–12 und 18–21 Uhr), **Kresimir Fast-Food,** die **Post** (Mo–Sa 7.30–20 Uhr), eine Bäckerei, eine Pizzeria und ein größerer geschotterter Parkplatz, hinter dem dann auch schon der Ortsteil Betina beginnt.
- Im Ortskern sind Schänken, ein Supermarkt, ein Fotogeschäft, die **Agenturen Suntourist,** Tel. 022-435220, und **Kornati Club,** Tel. 022-435099, sowie die **Nationalpark-Verwaltung** der Kornaten, Tel. 022-434662, zu finden. Hier werden neben Geldwechsel und Unterkunftsvermittlung vor allem Kornatenausflüge (Tagestour ca. 25 €/P.) angeboten.
- Die **Marina Hramina,** Tel. 022-434411, bietet umfassenden Service sowie Segelkurse und Yachtverleih; westlich des Ortes liegt die kleine (Ausweich-)**Marina Vinci,** Tel. 022-435299.

Bus

Busverbindung besteht zwischen dem Hauptort Murter und Šibenik (stündlich), Biograd (1x täglich), Zadar (3x täglich) sowie (je 2x täglich) Rijeka und Zagreb. Etwa alle 90 Minuten werden die Inselorte per Inselbus angefahren.

Betina

Betina (1150 Einwohner) mit einer **Zwiebelturmkirche,** die schon vom Festland aus zu sehen ist, strahlt eine unvermutete ländliche Idylle aus. Der Ort wird von Nachkommen der im Spätmittelalter vor den Türken geflohenen Siedler vom Vraner See bewohnt. Der Trg Dragutina Pilica am Marinabecken bildet das winzige Zentrum mit Post, Markt, kleiner Promenade und dem urigen, empfehlenswerten Restaurant Stari Mrlin. Es lohnt die Gasse Ul. Varos (vor dem Stari Mrlin) entlang zu spazieren, die einen guten Eindruck von der dörflichen Stille und Friedlichkeit vermittelt. Hinter der Pension Stiz €€€ (Tel. 022-434275) in dieser Gasse führt ein Stichweg links hinauf zur **Pfarrkirche Sv Franžisk** aus dem 17. Jh., die nicht nur wegen ihrer Stilistik, sondern besonders wegen des malerischen Ausblicks über die umliegenden Buchten besticht.

Nützliches

- Information und Unterkunftsvermittlung über die Agenturen **Lori,** Zrace 2, Tel. 022-435631, Fax 4355540, lorens.magazin@si.tel.hr, und **Atlas,** Trg Republike Hrvatske 2, Tel. 022-330233, Fax 213045, petar.mudronja@si.hinet.hr.

Aktivitäten

- **Tauchen:** Interessierte Sporttaucher haben beim **Nautilus Diving-Center,** Tel. 022-435546, nautilus@si.tel.hr, die einzigartige Möglichkeit Unterwasserarchäologie zu betreiben – wenn auch nur in Gruppen und zu bestimmten Terminen. In Zusammenarbeit mit der Tauchschule „Die Tauchbasis" (Koblenz) unter Anleitung kroatischer Experten werden Wracks mit ferngesteuerter UW-Roboter, Videokamera, Einmann-U-Boot, Sonar und Metalldetektoren erforscht. „Normale" Tauchgänge und Tagestouren (u.a. Kornaten) stehen ebenso auf dem Programm. Die Buchung ist nur über den Ansprechpartner in Deutschland möglich: „Die Tauchbasis", Otto-Schönhagen-Str. 4, 56070 Koblenz, Tel. 0261-805099, Fax 804067.

Vodice

Vodice passt nicht. Nicht in das Bild des Dalmatienreisenden, der karge Landschaft, ruhige Buchten und beschauliche kleine Orte mit historischen Zentren erwartet. Nein, Vodice (4300 Einwohner) wirkt wie ein mondänes, überwiegend aus betonierten Promenaden, Arkaden und Hotels bestehendes **Mini-St.-Tropez** im Herzen der dalmatischen Adria. Und es ist genau dieser Beigeschmack des Künstlichen, der den echten Dalmatien-Freund eher andere Örtlichkeiten aufsuchen lässt. Was die Logistik betrifft, so muss neidlos anerkannt werden, dass Vodice alles – aber auch wirklich alles – auf engem Raum bietet, was der (Durch-)Reisende dringend benötigen könnte. Und so ist es eben eine reine Geschmackssache, ob man das Städtchen zum Standort eines Kroatien-Urlaubs machen möchte oder nicht.

Ganz unhistorisch darf man sich Vodice allerdings nicht vorstellen, immerhin war es schon den Römern als „Arausa Antonina“ bekannt. So nennen sich auch mehrere Hotels an der Einfallstraße „Araus“, „Arausana“ und „Antonina“. Um ins Zentrum zu gelangen, folgt man den Schildern zum Busbahnhof („Autobusni Kolodvor“), welcher der zentrale Ortskern ist. Unmittelbar rundum liegen Spital, Einkaufszentrum, Wechselstube, Post und Gaststätten. Das Sträßchen zwischen der Touristeninformation und der Agentur führt zur Pfarrkirche Sv Križa aus dem 17. Jh.

Essen und Trinken

• Kulinarisches bietet der **Markt** vor der Arkade (Obst, Hähnchengrill), das **Bufet Tony** (Pizza, Nudeln) gegenüber sowie die benachbarte **Konoba Dulcin** mit dalmatischen Spezialitäten. An der Küstenstraße, direkt an der Zufahrt nach Vodice, liegt der große **Supermarkt Jolly,** der mit den niedrigsten Preisen Kroatiens wirbt.

Nützliches

• In der „Duty Free“ Einkaufsarkade bieten mehrere höherpreisige **Restaurants** sowie eine **Bank** und eine Wechselstube ihre Dienstleistungen an; dahinter auf der landseitigen Straßenseite informiert eine mit Videoanlagen recht modern ausgestattete **Touristeninformation** (Tel./Fax 022-443888) über alles Wissenswerte. Gleich nebenan bietet eine **Reiseagentur** Tagestouren zu den Kornaten (250 K) und den Krka-Fällen (150 K) an.

Camping/ Unterkunft

• **AC Imperial** €€€, 3 km südl., Tel. 020-454401, Fax 440468, rivijera@si.tel.hr, nebenan liegt das **Hotel Imperial** €€€, Tel. 022-454454, Fax 440468, rivijera@si.hinet.hr. Neu und zentral bietet sich Campern das **ACI Marina Vodice** €€, Tel. 022-443086, Fax 442470, an, günstige Hotelunterkunft bietet das **Hotel Kristina** €, Šetaliste 3, Tel. 022-444173, Fax 440473, www.hotel-kristina.hr.

Schiff

Von der Marina fährt 2–4x täglich eine Fähre zu den Inseln Zlarin und Prvič.

Bus

Auf der Rückseite des Busbahnhofs liegen ein weiterer Minimarkt, die Bussteige und der Ticketschalter für Busse nach Zadar (20x täglich), Split (20x täglich), Šibenik (30x täglich), Murter (8x täglich, 8K) sowie Varaždin, Ljubljana und Pula.

018da Foto: fz

Zentraldalmatien

Šibenik

Die Stadt Šibenik (42.000 Einwohner) wird mit den beiden großen Perlen Dalmatiens, Dubrovnik und Trogir, oft in einem Atemzug genannt. Dass Šibenik dabei stets an dritter Stelle steht, liegt wohl am ersten Eindruck, den der Besucher beim Anblick der von Industrie- und Hafenanlagen geprägten Außenbezirke gewinnt. Der **Altstadtkern**

Vorhergehende Seite: Klares Wasser an der Küste von Brač

dagegen ist unbedingt sehenswert und beherbergt einige **herausragende Sehenswürdigkeiten.** Von Šibenik aus lassen sich auch sehr gut Ausflüge zu den Kornaten, den Krka-Fällen und zu kleineren vorgelagerten Inseln unternehmen. Das Strandleben spielt sich auf der nahe gelegenen **Landzunge Solaris** mit ihren Kiesstränden und Campingplätzen ab.

Stadtgeschichte

Die erste urkundliche Erwähnung des eher jungen Šibenik geht auf einen Besuch von König *Kresimir IV.* im Jahre 1066 zurück. Ab etwa diesem Zeitpunkt (11./12. Jh.) gehörte die Stadt zum ungarisch-kroatischen Königreich, ehe sich 1412 die siegreichen Venezianer zum neuen Herren von Ši-

1 Großer Parkplatz
2 Busbahnhof, Supermarkt
3 Hauptpost
4 Pizzeria
5 Agentur & Information
6 Nationaltheater
7 Park
8 Mariä Himmelfahrt
9 Sv Ivan
10 Stadtloggia
11 Bars &
Cafés
12 Dalmatinac-Denkmal
13 Sv Jakov &
Bischofspalast
14 Rektorenpalast & Museum
15 Hotel Jadran
16 Croatia Bank & Budget-Autoverleih
17 Jadrolinija
18 Franziskuskonvent

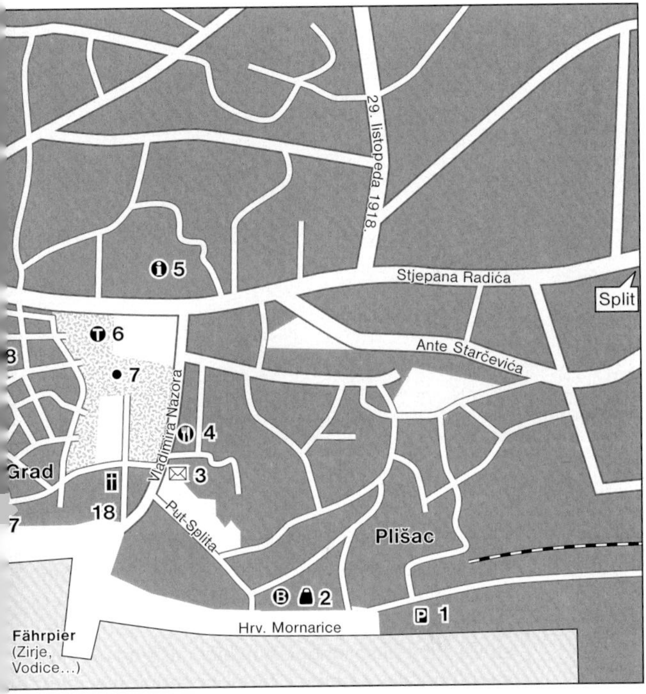

benik emporschwangen. Unter dem Zepter der Dogenrepublik wurde die Stadt wegen der herannahenden Türken befestigt, es entstanden auch zahllose Prachtbauten. Während der österreichischen Phase geriet Šibenik eher in Vergessenheit und wurde im Vertrag von Rapallo (Ende des Ersten Weltkriegs) dem Königreich Jugoslawien zugesprochen. Während des Bürgerkrieges der 1990er Jahre drangen die Krajna-Serben bis in Küstennähe vor, Šibenik blieb aber von größeren Schäden verschont.

019da Foto: wl

Orientierung

Durchfahrtsstraße ist die Kralja Zvonimira, auf der man der Beschilderung „Trajekt" (Fähre; Ul. V. Nazora) folgt. Am Ufer angelangt, liegt ein großer Parkplatz (10 K pauschal) am Ende der Zufahrtsstraße zum Busbahnhof. Von hier aus sind die Altstadt und alle wichtigen Institutionen in wenigen Gehminuten erreicht.

Sehenswertes

Altstadtgassen

Beginnend zwischen dem **Volkstheater** (Narodni Teatr) und dem **Franziskanerkloster** (Sv Franžisk) mit der markanten Sonnenuhr, lohnt sich ein Streifzug durch die Altstadtgassen, insbesondere durch Zagrebačka und Tomislava. Alte, einst

Interessante Dachkonstruktion an der Kathedrale Sv Jakov

prachtvolle Bürgerhäuser sowie zahllose Kirchen und Kapellen (Sv Marija, Sv Duh, Sv Ivan, Sv Barbera) vermitteln einen feinen Eindruck von der städtischen Architektur der frühen Neuzeit – das kleinstädtische Alltagsleben der Gegenwart nicht zu vergessen!

Trg Republike Hrvatske

Als zentraler Punkt der Altstadt dient der Trg Republike Hrvatske an der Kathedrale, der mit seinem Pflaster aus polierten Steinplatten zu den schönsten Stadtplätzen Kroatiens zählt. Interessant ist zunächst die **Statue** des berühmten dalmatischen Architekten *Juraj Dalmatinac* (1407–1473, ⇨Glossar), ein Werk des modernen Künstlers *I. Meštrović*. Das große Gebäude mit den Bögen und großen Fenstern war einst **Stadtloggia und Rathaus,** vom Balkon aus verkündeten die Venezianer dem Volk ihre Beschlüsse. Verschlungene Gassen ziehen sich vom Platz den Hang hinauf Richtung Festung.

Kathedrale Sv Jakov

Zwischen Trg Republike und Uferpromenade erhebt sich der bedeutendste Sakralbau der dalmatischen Frührenaissance, der gleichzeitig das **Wahrzeichen** der Stadt ist, die Kathedrale Sv Jakov. Der Bau der fast ausschließlich aus Marmor und Kalkstein von der Insel Brač gebauten Kirche wurde 1433 begonnen und erst 1536 fertig gestellt. Mehrere venezianische Architekten, vor allem aber der auf dem Trg Republike lebensgroß verewigte dalmatische Stararchitekt *Juraj Dalmatinac* zeichneten für die Gestaltung verantwortlich. So gehen u. a. der kreuzförmige Grundriss und die Vierungskuppel sowie die 73 Köpfe an den Chorapsiden auf Dalmatinac zurück. Die **einzigartige Dachkonstruktion** aus ineinander verzahnten Platten – ohne Mörtel oder sonstige Bindemittel gebaut – ist ein Geniestreich von Dalmatinac' Schüler *N. Fiorentino*. Im Inneren der recht finsteren Kathedrale sind ferner der barocke Hauptaltar sowie die Schatzkammer mit Filigranschmiedearbeiten lokaler Künstler sehenswert. Die Treppe auf der rechten Seite führt in das Baptisterium mit einem anmutigen Taufbecken der frühen Renaissance.

Bischofspalast

Unterhalb der Kathedrale an der Uferpromenade Obala Palih Omladinaca schließt sich der ehemalige bischöfliche Palast an. Das aufwendig renovierte Gebäude erinnert an den einstigen Luxus der sakralen Würdenträger.

Rektorenpalast

Nur ein paar Schritte neben dem Bischofspalast wurde der ehemalige Rektorenpalast (15. Jh.) errichtet; das befestigte und zugleich prunkvolle Bauwerk diente den venezianischen Kirchenherren als Dienstsitz. Heute beherbergt es eine kleine **Ausstellung** (Eintritt frei) mit Exponaten zur dalmatischen Geschichte des 14. bis 17. Jh.

Festung Sv Ana

Die beeindruckende, sehr gut begehbare Ruine der Festung Sv Ana thront unmittelbar oberhalb der Altstadt und gestattet wahrhaft famose Ausblicke bis zu den Krka-Seen (halbrechts, Richtung Brücke blickend). Auch Sv Ana war eine Verteidigungsanlage der Venezianer während der Türkenkriege im 16. Jh.

Praktische Tipps

Info und Agenturen

- **Touristeninformation Šibenik,** Ul. F. Vrancica 18, Tel. 022-212075, Fax 219073.
- **Atlas,** Trg Rep. Hrvatske, Tel. 022-330232, Fax 213045, atlas-sibenik@si.hinet.hr.
- **Cromovens,** Tel./Fax 022-212515, cromovens@ i.hinet.hr, bieten neben Unterkunftsvermittlung und Geldwechsel auch Tagesausflüge z.B. zu den Kornaten für 25 € oder Krka (halber Tag) für 15 € an.

Camping/ Unterkunft

- Während Šibenik selbst auf der Inlandseite der Krka-Seen liegt, sind die Campingplätze und Resorts auf den seeseitigen Landzungen zu finden, allen voran das **AC Solaris** €€€, Tel. 022-364000, Fax 361801, solaris.hotels@si.tel.hr, sowie das benachbarte **AC Zablace** €€, Tel. 022-354015.
- In der Stadt liegt zentral das nette **Hotel Jadran** €€, Tel. 022-212644, Fax 219160, riviera@si.tel.hr, auf der Solaris-

Landzunge ferner das **Hotel Niko** €€€, Tel. 022-361951, Fax 361945, info@solaris.hr (nur All-Inclusive), sowie das **Hotel Andrija** €€€, Tel. 022-363951, Fax 365945, info@solaris.hr, unter gleichem Management. Die Landzunge ist per Shuttlebus gut an das Stadtzentrum angebunden.

Essen und Trinken

- Ein Minimarkt im Busbahnhof führt recht preiswert alles Notwendige.
- Gute Cafés und Restaurants liegen am Ende der Uferpromenade unterhalb der Kathedrale (mittelpreisig); sehr empfehlenswert im Zentrum ist die **Pizzeria Forum** neben der Post, exquisit speist man im **Hotelrestaurant Jadran** (hochpreisig).

Nützliches

- **Post:** Ul. V. Nazora, Mo–Sa 7–21 Uhr (auch Geldwechsel).
- **Tauchen: Odysseus Diving,** Šparadici 1, Tel. 022-577733, in der Stadt selbst oder im Vorort Brodarica (7 km südlich) bei der Basis **Croatia Inter-Diving** von *Ivica Cvitković,* Krapanjskih Spuzv. 38, Brodarica, Tel. 022-350300 ab 20 Uhr, Fax 350695, croatia.inter-diving@t-online.de. Kontakt in Deutschland möglich über: *G.* und *I. Cvitković,* Lerchenauerstr. 18, 80809 München, Tel. 089-30728250, Fax 30728252. Mit einem 11-Meter-Kutter werden Ausfahrten zu den Tauchplätzen der vorgelagerten Inseln durchgeführt; für Kurztrips in Kleingruppen liegt ein schnelles Schlauchboot bereit. Die angeschlossene Taucherpension vermietet ihre Zimmer sehr preiswert; für Camper steht ferner ein kleiner Privatcampingplatz zur Verfügung. Geöffnet Ende April bis Mitte September.

  In Brodarica befinden sich außerdem die Basen **Mediterraneo Sub,** Tel. 022-350894 und **Moranavi,** Tel. 022-350736.

Bus

Vom **Busbahnhof,** Tel. 022-212087, außen regional, innen Fernstrecken, in der Ul. Draga bestehen sehr gute Nah- und Fernverbindungen in alle Richtungen (Zagreb, Rijeka, Zadar, Split, Dubrovnik); zum AC Solaris mindestens stündlich; auch internationale Verbindungen (⇨Praktische Tipps: Anreise).

Schiff

Das Büro der **Fährgesellschaft Jadrolinija,** Tel. 022-23468, Fax 28663, an der Promenade gegenüber vom Pier verkauft Tickets zu den **Inseln** Kaprije, Žirje, Zlarin und Prvić sowie nach **Vodice** (je 2–4x täglich). 3x wöchentlich besteht eine Verbindung nach **Ancona** in Italien via **Zadar.**

Nationalpark Krka und Skradin

Der Unterlauf des mit 72 Kilometern längsten zentraldalmatischen Flusses, der Krka, ergießt sich auf einer Länge von rund 20 Kilometern in **Kaskaden** und sieben **Wasserfällen** von Dračevića (Roški Slap) bis nach Skradin (Skradinski Buk). Anschließend fließen die Wassermassen ruhig in den Prokljansko-See, der sich bis nach Šibenik erstreckt. Hier mündet die Krka nach einem plötzlich verengten, kurzen Teilstück in die Adria. Günstige klimatische Bedingungen bei einem hohen Süßwasser-Anteil der Gewässer führten zu einem intensiven Bewuchs des Gebietes (rund 860 bekannte Pflanzenarten), was nicht weniger als 220 Vogel-, 18 Fisch- und unzählige Amphibienarten anzog. Das gesamte Gebiet entlang der Krka von Skradin bis Knin wurde daher 1985 offiziell zum Nationalpark erklärt. Vor allem im Sommer sind die Krka-Fälle für den Besucher ein wohltuender Kontrast zur sengenden Küstensonne.

Anfahrt

Zwischen den Abfahrten Šibenik-Nord und -Süd der Küstenstraße zweigt die Abfahrt „Krka/Drniš" nordostwärts ins Hinterland ab. Nach zehn Kilometern folgt man dem Schild „Krka Park – Vodoslap" (Wasserfall) nach links und gelangt gleich darauf an eine Gabelung: Links geht es nach Skradin, das Bahn-Schild führt rechts zum Haupteingang des Krka-Nationalparks bei Tvornica-Lozovac (ab Parkplatz Shuttle-Bahn). Ein Bus verbindet Skradin und Šibenik etwa alle 90 Minuten. Von Drniš im Inland ist eine Anfahrt bis zum Eingang „Roški Slap" mit Bootstour ab dort möglich.

Parkbesuch

An einigen Stellen des Parks darf gebadet werden (z.B. Skradinski Buk), ansonsten bieten sich ausgedehnte Spaziergänge oder eine **Bootsfahrt** an. Im Gegensatz zu den Plitwitzer Seen gibt es keinen Rundweg, sondern nur zwei unterschiedliche Abschnitte:

- **Abschnitt 1:** Anfahrt bis **Skradin,** halbstündige Bootsfahrt zum Wasserfall des **Skradinski Buk** mit Bademöglichkeit und Spazierwegen (Anstieg).

020da Foto: wl

Badespaß in den Kaskaden der Krka

● **Abschnitt 2:** Anfahrt bis **Tvornica-Lozovac,** etwa vierstündige Bootsrundfahrt auf dem Visovač-Obersee (Krka-Verbreiterung) mit Besuch der Franziskaner-Klosterinsel (16. Jh.) und der Fälle Roški Slap (12 Kaskaden).

Beide Abschnitte sind von Skradinski Buk bis Lozovac über einen **malerischen Wanderpfad** miteinander verbunden – man sollte (je nach Gehrichtung) etwa eine bis anderthalb Stunden einfach einkalkulieren, zumal sich permanent beeindruckende Wasserspiele und Aussichtspunkte auftun. Besonders interessant ist das kleine **ethnografische Museum** auf dem Weg mit wasserbetriebenen, laufenden Mühlsteinen und Hämmern sowie landwirtschaftlichen Geräten (täglich 8–20 Uhr).

Als Ausflug ab Šibenik dauert die Tour in Abschnitt 1 einen halben, in Abschnitt 2 einen dreiviertel Tag; es lohnt sich daher, einen ganzen Tag

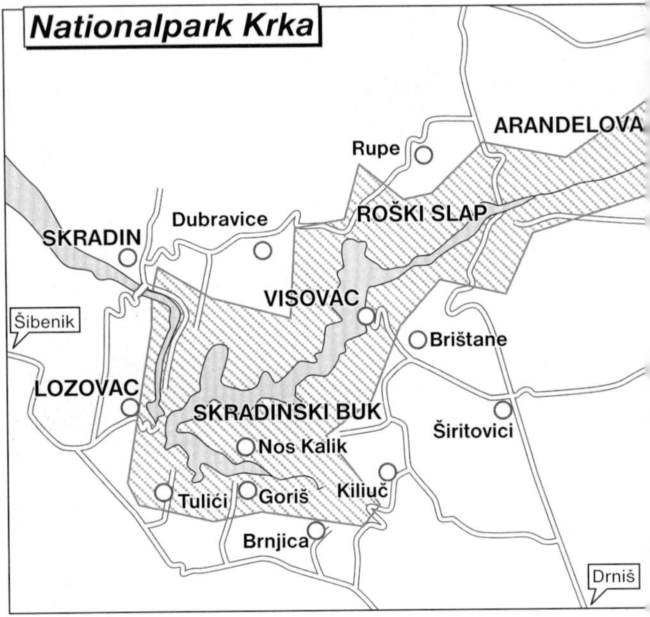

für die komplette Tour zu erwägen, was leicht möglich ist. Die Boote ab Skradin fahren stündlich 8–18 Uhr, das letzte Boot fährt um 19:30 Uhr zurück ab Skradinski Buk.

- **Gebühren:** ab Skradin 60 K (Eintritt, Boots-Shuttle Skradin – Skradinski Buk und Museum); ab Lozovac 60 K (Bahn-Shuttle Parkplatz – Lozovac, Eintritt und Museum); vierstündige Obersee-Bootsfahrt ab Lozovac (inklusive Klosterinsel) 60 K extra.
- Im Krka-Park bieten größere **Kioske** Snacks, Eis und gekühlte Getränke an (Skradinski Buk, Tvornica-Lozovac und Roški Slap).

Skradin

Der malerische kleine Fischer- und Ausflugsort Skradin macht sich heute vorwiegend als Aus-

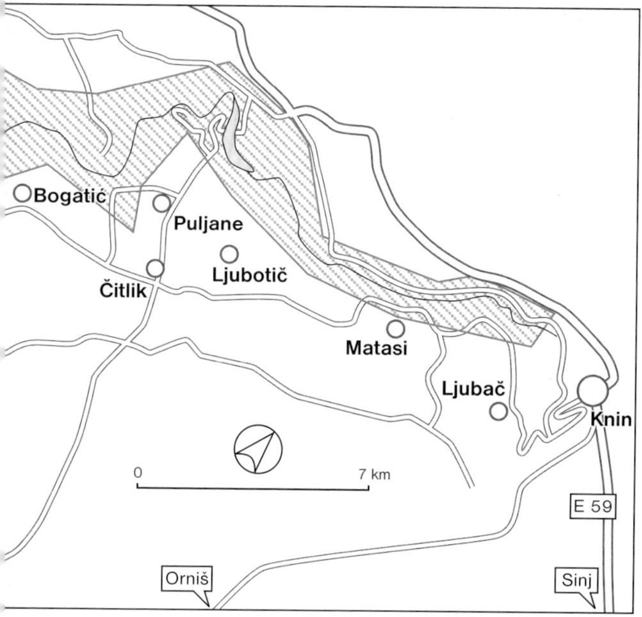

gangspunkt für Fahrten in den Krka-Nationalpark einen Namen. Die Wartezeit auf das nächste Boot zur vollen Stunde überbrückt man am besten mit einem Rundgang. An der kleinen Promenade findet der Besucher die Anlegestelle der Krka-Boote, eine Bank, Gaststätten, einen Obstmarkt und an dem kleinen Platz eine Parkinformation mit Tickets für das Boot zum Skradinski Buk.

In den hinteren Parallelsträßchen scheint das Leben stillzustehen. Die verwinkelten Gassen führen zur Pfarrkirche aus dem 17. Jh. – immerhin war Skradin vom 6. Jh. bis 1830 Bischofssitz der Diözese des Šibeniker Hinterlandes! Allerdings eroberten die Türken 1522 die Stadt wie auch zahllose weitere Landstriche des bosnisch-kroatischen Hinterlandes.

Nützliches

- Die **Touristeninformation Skradin** informiert über den Park, Privatunterkünfte vermittelt die **Agentur NIK,** Tel./Fax 022-778888, nik-ta@si.hinet.hr. So lange das Camp Slapovi geschlossen bleibt, ist das **Hotel Skradinski Buk** €€, Tel. 022-771771, Fax 771770, skradinski-buk@si.htnet.hr, die einzige offizielle Unterkunftsmöglichkeit.
- Ein **Minimarkt** versorgt mit Lebensmitteln, die **Pizzeria Scardona** mit warmen Mahlzeiten. Gute dalmatische Gerichte servieren die beiden kleinen **Grill-Restaurants** an der Marina.
- Am Ende der Promenade finden Segler die vom ADAC empfohlene **ACI Marina Skradin,** Tel. 022-71165, Fax 71163.

Städte im Hinterland: Knin, Drniš und Sinj

Wer auf der empfehlenswerten **Inlandsroute über Karlovac** nach Zentral- oder Süddalmatien reist, passiert unweigerlich einige sehenswerte Städte des dalmatischen Hinterlandes. Übernachtungen oder gar längere Aufenthalte lohnen sich nicht, als Abstecher oder Pause auf der Route bietet sich dennoch ein Besuch an.

Knin

Die in einem Talkessel gelegene wichtige Garnisonsstadt Knin (5100 Einwohner) fungierte einst als Sitz der kroatischen Könige, war vom 16. bis 17. Jh. Hauptquartier der Türken und schließlich im Bürgerkrieg bis 1996 Hauptstadt der ominösen selbsternannten **„Serbischen Republik Krajna".** Die Folgen der Bürgerkriegsschäden sind noch immer allgegenwärtig. Die Stadt bildet heute einen wichtigen Bahn- und Straßenknotenpunkt im zentraldalmatischen Hinterland. Im Zentrum (Ul. Tudjman/Trg A. Starevica) gibt es etliche Einkaufsmöglichkeiten (Kaufhaus Robin); Bahnhof und Busbahnhof liegen nebeneinander. Die wichtigste Sehenswürdigkeit, die alte **Königsburg Spas**

021da Foto: wl

(15.–18.Jh.), liegt rechts oberhalb der Stadt an der Hauptstraße Richtung Drniš (T-Gabelung: links Split/Sinj, rechts Drniš/Šibenik). Am Stadtausgang Richtung Drniš wird der **Fluss Krka** am Nordende des gleichnamigen Nationalparks überquert.

Zentraldalmatien

Unterkunft

•**Hotel Mihovil,** Tel. 022-660096, Fax 662416, slavko.zivkovic@si.htnet.hr.

Drniš

Zwischen Knin und Drniš wird rund um Kosovo intensiver Weinbau betrieben (das Dörfchen hat nichts mit dem jugoslawisch-albanischen Kosovo zu tun!). Kurz vor Drniš (2050 Einw.) im Ortsteil Siverić liegt links das **Mausoleum** des hier geborenen Nationalkünstlers *Ivan Meštrović* (⇨Glossar). Im Ort selbst sind die aus einer ehemaligen Moschee entstandene Pfarrkirche sowie die ehemalige **türkische Festung** (1520 Eroberung des Hinterlandes durch die Türken) oberhalb des Flusses Čikola sehenswert. Der Fluss mündet wenige Kilometer südlich im Nationalpark in die Krka. Von Drniš aus Richtung Dračevića sind es 15 km bis zum oberen Parkeingang Roški Slap; ansonsten führen zwei beschilderte und gut befahrbare Panorama-Nebenstrecken nach Šibenik und Trogir.

Sinj

Wer in Knin, anstatt Richtung Drniš zu fahren, der Binnenstraße weiter Richtung Split folgt, passiert Sinj, die letzte und südlichste nennenswerte Siedlung des dalmatischen Hinterlandes – weiter südlich folgen nur noch Split und die Küstenstädte, wenige Kilometer landeinwärts liegt bereits Bosnien. Sinj (11.300 Einwohner) ist ein bedeutendes Landwirtschafts- und Verkehrszentrum zwischen Livno in Bosnien und Split.

Bemerkenswert ist im Ort ein religiöser Tourismus zur **Pfarrkirche „Heilige Mutter von Sinj"** mit angeschlossenem Franziskanerkloster (gebaut 1698). Dem gleichnamigen Titularbild aus dem 17. Jh. werden **Wunderheilkräfte** nachgesagt, weshalb alljährlich Tausende von Pilgern die Kirche besuchen. Im zentraldalmatisch-bosnischen Grenzgebiet sind derartige Wunderkirchen nicht selten, erwähnt sei nur der berühmte Wallfahrtsort Meugorje (Muttergottes-Erscheinung) auf der anderen Seite der Grenze. In Sinj geht damit ein recht seltenes, und da zeitlich günstig liegend, auch für den Durchreisenden interessantes Spektakel einher: Am nächstgelegenen Sonntag zu Himmelfahrt (15.8.) findet alljährlich das **„Sinjska Alka"-Fest** statt. Dabei spielt sich ein sehenswertes Schauspiel ab: In vollem Galopp hoch zu Ross müssen die Dorf-Recken mit einer Lanze einen aufgehängten Ring aufnehmen – ein interessantes Vergnügen für Jung und Alt! Auch Pferderennen u.Ä. werden an diesem Tag durchgeführt (Ausreitmöglichkeiten an der Pferderennbahn).

Sehenswert ist auch die **Festung Kamičak** oberhalb des Ortes aus dem 18. Jh. mit famosen Ausblicken über Stadt und Hinterland.

Unterkunft

- Günstige Unterkunft bieten das **Hotel Alkar** €€, Vrlicka 50, Tel. 021-824474, Fax 824505, info@hotel-alkar.hr, sowie das **Motel Matanovi Dvori** €, Gornje Glavice 650, Tel. 021-826797, Fax 824570, matanovi.dvori@inet.hr.

Primošten

Ein ins Meer, unmittelbar vor das Ufer „geworfener" Hügel, verbunden mit dem Festland durch eine Brücke, bebaut im Laufe der Jahrhunderte mit Fischerhäuschen und einer Kirche auf dem höchsten Punkt – so in etwa darf sich der Reisende das reizvolle, auch als Urlaubsstandort empfehlenswerte Städtchen Primošten vorstellen, ein 1500 Einwohner zählendes größeres Küstendorf zwischen Šibenik und Trogir.

Der Ort ist heute natürlich über das Inselchen hinausgewachsen, aber nach wie vor klein und überschaubar. Die teils ummauerte Insel bildet die Altstadt, der gegenüberliegende Bereich mit der neuen Promenade und dem Tennis/Hotelbereich die Neustadt.

Das winzige Inselzentrum liegt gleich am **Stadttor,** wo sich eine Bäckerei und ein Minimarkt befinden. Geradeaus führt die Gasse hinauf zur Kirche, links zieht sich der Weg an den Fischerbooten außen an der Insel entlang. Folgt man diesem, erreicht man die Ul. Terzačka (rechts hinauf Konoba Babylon) und die **Pfarrkirche Sv Juraj** aus dem 15. Jh. (restauriert im 18. Jh.). Hier bietet sich ein schöner Blick über die schiefergedeckten Dächer des Ortes, die einen farblich eindrucksvollen Kontrast zum tiefblauen Meer bilden. In der Kirche befindet sich der Sarkophag des Šibeniker Bischofs *Arneric*; auch der Ortsfriedhof liegt unmittelbar neben der Kirche. In den Gärten der Altstadt-Häuschen werden Wein und Feigen angepflanzt, letztere legen die Bewohner oft einfach auf einem Tuch mitten in der Gasse zum Trocknen aus.

Anfahrt

An der Abfahrt von der Küstenstraße folge man an der Gabelung dem rechten Weg bis zum großen Parkplatz am Tennisplatz (5 K.). Von hier führt das Sträßchen unmittelbar vor dem Tennisplatz hinunter zur kleinen Außenpromenade und zum Stadttor der Altstadt.

022da Foto: wl

Äußerst fotogen - Primošten

Info und Agenturen

- **Touristeninformation Primošten,** Rudina Biskupa, J. Arnerića 2., Tel./Fax 022-570111.
- Am Stadttor bietet die **Agentur NIK,** Tel./Fax 022-571200, nik-ta@si.tel.hr, neben Zimmervermittlung und Auskunft eine Reihe interessanter Ausflugsmöglichkeiten, z.B. Krka 140 K ganztägig; Kornaten inklusive Fischessen 220 K ganztägig und sogar eine Pilgerfahrt ins bosnische Meugorje inklusive Mittagessen für 200 K.

Camping

- **AC Oliva** €€ in Grebaštica (zwischen Šibenik und Primošten) und **AC Adriatic** €€, Tel. 022-581010, Fax 570317, 4 km nördlich.

Unterkunft

- Im Innenstadtbereich empfängt den Einfahrenden gleich eine ganze Armada von Agenturen, die **Zimmer und Ferienwohnungen** €-€€€ vermitteln. Sucht man auf eigene Faust, sei die kleine **Privatpension** €€ gegenüber der Konoba Babylon im Zentrum der Altstadt wärmstens empfohlen.
- Mehrere Hotelanlagen liegen am Tennisplatz/Parkplatz in unmittelbarer Gehnähe zur Altstadt, u.a. **Hotel Adriatic** €€€, Bana Jelačica 7, Tel. 022-570048, **Hotel Zora** €€€, Tel. 022-581111, Fax 571161, zora@primosten-hoteli.hr, und **Hotel Raduča** €€€, Tel. 022-581111.

Essen und Trinken

●In der Altstadt empfehlen sich die **Konoba Babylon** (täglich 12–14 und 18–24 Uhr, Fischplatte für zwei Personen 200 K) und die **Konoba Maestral,** ebenfalls mit guten Fischplatten (300 K für 4 Personen), zwischen Bäckerei und Kirche.

●An der Promenade der Neustadt reihen sich mehrere **Cafés** (ohne Speisen) aneinander; die **Pizzeria** oben am Tennisplatz bietet günstige und leckere Pizzen und Nudelgerichte.

Nützliches

●**Marina Kremnik,** Tel./Fax 022-570068, unterhalb der Hotels gelegen.

●**Wassersport:** Unterhalb des Tennis-/Parkplatzes (Abgänge auf anderer Parkplatzseite). Die **Tauchbasis Plavi Val** bietet Bootstauchgänge zu den sehenswerten Spots um Primošten an. Verleihstellen bei den Hotels und Campingplätzen.

Trogir

Es muss wohl eine Eigenheit der Kroaten gewesen sein – angesichts der Türkengefahr des Spätmittelalters vielleicht auch ein raffinierter Trick –, dass man um eine am Meer gelegene Siedlung kurzerhand einen Graben grub und so eine **künstliche Insel** schuf. Berühmte Beispiele hierfür sind Primošten, Nin und auch Trogir, die **Perle Zentraldalmatiens.**

In der Tat kann ein durchaus auch längerer Aufenthalt in Trogir wärmstens empfohlen werden, denn es wird eine vollständig erhaltene, verkehrsfreie Altstadt geboten, die allenfalls von Dubrovnik übertroffen wird. Mit der vorgelagerten und per Brücke angebundenen **Insel Čiovo** liegen Bade- und Wassersportmöglichkeiten vor der Tür, der internationale Flughafen Split ist gerade 15 Fahrminuten entfernt und Ausflugsziele wie Split, Solin, Primošten oder der Krka-Nationalpark liegen in greifbarer Nähe. Schließlich rundet ein breites Angebot an Unterkunfts-, Verpflegungs- und Unterhaltungsmöglichkeiten (einschließlich Tauchbasis und Marina) die Attraktivität Trogirs für den Reisenden ab.

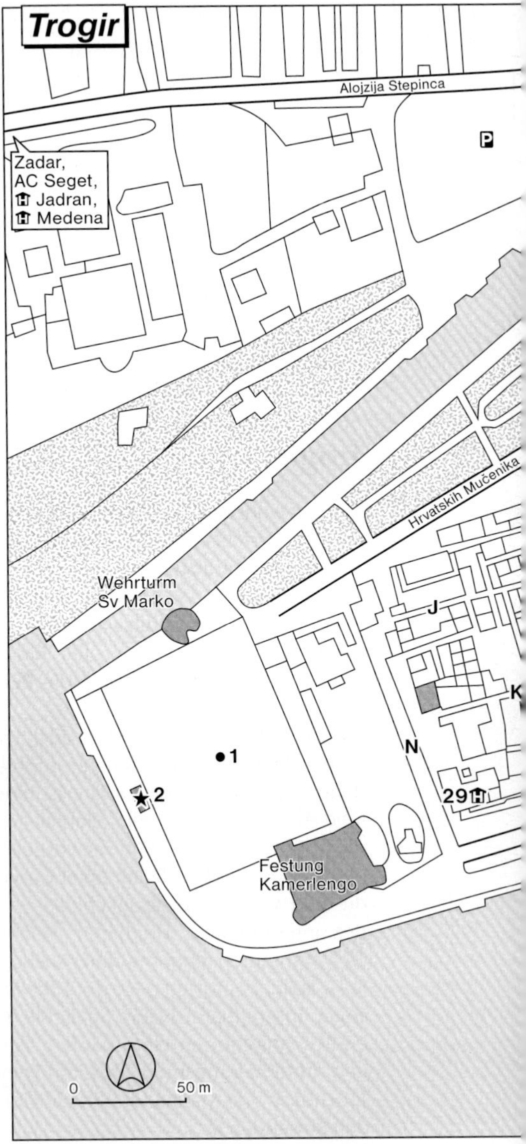
Trogir
Alojzija Stepinca
P
Zadar,
AC Seget,
Jadran,
Medena
Hrvatskih Mučenika
Wehrturm
Sv Marko
J
K
N
1
2
29
Festung
Kamerlengo
0
50 m

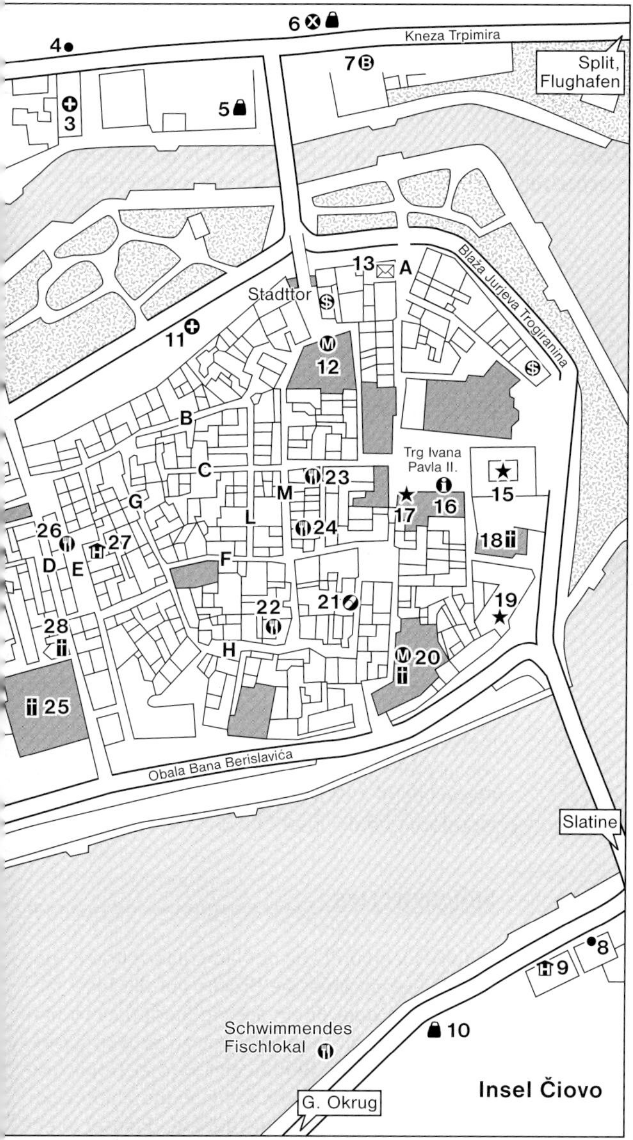
6
4
Kneza Trpimira
7
Split, Flughafen
3
5
13
A
Blaža Jurjeva Trogiranina
Stadttor
11
12
B
Trg Ivana Pavla II.
C
23
15
M
G
17
16
L
26
24
27
18
D
E
F
19
21
22
28
H
20
25
Obala Bana Berislavića
Slatine
8
9
10
Schwimmendes Fischlokal
Insel Čiovo
G. Okrug

Die 10.200 Bewohner leben folglich zu einem Gutteil vom Tourismus, ansonsten hat Trogir einem Namen im Yachtbau sowie in Pharma- und Tabakhandel.

Stadtgeschichte

Schon im dritten vorchristlichen Jahrhundert als griechisches Tragurion belegt, entwickelte sich Trogir während der römischen Phase durch die Nähe zu Split zu einem bemerkenswerten Handelshafen. Diese Bedeutung nahm noch zu, als das antike Salona (Solin) zerstört wurde und die Bevölkerung nach Split oder Trogir floh. Im 9. Jh. slawisiert (Anerkennung der kroatischen Könige) und im 11. Jh. christianisiert (Begründung der Diözese Trogir), entwickelte sich das städtische Gemeinwesen, was zur Anerkennung als freie Stadt unter König *Koloman* (1107) und zum Ausbau der heutigen Insel und Altstadt vom 13. bis 15. Jh. führte.

Zwar ging 1420 ganz Dalmatien an Venedig, nicht aber die freien Städte, weshalb Trogir belagert und schließlich erobert wurde. Die städtische Architektur wurde daraufhin zwar im venezianischen Stil teilweise ergänzt oder restauriert, aber kaum neu gestaltet. Änderungen am Stadtbild sind, auch platzbedingt, seit dem 17. Jh. nicht mehr vorgenommen worden. Während der österreichischen (1797–1918) und altjugoslawischen Phase (1918–1990) entwickelten sich lediglich die Neustadt und die Insel Čiovo.

Sehenswertes

Stadtmauer

Vom Festland und von der Durchfahrtsstraße Trpimira/Stepinca über die Brücke auf die Insel fahrend, blickt man direkt auf die Stadtmauern und das **Landtor** mit dem Stadtpatron Sv Ivan Ursini. Der aufmerksame Beobachter wird in Trogir feststellen, dass es nur sehr wenig echte Stadtmauer gibt und dass vielmehr die äußeren Häuser in en-

Straßen

A	Ul. Gradska		11	Erste Hilfe
B	Šubičeva		12	Stadtmuseum & Buchhandlung
C	Matije Gupča		13	Post
D	Augustina Kažotica		14	Kathedrale
E	Obrova	★	15	Rathaus
F	Duknovica		16	Touristinformation
G	Mornarska	★	17	Stadtloggia, Uhrturm
H	Ribarska		18	Johannes-Abtei
J	Matice Hrvatske	★	19	Gerichtshof
K	Vukovarska		20	Sv Nikolaj & Kairos-Museum
L	Budislavićeva		21	Apotheke
M	Šubičeva		22	Restaurant Staročeški
N	Hrvatskog Proljeca 1971		23	Restaurant Marjana
			24	Restaurant Tragos
• 1	Sportplatz		25	Sv Dominik
★ 2	Französische Gloriette		26	Restaurant Krstan, Bistro Jambo u.a.
3	Krankenhaus		27	Hotel Fontana
• 4	Zimmervermittlung		28	Kapelle & Galerie
5	Markt		29	Hotel Concordia
6	Kaufhaus, Taxistand			
7	Busbahnhof			Banken
• 8	Agentur Atlas			
9	Vila Sikaa			
10	Privater Weinverkauf			

gem Schulterschluss aneinandergebaut wurden, was der Stadt einen wehrhaften Charakter verleiht. PKWs dürfen lediglich die Blaža Jurjeva auf dem Weg zur Insel Čiovo benutzen.

Stadtmuseum

Das ehemalige venezianische Patrizierdomizil **Palazzo Fanfogna** beherbergt heute das städtische Museum in Form eines Adelssalons mit angeschlossener **Galerie lokaler Künstler.** Interessanter dürfte für Althistoriker das dazugehörige **Lapidarium** mit griechischen und römischen Skulpturen sowie Bauteilen aus dem Mittelalter sein.

• **Öffnungszeiten:** täglich 10–20 Uhr, Eintritt 8 K, Beschriftungen nur auf Kroatisch.

Altstadt und Trg Ivana Pavla

Zentrale Spaziergasse ist die Gradska, die 1992-2001 tatsächlich zum Dank für die staatliche Anerkennung durch Deutschland (Vorreiter) in die **„Kohl-Genschera"** umbenannt wurde!

Altstadt u. Trg Ivana Pavla II

Die engen Gassen weiten sich in Trogir nur ein einziges Mal, nämlich zum Paradeplatz der Stadt, benannt nach Papst *Johannes Paul II.*, mit seinen auf einen Cappuccino lockenden Cafés. Er ist Standort mehrerer Prachtbauten.

Čipiko-Palast

Der Stadtpalast der Adelsfamilie *Čipiko* zählt zu den typischsten dalmatischen **Patrizierhäusern** aus der venezianischen Epoche im spätgotischen Stil. Er wurde im 15. Jh. errichtet und nach Bauabschluss mit Zierornamenten (Spruchbänder, Porträts) versehen, was bereits auf den Einfluss der frühen Renaissance hinweist.

Kathedrale Sv Lovro

Als das unbestrittene architektonische Prunkstück von Trogir gilt die Laurentius-Kathedrale, da sich in ihr – bedingt durch die lange Bauzeit vom 13. bis 15. Jh. – mehrere Baustile erkennen lassen. Das **Hauptportal** von 1240, ältester Teil der Sv Lovro, zeigt weit mehr Verzierungen als sonst üblich: *Adam* und *Eva* auf steinernen Löwen, Heiligenfiguren und einen detaillierten Jahreslauf der zwölf Monate. Das Portal und seine sehr realistischen Darstellungen sind ein Werk des dalmatischen Künstlers *Radovan*. Auf ihn geht auch das **Ziborium** über dem Hauptaltar der dreischiffigen Basilika zurück. Das geschnitzte Chorgestühl zählt zu den feinsten je gearbeiteten seiner Art. Erst 1468 wurde die nördliche **Kapelle des Stadtheiligen** *Ivan Ursini* hinzugefügt. Sie ist eine Koproduktion der bekanntesten dalmatischen Renaissancekünstler *Andrija Aleši* (Dalmatinac-Schüler), *Ivan Duknović* und *Niccolo Fiorentino* und beherbergt neben den figürlich dargestellten zwölf Aposteln auch einen gotischen Sarkophag mit den Gebeinen des Bischofs Ivan Ursini.

Im **Campanile** schließlich gipfelt die Stilmischung in einem spätromanischen Unterbau aus dem späten 14. Jh., einem gotischen ersten Geschoss (frühes 15. Jh.), dem zweiten Stockwerk in venezianischer Spätgotik (um 1425) und dem Renaissance-Obergeschoss aus dem 16. Jh.

In der **Schatzkammer** sind u.a. königliche Siegel und Sakralreliquien aus der langen Kirchengeschichte Trogirs zu besichtigen. Eine spannende Geschichte ist mit der ausgestellten Haube von König *Bela IV.* verbunden, der 1242 auf der Flucht vor den Hunnen in Trogir Zuflucht nahm und der Stadt zum Dank neben Ländereien auch seine Kopfhaube vermachte.

● **Öffnungszeiten:** Kathedrale täglich 9–12 und 16.30–19.30 Uhr, Schatzkammer (externer Zugang) täglich 8–12 und 15–20 Uhr, Eintritt 4 K.

Loggia mit Uhrturm

Die beeindruckende, säulenbestandene Loggia mit dem klobigen Uhrturm stammt aus dem 15. Jh. und diente ursprünglich als städtischer **Gerichtshof.** Die Verzierungen und Skulpturen stammen von *Niccolo Fiorentino.*

Rektorenpalast

Unmittelbar neben der Loggia steht der dreigeschossige ehemalige Rektorenpalast, der heute als **Rathaus** von Trogir dient. Er stammt ebenfalls aus dem 15. Jh. und ist mit dem Stadtwappen verziert.

Benediktinerabtei

Der erste größere Orden, der in Trogir Fuß fasste, war der der Benediktiner. Ihre Abtei wurde im 13. Jh. an der Ostseite der Stadt errichtet. Von der Abteikirche zu Ehren Johannes des Täufers (Sv Ivan) abgesehen, ist von den einst weitläufigen Bauten nichts geblieben. Die Kirche selbst birgt ein Lapidarium und eine Galerie mit Kirchenkunstschätzen.

Basilika Sv Barbara

In der Gradska schließt sich unmittelbar an die Loggia die Basilika Sv Barbara aus dem 10. Jh. an. Die kleine Kirche macht zwar keinen spektakulären Eindruck, ist aber das älteste erhaltene Bauwerk der Stadt. Beim Bau wurden einige römische Säulen eines Tempels verwendet, der an diesem Platz gestanden hatte.

Sv Nikolaj und Kairos-Sammlung

Kurz vor dem südlichen Ende der Gradska liegt linker Hand das **Benediktinerinnenkloster** Sv Nikolaj, gegründet im 11. Jh. Das Klostergebäude dürfte Kunsthistoriker in wahre Wonne versetzen, wird doch im Innenhof das einzige erhaltene **griechische Schriftzeugnis** Kroatiens aus dem 4. Jh. v. Chr. aufbewahrt.

Die ordenseigene Kairos-Kunstsammlung – vorwiegend mit Gemälden aus Mittelalter und früher Neuzeit – verdankt ihren Namen dem ebenfalls griechischen Marmorrelief der Gottheit Kairos (Gott des glücklichen Moments) aus dem 1. Jh. v. Chr. Die seltsame Haarpracht des Gottes erklären die Benediktinerinnen damit, dass es sich um ein Sinnbild der These handele, man solle Chancen, wenn sie sich bieten, beim Schopfe packen (Haarpracht vorn), wenn die Gelegenheit vorbeigeeilt sei (kahler Hinterkopf), sei die Chance vertan!

● **Öffnungszeiten:** 18–2 Uhr, Eintritt 5 K.

023da Foto: wl

Sv Dominik

Den Benediktinern folgten die Dominikaner nach Trogir und errichteten im 14. Jh. außerhalb der inneren Stadtmauern ihre Bruderschaftskirche. Auffallend ist an der schlichten Klosterkirche vor allem der **Glockenturm** im venezianischen Stil.

Sv Sveti

Nur wenige Meter stadteinwärts, an der Ecke Vukovarska/Kažotica, trifft der Kunstliebhaber auf die Kapelle Sv Sveti (Allerheiligen), in der heute eine **Galerie mit Werken lokaler Künstler** untergebracht ist.

● **Öffnungszeiten:** Mo–Sa 9–12 und 18–22.30 Uhr, So 9–12 Uhr.

Festung und Markustor

„Und ist die Stadt auch noch so klein, ein Fußballplatz, der muss wohl sein" – das nördliche Ende der gerade einmal 500 x 200 Meter messenden Altstadtinsel wird in der Tat von einem Fußballfeld vereinnahmt, das sich zwischen die Überreste der einst mächtigen **venezianischen Festung Kamerlengo** aus dem 15. Jh. zwängt. Erhalten ist an der Čiovo-Seite noch ein Teil der Wehranlage, an der Kanalseite das **Markustor** und an der Nordseite – einmalig in Kroatien – ein **Rundpavillon** aus der kurzen französischen Besatzungszeit (1805–1812) unter *Napoleon Bonaparte*.

Seetor und kleine Loggia

Wenige Meter hinter der Klosterkirche Sv Nikolaj durchbricht das Seetor die Außenmauer zur inneren Uferpromenade. Hier schließt sich unmittelbar die kleine Stadtloggia an, bei der täglich der **Fischmarkt** mit geradezu jahrmarktähnlichem Cha-

Der innere Hafen von Trogir

rakter stattfindet. Es lohnt sich insbesondere in den Abendstunden, die Stadt auf der Uferpromenade zu umrunden und auch einmal einen Blick von der gegenüberliegenden Insel Čiovo hinüberzuwerfen, um dieses großartige mittelalterliche Stadtpanorama einzufangen.

Praktische Tipps

Anfahrt

Trogir liegt neben der Küstenstraße; man gelangt über die Durchgangsstraße Trpimira/Stepnica zur Brücke und ins Zentrum. Parkmöglichkeiten in der Stepnica und auf der Insel Čiovo. Taxis kosten 10 K plus 8 K/km. Vom Flughafen von Split ist man per Taxi in gut 10 Minuten im Ort.

Verwunschene Gassen in der Altstadt

Info und Agenturen

●**Touristeninformation Trogir,** Trg Ivana Pavla II, Tel. 021-881412, Fax 881412, www.dalmatia-mid.com/trogir.htm.
●**Atlas,** Ciovo, an der Brücke, Tel. 021-881374, Fax 884744, atlas.trogir@st.htnet.hr; Unterkunftsvermittlung, Ausflüge, Fahrzeuge usw.
●**Cipico,** Gradska Ul. 41, Tel./Fax 021-881554.

Camping

An der Abzweigung der Küstenstraße nördlich vor Trogir liegt das schöne **AC Seget-Vranjica Belvedere** €€€, Tel. 021-894141, Fax 894151; mit Segelboot- und Surfverleih sowie Tauchbasis. In Seget-Donji liegt ein **Minicamp,** Tel./Fax 021-880394.

Unterkunft

In der Altstadt wie auch in der unmittelbaren Umgebung (z.B. Insel Čiovo) sind reihenweise Unterkunftsmöglichkeiten zu finden, viele sogar in Gehnähe zum Zentrum.
●**Privatzimmer** €-€€€ und **Ferienwohnungen** €€-€€€ werden über die Agenturen vermittelt; man wird aber auch gerne „unter der Hand" aufgenommen, wobei die meisten Unterkünfte auf Čiovo oder an der Lagune Richtung Split liegen.
●An **Altstadthotels** bieten sich an: das **Fontana** €€€, Obrov/Ecke Monarska, Tel. 021-885744, Fax 885755, fontana-commerce@st.htnet.hr, und das **Concordia** €€, Obala Berislavica, am Kastell, Tel. 021-885400, Fax 885401, www.concordia-hotel.htnet.hr.
●Auf der Čiovo-Seite der Brücke liegt zentral das nette **Hotel Vila Sikaa** €€.
●Von der Vielzahl an Hotels Richtung Zadar empfiehlt sich neben dem **Hotel Trogir** €€ vor allem die **Siedlung Medena** €€€, Tel. 021-880588, Fax 880019, info@hotelmedena.com, mit DZ und Apartments, Disco, Tauchbasis, Bootsverleih.

Essen und Trinken

Die Altstadt und ihre unmittelbare Umgebung bieten preiswerte und originelle Gastronomie im Überfluss.
●Einfach, aber perfekt und urig isst man im **Staročeški** („zum alten Tschechen"). Das Lokal ist idyllisch in eine alte Ruine integriert und bietet aus offener Küche Fisch- und Fleischgerichte und guten Wein an.
●Das **Bistro Jambo** (Ul. Obrov), eine gute und preiswerte Nudel-Pizzeria, teilt sich den Platz mit mehreren Gaststätten, u.a. dem mittelpreisigen **Restaurant Krstan** (dalmatische Fleischspezialitäten).
●Als Fischlokal im mittleren Preissegment ist das **Marjana** mit angenehmem Innenhof hervorzuheben (Fischplatte für 2 Personen 150 K).
●Das **Tragos** um die Ecke ist ebenfalls ein – etwas gehobeneres – Fischlokal, auch mit nettem Hof.
●Sehr beliebt ist das **Restaurant Monica** (Ul. Duknovica). Das schwimmende Fischlokal (Schiff) auf der Čiovo-Seite

erlaubt neben dem kulinarischen auch einen optischen Genuss durch den schönen Blick auf die Altstadt.

- Selbstversorger finden am Landtor einen **Minimarkt,** in der Stadt **Bäckereien,** einen **Obst- und Gemüsemarkt** an der Brücke sowie ein großes **Kaufhaus** gegenüber vom Busbahnhof.

Nützliches

- **Bank:** Splitska Banka, Ul. Trogiranina, Mo–Fr 7–12 und 14–19 Uhr, Sa nur vormittags.
- **Post:** um die Ecke vom Landtor, Mo–Sa 7–21 Uhr, in der Hauptsaison auch So.
- **Krankenhaus:** Ul. Stepinca, zwischen Markt und Parkplätzen.

Aktivitäten

- **Baden:** beim Sportplatz bedingt, ansonsten an den Uferabschnitten Richtung Zadar und Split und auf Čiovo.
- **Tauchen:** über die Tauchbasen des Hotel Medena (s.o.) und Gornji Okrug/Čiovo.
- **Bootsverleih/Wassersport:** über die Ferienanlage Medena.
- **ACI Marina Trogir,** Tel. 021-881226, Fax 881258, mit Restaurant und Nachtclub, auf der Čiovo-Seite.
- **Abendunterhaltung:** Nachtclub und Disco im Hotel Medena, im Sommer (1.7.–31.8.) **Trogir-Festival** mit Freiluft-Musikkonzerten bis in die Nacht und folkloristischen Darbietungen (in den Altstadtgassen).

Bus

- **Nahverkehr:** Slatine/Čiovo 10x täglich, Donji Okrug/Čiovo 9x täglich, Split 5.45–23 Uhr alle 20 Minuten.
- **Fernbusse:** ⇨Split (halten auch in Trogir).

Schiff

- **Fährverbindung** nach **Veli und Mali Drevnik,** Mo–Sa 14 Uhr.

Insel Čiovo

Trogir unmittelbar vorgelagert und mit einer Brücke verbunden, dient die gut 30 km² große Insel Čiovo als Wochenend-Erholungsgebiet und Ferieninsel. Eine Marina, angenehme Strände, Campingmöglichkeiten und zahllose Privatunterkünfte machen Čiovo, obwohl es keine Sehenswürdigkeiten zu bieten hat, zu einem beliebten Standort für einen Urlaub in der Region Trogir/Split.

Die Inselgeschichte liest sich wie ein historischer Krimi: Verbannungsort unter den Römern, Quarantänestation für Leprakranke im Mittelalter und später Zufluchtsort vor den Türken. Im 19. Jh. wurde die Insel für ihre Heilkräuter berühmt.

Die Orientierung entlang der fast durchgehend besiedelten nördlichen Küstenstraße ist leicht: Hinter der Brücke liegt der gleichnamige Bezirk Čiovo, der eigentlich ein **Ortsteil von Trogir** selbst wurde.

Slatine

Links der Brücke geht es über den alten **Dominikanerkonvent Sv Križ/Arbanja** (15. Jh.) nach Slatine. Es gibt hier etliche Zimmervermieter, die Aparthotels Villa Sanda € und Villa Tina €, einen kleinen **Fischer- und Yachthafen** mit Gaststätte (hier Bushaltestelle) sowie eine ca. zwei Kilometer lange Schotterpiste mit etlichen Bademöglichkeiten. Split scheint hier zum Greifen nahe zu liegen (ca. 3 km entfernt). Über Trampelpfade kann man noch bis zum Insel-Ende und zur kleinen Kapelle Gospa Prizidnica sowie zur am Ufer gelegenen Einsiedelei gehen, eine Inselumrundung ist jedoch nicht möglich.

Žedno

Folgt man der Beschilderung nicht die Küste entlang bis Slatine, sondern noch in Čiovo einer schmalen Straße rechts nach Žedno, erreicht man nach wenigen Minuten den ruhigsten Bezirk der Insel. Vom **Rudine,** dem mit 218 Metern höchsten Punkt der Insel, hat man einen guten Überblick über Trogir und die umliegenden Inseln Veli Drvenik, Šolta und Brač.

Gornji Okrug

In Čiovo führt die Straße rechts durch die endlosen, zusammengewachsenen Neubauten zum Bezirk Gornji Okrug mit mehreren Badebuchten. Den Hügel hinauf führt rechts die einzige Abzweigung nach Donji Okrug, weiter hinauf liegen eine kleine, aber feine und flache Bucht sowie das Trogir Diving Center.

● In Gornji Okrug findet man **Zeitschriftenhandel, Bäckerei, Minimarkt,** das **Hotel Miramar** €€€, Fahrrad- und Wasserscooterverleiher sowie das empfehlenswerte **Restaurant Zerdela** mit dalmatischen Fleisch-Spezialitäten.

•**Trogir Diving Center,** Tel./Fax 021-886299, die Besitzer *Miki* und *Angela Mige* setzen auf Service und Freundlichkeit. Ausrüstungsverleih und -verkauf sind ebenso selbstverständlich wie die sichere Unterbringung des eigenen Equipments. Bei Unterkunft in einem der angeschlossenen Gästezimmer kann man sich von Angelas Kochkünsten verwöhnen lassen. Die 50 schönsten Tauchplätze der Umgebung werden per Tauchkutter, Kunststoffschiff oder Schnellboot angefahren. In Zusammenarbeit mit deutschen Tauchlehrern sind CMAS-, PADI-, SSI- oder DAN-Kurse im Angebot. Nitrox möglich; geöffnet von Ostern bis Ende Oktober.

Donji Okrug

Richtung Donji Okrug findet man erstmals einen weniger besiedelten Streifen der Insel. Die Straße endet an einer kleinen, wenig überlaufenen Bucht mit Parkplatz. Der Ortsteil Donji selbst ist winzig, er bietet eine Post am Ortseingang sowie das Restaurant Leut (18–22 Uhr).

Solin und das antike Salona

Die Straße zwischen Trogir und Split nennt sich „Kaštela" (Kastell, Burg), benannt nach den 13 venezianischen Wehranlagen zwischen den beiden Orten, auch der internationale Flughafen trägt diese Bezeichnung. Zu sehen sind nur noch wenige Reste, so ein **Kastellturm** am Ortsende von Trogir vor der Auffahrt auf die Küstenstraße.

Salona, der antike Name des heutigen Solin, war um die Zeitenwende bis etwa zum 8. Jh. die **bedeutendste Stadt Dalmatiens** – kein geringerer als der römische Kaiser *Diokletian* baute Salona als Sommerdomizil aus. Die Stadt beherbergte in dieser Phase rund 50.000 Bürger. Im Mittelalter vergessen und zerfallen, kümmern sich heute wieder Heerscharen von Archäologen um die Ausgrabung der antiken Stätten. Tatsächlich findet man überall in und um Solin **Tempelreste, Aquädukte und Mauern.** Ein wirklich sehenswertes Teilstück sei – schon wegen der herrlichen rö-

025da Foto: wl

misch-kaiserlichen **Gartenanlage** mit Blick auf Split – auch dem geschichtlich vielleicht nicht so Interessierten empfohlen: Küstenstraße Abfahrt „Kaštela/Sinj", dann gleich rechts Richtung Sinj (Kaštelanska Ulica), 300 Meter hinein bis zur Fernfahrer-Imbissbude „Café-Bar Salona" rechter Hand (Parkplatz, Bushaltestelle). Hier liegt die große archäologische Stätte Salona mit einem sehr gut erhaltenen, blühenden Berggarten und etlichen weitläufigen Tempelrelikten; das kleine Museum ist leider meist geschlossen.

Wer sich intensiver mit den Ausgrabungen beschäftigen möchte, sollte über das Archäologische Museum Split, in dem ohnehin die meisten mobilen Fundstücke von Salona aufbewahrt werden, eine geführte Tour buchen.

Antike Ausgrabungsstätte Salona

Split

„Nirgends auf der Welt sah ich so große Männer und so schöne Frauen als in Split!" (*R. Templeman,* Journalist). Wenn die begeisterte Bekundung *Templemans* auch etwas übertrieben scheint, so ist doch nicht zu leugnen, dass aus **Kroatiens zweitgrößter Stadt** (210.000 Einwohner) nicht weniger als drei bekannte NBA-Basketballer und einige Miss-World-Nominierungen hervorgingen. Aber auch historisch, wirtschaftlich und politisch erweist sich Split als das vital schlagende Herz Mitteldalmatiens. Während andere große Hafenstädte – allen voran Rijeka – nur wenige Reisende anziehen, zeigt sich Split mit dem monumentalen Diokletianspalast und der nur wenige Gehminuten entfernten hügeligen Landzunge Marjan letztlich auch touristisch als Magnet, auch wenn der erste Eindruck der umliegenden Wohn-Vorstädte dieses Bild etwas zu trüben scheint.

Für die Bewohner der Stadt und des Umlandes gilt Split als Kernstück und Kopf Dalmatiens, es ist zentraler **See- und Fährhafen,** Sitz peripherer Industrie, Heimat kritischer Tageszeitungen und wissenschaftlicher Fakultäten (Geschichte und Seefahrt), besitzt Museen, Bibliotheken und andere kulturelle Einrichtungen, zu denen für die meisten Einheimischen auch der international bekannte **Fußballclub Hajduk Split** gehört, dessen Duelle mit Croatia Zagreb schon beinahe nationaldalmatischen Charakter tragen.

Stadtgeschichte

Illyrische Siedler hatten sich etwa um 500 v. Chr. im nahe gelegenen Salona niedergelassen, wurden aber bereits um 350 v. Chr. von den Griechen, welche den Raum Salona/Split/Issa/Hvar kolonisierten, aufgesogen und assimiliert. Ab 80 v. Chr. erschienen auch die Legionen des Imperium Romanum vor den Pforten Salonas und legten einen Hafen im Bereich des heutigen Split an. Unter **Kaiser Diokletian** begann der weiträumige

Ausbau der Stadt. Mit dem Fall Westroms und der einsetzenden Völkerwanderung wurde Salona zerstört, die Bewohner flohen in die einstigen römischen Mauern von Split, welches Ostrom (Byzanz) unterstand.

Im Hochmittelalter, mit Entstehung des kroatischen Königreiches, war eine weitgehend autonome Stadt entstanden, die ihre relative Unabhängigkeit während der Zugehörigkeit Dalmatiens zur kroatisch-ungarischen Doppelmonarchie bis ins frühe 15. Jh. bewahren konnte. Mit der venezianischen Regentschaft (1420) begann ein wirtschaftlicher und politischer Niedergang, der sich einerseits aus der permanenten Türkengefahr, andererseits aus der bewussten Schwächung der Stadt durch die Dogenrepublik entwickelte.

Die Habsburger (1797–1918) erweiterten Split zu einer großstädtischen Seemetropole. Anstelle von Wehrmauern und Bastionen, die aus dem Stadtbild verschwanden, entstanden Promenaden, breite Alleen sowie prächtige Wohn- und Verwaltungsgebäude. Mit Gründung des Königreichs Jugoslawien nach dem Ersten Weltkrieg stieg die Bedeutung Splits als dalmatisches Zentrum und **jugoslawischer Handelshafen** immens an, da die anderen wichtigen Seemetropolen Zadar und Rijeka unter italienische Kontrolle kamen. So erwies sich Split im Zweiten Weltkrieg als Hort der **Partisanenbewegung Titos** und auch im Bürgerkrieg 1991–95 hielt die Stadt zahllosen Bombardements durch Serbien stand. Seit 1991 sieht sich Split – ähnlich wie Pula in Istrien – als erhobener Zeigefinger gegen die Zentralregierung in Zagreb. Viele Intellektuelle träumen gar von einer **(Teil-)Autonomie Dalmatiens** mit der Hauptstadt Split.

Orientierung

Auf einer langgezogenen Halbinsel gelegen, erreicht man Split von der Küstenstraße aus über die mehrspurigen Straßen Zbora Narodne Garde und Domovinskog Rata (Schild: „Centar/Trajekt"). So-

Das römische Reich unter Kaiser Diokletian

In historischen Dimensionen betrachtet, wird der römische Kaiser *Diocletianus* (240–315 n. Chr.) aufgrund seiner entfernt ähnlich scheinenden Taten bisweilen mit *Peter dem Großen* oder dem chinesischen Reichsgründer *Qin Shi Huang Di* in eine Schublade gesteckt. 240 in Salona geboren, erwarb er sich in einer langanhaltenden Phase der innenpolitischen Unordnung Roms und der außenpolitischen Bedrohungen in allen Ecken des Reiches als erfolgreicher Feldherr die Gunst der Caesaren. 284 denunzierte und tötete er den kaiserlichen Gardepräfekten und ließ sich in Nicomedia (südlich von Byzanz) zum Kaiser ausrufen. 285 besiegte er den noch lebenden Kaiser *Carinus* und wurde Alleinherrscher. Mit zahllosen durchgreifenden Reformen in Wirtschaft und Militärwesen gelang ihm eine Stabilisierung (wie Qin Shi in China vor ihm und Peter in Russland nach ihm).

293 verteilte Diokletian freiwillig die Macht des Imperiums auf vier Parallelkaiser (ihn eingeschlossen, sog. „Tetrarchie"): auf *Maximian* (Italien/Afrika), *Constantius* (Gallien/Britannien), seinen Kriegskameraden *Galerius* (Kleinasien/Persien), und ihn selbst (Ostadria, Hellas). Diokletian wählte Split zum Zentrum seines Herrschaftsgebietes und ließ hier den Diokletianspalast bauen. In der Tetrarchie lagen letztlich auch die Wurzeln für die spätere Teilung in Ost- und Westrom (Byzanz, ⇨Glossar).

Galerius, seines Zeichens Christenhasser aus persönlichen Motiven heraus, stiftete Diokletian zur großen Christenverfolgung an (Edikt der Kirchenschließung 303), was sogar die Frau und die Tochter Diokletians auf den Scheiterhaufen brachte. Doch war die Verbreitung des Christentums schon relativ weit vorangeschritten: Die Co-Kaiser *Maxentius* (Sohn Maximians) und Constantius hielten sich nicht an die Edikte, Diokletian starb 315 und Galerius resignierte kurz vor seinem Tod letztlich auch. Die Nachfolger von Diokletian griffen die Verfolgungen zwar wieder auf, doch ließ sich die Verbreitung des Christentums nicht mehr aufhalten.

bald man in der Zagrebačka ist, sollte man einen Parkplatz suchen. Ansonsten kann man an der Promenade vor dem Diokletianspalast für stolze 8 K/Stunde parken.

Bahnreisende müssen darauf achten, nicht am Glavni Kolodvor (Hauptbahnhof), sondern erst am Kopfbahnhof am Fährhafen (Trajekt) auszusteigen. Der zentrale Busbahnhof liegt unmittelbar neben dem kleinen Bahnhof am Fährhafen.

Der gesamte altstädtische Bereich vom Fährhafen bis zur Landzunge Marjan ist durchaus zu Fuß zu bewältigen, ansonsten stehen Stadt- und Flughafenbusse am Diokletianspalast zur Verfügung. Selbstfahrer kommen zur Marjan-Landzunge, indem sie hinter dem Hajduk-Stadion auf der Kaštelanska vor dem Tunnel rechts und vor der kleinen Tankstelle scharf links (Matoševa) hinauf zum Eingang fahren. Dies empfiehlt sich auch bei einem Tagesaufenthalt in Split, da hier oben kostenlos geparkt und die Altstadt von oben auch leicht zu Fuß erreicht werden kann.

Ein Rundgang beginnt zweckmäßigerweise am Diokletianspalast, wobei dies kein Palast, sondern eine Ummauerung eines Teils der Altstadt (der alte römische Kern) ist. Er soll – höchst umstrittenen amerikanischen Plänen zu Folge – abgerissen und in ein modernes Stadtzentrum umgebaut werden. Daneben gibt es einige interessante Sehenswürdigkeiten in der Altstadt außerhalb des so genannten Palastes wie auch in der Neustadt.

Diokletianspalast

Der um 295 bis 305 n. Chr. errichtete Palast ist trotz etlicher Umgestaltungen in späteren Epochen das besterhaltene Monument der römischen Architektur in Dalmatien. Der fast quadratische Grundriss umfasst knapp 40.000 m^2 und ist durchgehend von knapp 20 Meter hohen, turmbewehrten und von einem See- und drei Landtoren unterbrochenen Mauern umgeben. Die Tore tragen alle

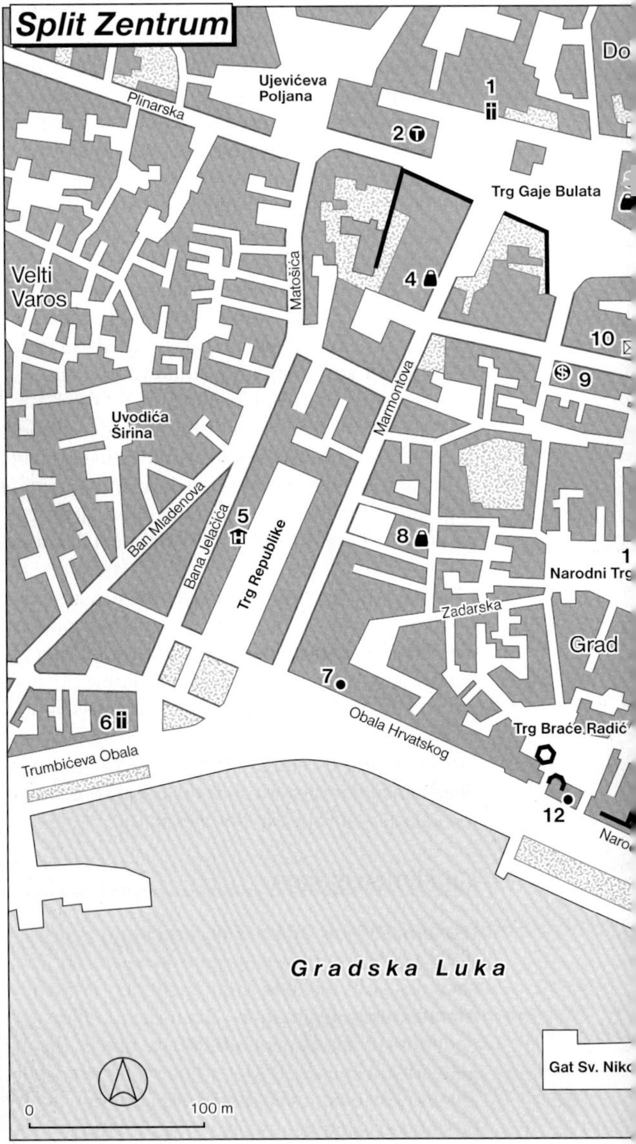
Split Zentrum
Ujevićeva Poljana
Plinarska
1
2
Trg Gaje Bulata
Do
Velti Varos
Matošića
4
10
9
Marmontova
Uvodića Širina
Ban Mladenova
Bana Jelačića
5
Trg Republike
8
Narodni Trg
Zadarska
Grad
7
6
Obala Hrvatskog
Trg Braće Radić
12
Trumbićeva Obala
Gradska Luka
Gat Sv. Nik
0
100 m

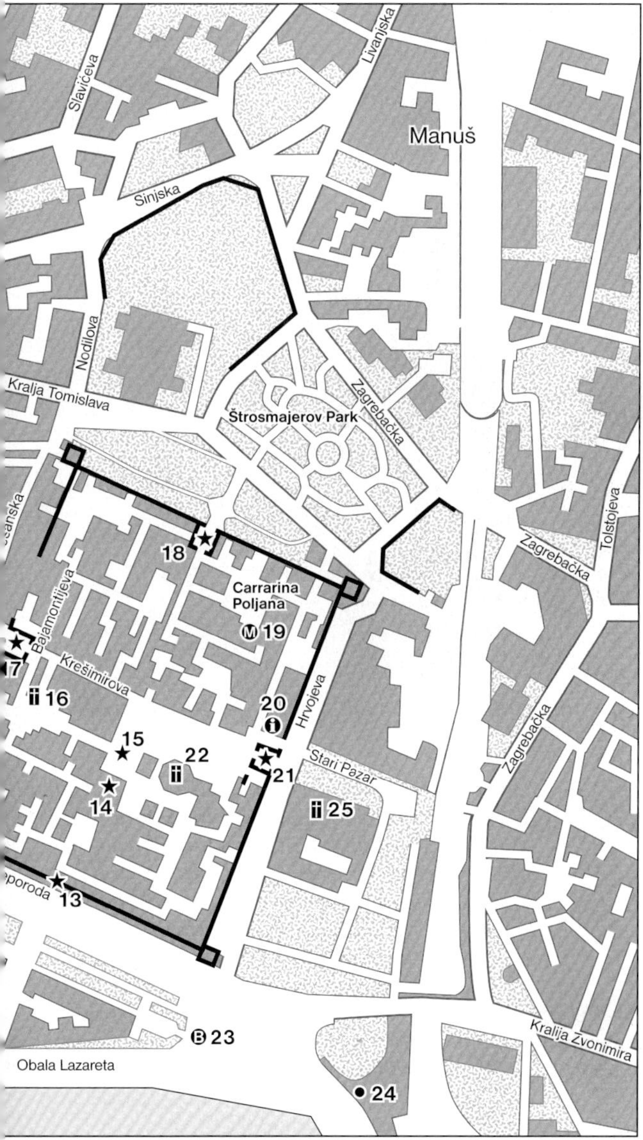
Livanjska
Slavićeva
Manuš
Sinjska
Nodilova
Kralja Tomislava
Štrosmajerov Park
Zagrebačka
Tolstojeva
Zagrebačka
18
Carrarina
Poljana
19
Bajamontijeva
Krešimirova
16
20
Hrvojeva
Zagrebačka
15
22
21
Stari Pazar
14
25
13
23
Obala Lazareta
24
Kralija Zvonimira

einen „metallenen" Namen: Porta Aurea (Goldtor), Porta Argenta (Silbertor), Porta Ferrea (Eisentor) und Porta Aenea (Kupfertor). Die einstigen Thermen, kaiserlichen Räumlichkeiten und Empfangsräume im Inneren lassen die für Diokletian typische Mischung aus Repräsentation und Wehrhaftigkeit erahnen.

Seetor und Gewölbe

Von der Galeeren-Anlegestelle, der heutigen Uferpromenade, betritt man den Diokletianspalast durch das kleine Seetor **(Porta Aenea),** welches

Hinter der Kathedrale

⛪	1	Gospa od Zdravlja
Ⓣ	2	Nationaltheater
🛍	3	Kino & Kaufhaus Prima
🛍	4	McDonald's, Fotoladen, Kaufhaus
Ⓗ	5	Hotel Bellevue
⛪	6	Franziskanerkirche
•	7	Post, Croatia Airlines, Konsulate
🛍	8	Fischmarkt
$	9	Splitska Banka
✉	10	Hauptpost
Ⓜ	11	Ethnografisches Museum
•	12	Privatunterkunfts-Agentur & Bank
★	13	Seetor & unterirdischer Gang zum Peristyl
★	14	Katakombengang und Vestibül
★	15	Peristyl
⛪	16	Sv Ivan
★	17	Eisentor
★	18	Goldtor
Ⓜ	19	Stadtmuseum
ⓘ	20	Touristinformation
★	21	Silbertor
⛪	22	Kathedrale
Ⓑ	23	Stadt- u. Flughafenbusse
•	24	Valuna-Reiseagentur & Post
⛪	25	Sv Dominik

durch unterirdische Gewölbegänge mit dem Peristyl verbunden ist. Heute bieten in diesen beleuchteten Katakomben Kunst- und Ramschhändler ihre Waren feil. Eine **unterirdische Galerie** ist von 9–13 und 18–20 Uhr zu besichtigen, Eintritt 8 K, Kinder 4 K.

Peristyl

Am Ende der Gänge führt eine Treppe hinauf zum beeindruckenden antiken **Säulenhof.** Sein ursprünglicher Zweck war der einer kaiserlichen Empfangshalle vor den eigentlichen Wohnbereichen. Heute bildet das Peristyl eine theaterreife Kulisse für die kleinen Straßencafés.

027da Foto: wl

Sv Duje

Unmittelbar neben dem Peristyl erhebt sich die Kathedrale Sv Duje, die im 6. bis 7. Jh. auf achteckigem Grundriss errichtet wurde. Sie diente zunächst als Mausoleum des Kaisers Diokletian und fungiert bereits seit dem 10. Jh. als **Bischofskathedrale.** Das Gotteshaus mit seinen schweren, verzierten Holzportalen aus dem 12. Jh. von *A. Buvina* wirkt trotz der schmucklosen Kuppel und der für eine Kathedrale geringen Größe monumental. Oberhalb der Marmorsäulen sind unter dem Gebälk Reliefs von Diokletian und seiner später verbrannten (christlichen) Frau zu sehen. Die Sarko-

Patrizierhäuser am Trg Republike – unverkennbar venezianisch

phage bergen die Relikte der einstigen Bischöfe und städtischen Schutzheiligen *Anastasius* und *Domnius,* denen auch die beiden Seitenältäre (rechts Domnius, links Anastasius) gewidmet sind. Die dahinter liegende Sakristei enthält wertvolle Sakralkunstschätze, beispielsweise das Ölgemälde der Hinrichtung des Judas. Das Altarrelief der Folterung Jesu wurde vom berühmten dalmatischen Bildhauer *J. Dalmatinac* (⇨Glossar) erst Mitte des 15. Jh. angefügt.

Auch der **Campanile** wurde im 15./16. Jh. fertig gestellt und weist unterschiedliche Stilmerkmale auf. Von oben bietet sich ein herrlicher Rundblick.

Jupitertempel/ Sv Ivan

Vom Peristyl aus die Kraj Sv Ivana 50 Meter in westlicher Richtung entlanggehend, öffnet sich ein kleiner Platz mit dem ehemaligen Jupitertempel, seit dem 6. Jh. Kapelle Sv Ivan Krstitelj (Johannes der Täufer). Von der ursprünglichen Tempelgestaltung blieb das Deckengewölbe vollständig erhalten. Das Taufbecken (12. Jh.) entstammt der Epoche des kroatischen Königreiches und wird von zeitgenössischen Ornamenten geschmückt; die Johannes-Bronze im Inneren ist ein modernes Kunstwerk von *I. Meštrović.*

Altstadthäuser und Städtisches Museum

Nicht nur römische und altkroatische Relikte zieren den Diokletianspalast, auch kroatische Kaufleute und Venezianer hinterließen deutliche Spuren. Am bekanntesten ist der **Stadtpalast** der Patrizierfamilie *Papalić,* ein von *Dalmatinac* im 15. Jh. nach Vorbildern der venezianischen Gotik gestalteter Familiensitz. Heute stellt hier das städtische Museum Artefakte der Stadtgeschichte sowie eine bemerkenswerte **Münzsammlung** aus. Weitere prachtvolle Gebäude sind der **Palazzo Agubio** (Dioklecijanova Ul.) und der barocke **Palazzo Cindro** (Krešimirova Ul.).

● **Städtisches Museum,** Tel. 021-341240, Di–So 9–13, Do bis 17 Uhr, Eintritt 14 K.

Altstadt

Stadtpark

Vor dem Diokletianspalast an der **Porta Aurea** (Goldtor) erstreckt sich beiderseits der Straße der Stadtpark Strossmeyerov (⇨Glossar). Direkt an die Palastmauern wurde die **Kapelle Sv Martin** aus dem 9. Jh. angebaut. Wenige Meter weiter steht seit 1957 die **Statue** des Bischofs *Grgur Ninski (Gregor von Nin,* ⇨Glossar), ein Kunstwerk von *I. Meštrović.* Auf der gegenüberliegenden Straßenseite laden Spazierwege und Brunnen zum verweilen ein.

Markt und Sv Dominik

Am **Silbertor** (Porta Argenta) in der Hrvojeva unterbricht Marktgeschrei die erhabene Stille, die innerhalb der Mauern herrscht. Der Fischmarkt (Ribarnica) wird ergänzt durch zahllose Stände mit Obst, Gemüse, Schnäpsen und allerlei Souvenirs. Dem Tor direkt gegenüber liegt der **Dominikanerkonvent** aus dem 16. Jh. mit vorwiegend barocker Ausgestaltung.

Uferpromenade

Unterhalb des Marktes erstreckt sich die prachtvolle, von Palmen gesäumte Flanier- und Uferpromenade Obala Hrvatskog Narodnog Preporoda. Hier öffnet sich dem Auge die einzigartige optische Kombination aus Palastmauern am Meer mit dem 180 Meter hohen Telegrin-Hügel im Hintergrund. Zahllose Straßencafés an den historischen Mauern laden zum Verweilen ein.

Trg Radić

In der Mitte der Promenade werden die Altstadthäuser von zwei Durchlässen zum Trg Brače Radić unterbrochen. Hier sind ein **venezianischer Wachtturm** aus dem 15. Jh., der venezianische **Palazzo Milesi** aus dem 17. Jh. (hier Buchhandlung Znanstvena) sowie ein Denkmal des kroatischen Nationaldichters und Humanisten *Marko Marulić* (1450–1524), ebenfalls ein Werk *Meštrovićs,* zu bewundern.

Narodni Trg Direkt an das **Eisentor** (Porta Ferrea) schließt sich der von den Einheimischen liebevoll **„Pjaca"** (ital.: Piazza) genannte Narodni Trg (Volksplatz) an. Wer sich umsieht, wird ein architektonisch-stilistisches Sammelsurium feststellen, das seinesgleichen sucht. Da protzt zunächst das **Rathaus** im barocken Stil, daneben schließt sich der **Palazzo Karapića** (Renaissance) an und Richtung Porta Ferrea entdeckt man, verziert mit einer Heiligenfigur des Sv Antun, gotisch-romanische Häuser. Zu erkennen sind ferner die Relikte der ehemaligen Stadtloggia und des Uhrturms. Dem Rathaus ist das **Volkskundliche Museum** angeschlossen. Hier werden Ausstellungstücke aus ganz Dalmatien wie Trachten, Gebrauchsgegenstände und Schmuck gezeigt.

- **Ethnografisches Museum,** Tel. 021-44164, Di–Fr 10–12 und 17–21, Sa–So 10–13, Mo 10–12 Uhr.

Sv Frane Am Ende der zentralen Uferpromenade thront in exponierter Lage die **Franziskuskirche** aus dem 13. Jh. Die grundlegend restaurierte und in ihrer ursprünglichen Form stark veränderte Kirche dient als Grabstätte berühmter lokaler Persönlichkeiten aus Kunst und Politik.

Trg Republike Das selbst für Laien unverkennbar venezianische architektonische Erbe der Stadt liegt gleich neben der Franziskuskirche: der Trg Republike (Platz der Republik). Der rechteckige Platz wird von rötlichen **Patrizierbauten** umsäumt, deren Längsseiten Säulengänge mit Rundbögen aufweisen – eine eindeutige Nachahmung der bekannten venezianischen Prokuratorenpaläste.

Trg Gaje Bulata Vom Trg Republike die Marmontova bis zum Mauerdurchbruch der äußeren (venezianischen) Stadtbefestigung entlanggehend, öffnet sich der modernere Trg Gaje Bulata, der den Übergang zur Neustadt bildet. In der Marmontova liegen etliche **Einkaufsmöglichkeiten** (Foto, Kaufhalle, Star Rock

028da Foto: wl

Café) sowie das Kaufhaus Prima mit Kino und Wechselstube am Trg Bulata selbst. Auch das **Nationaltheater** und die Kirche **Gospa od Zdravlja** sind hier zu finden. Vom Trg Bulata aus sind die Sehenswürdigkeiten der Neustadt gut zu Fuß erreichbar.

Neustadt

Archäologisches Museum

Am Trg Bulata links (Teutina) und gleich rechts die Ujevićeva Poljana/Zrinjsko-Frankopanska keine 500 Meter hineingehend, erblickt man linker Hand das Archäologische Museum (Nr. 25). Hier sind sehr interessante und seltene griechische Artefakte aus der Region, vor allem aus **Salona,** zu sehen. Ohnehin liegt der Schwerpunkt des Museums auf der **griechisch-römischen Phase** der Regionalgeschichte. Hier werden auch weitergehende Auskünfte zu den derzeit aktuellen Ausgrabungen, insbesondere zu Salona, erteilt.

- **Öffnungszeiten:** Di–Sa 9–13 und 16–19, So 10–12 Uhr, Gruppen nach Vereinbarung, Tel. 021-44574.

Museum der schönen Künste

Von der Ujevićeva Poljana die Svačićeva/Starčevićeva 400 Meter entlang bis zur Lovretska (hier rechts) gehend, erreicht man das Museum der schönen Künste (Nr. 2). Malereien und Skulpturen **dalmatischer Künstler** vom Spätmittelalter bis zur Gegenwart sowie eine für Slawisten sehr interessante **Ikonensammlung** sind die zentralen Ausstellungsbestandteile.

● **Öffnungszeiten:** täglich 9–12 und 17–19 Uhr, Tel. 021-341250.

Landzunge Marjan

Das **Erholungs- und Freizeitgebiet** rund um den 183 Meter hohen, Split überragenden **Hügel Telegrin** ist sowohl mit dem eigenen Fahrzeug wie auch zu Fuß von der Altstadt aus schnell erreicht. Man folge einfach der Šperun/Senjska rechts von Sv Frane bis zum Ende und halte sich dort links den Weg hinauf zur Terrassengaststätte (ca. 20 Min. ab Sv Frane), wo der Cappuccino mit Blick über die Stadt besonders mundet. Nur wenige Meter höher liegt malerisch die kleine **Kapelle Sv Nikolaj,** darüber der ärmlich wirkende städtische **Zoo** (Tel. 021-46773). Vom Zoo aus folgt man dem asphaltierten Sträßchen halbrechts bis zu einem Aussichtspunkt; links davon führt ein Trampelpfad hinunter zu einer gesperrten Straße (hier liegt auch der Parkplatz für Selbstfahrer). Links entlang geht es zu einigen **Kiesbuchten** mit Süßwasserduschen – Splits beste Bademöglichkeit.

Museum Kroatischer Monumente

Während sich das Archäologische Museum auf antike Fundorte spezialisiert, werden im Museum Kroatischer Archäologischer Monumente vorwiegend kostbare Stücke der kroatisch-dalmatischen Geschichte mit dem Schwerpunkt **Früh- und Hochmittelalter** aufbewahrt. Ausgestellt sind u.a.

Das Zentrum mit der Promenade, im Hintergrund Bergpark Marjan

das Višeslav-Taufbecken aus Nin sowie Schmuckstücke und Münzen der frühkroatischen Epoche. Wer gut zu Fuß ist, erreicht das Museum von der Altstadt aus in einer guten halben Stunde; ansonsten fährt Stadtbus 12.

- **Öffnungszeiten:** Di–Sa 9–15 und 17–19, So nur 10–12 Uhr, Tel. 021-343983.

Galerie Meštrović

Etwa 250 Meter vom Museum Kroatischer Archäologischer Monumente entfernt liegt die einstige Sommervilla des bereits mehrfach erwähnten **dalmatischen Nationalkünstlers** *Ivan Meštrović* (⇨Glossar). Das Gebäude baute er in den 1930er Jahren, es beherbergt heute einen Großteil der Werke des wohl bekanntesten kroatischen Bildhauers.

- **Öffnungszeiten:** Im Sommer täglich 10–19 Uhr, sonst bis 16 Uhr, Tel. 021-342483 und 585677.

Kastell Meštrović

Nochmals 500 Meter weiter in einem **malerischen Park** oberhalb des Meeres liegt das ehemalige Castello Cavagnini aus dem 18. Jh., erworben von Ivan Meštrović, der es zu einem prächtigen Familiensitz in malerischer Parklandschaft umbauen ließ. Zum Anwesen gehört auch eine Hauskapelle; das Areal kann auf Anfrage jederzeit besichtigt werden (in der Galerie anmelden).

Praktische Tipps

Info und Agenturen

- **Touristeninformation Split,** Trg Republike 2, Tel. 021-355088, Fax 355358.
- Die bekanntesten Agenturen und Zimmervermittler sind: **Atlas,** Trg Brace, Tel. 021-343055, Fax 362012, atl.split @atlas.hinet.hr, **Daluma Travel Agency,** neben Hauptbahnhof/Bushauptbahnhof, Tel./Fax 021-338312, daluma-st @st.hinet.hr, **Jadroagent,** ebenfalls am Bbhf, Tel. 021-338228, Fax 460999, pax.split@jadroagent.tel.hr.
- In der Obala Lazareta Nr. 3 (Uferpromenade) bieten sage und schreibe fünf Agenturen alles, was das Herz begehrt: **F-Tours,** Tel. 021-346617, Fax 345599, f-tours@st.hinet.hr, **Generalturist,** Tel. 021-345183, Fax 347056, generalturist

@generalturist.com, **Kompas,** Tel. 021-323300, Fax 323303, kompas-split@st.hinet.hr, **Palma,** Tel. 021-346617, Fax 344842, und **Split Tours,** Tel. 021-346100, Fax 345766, split-tours@st.htnet.hr.

• **Privatzimmer** kosten um die 280 K bei einem Mindestaufenthalt von drei Tagen.

Unterkunft

Split ist, wie viele andere größere Städte, eher ein Nebensaisonziel oder Transitpunkt zu den Inseln, so dass vorwiegend Tagesausflügler in die Stadt kommen und das Unterkunftsangebot insgesamt nicht so breit ist, wie man es vielleicht erwartet. Dennoch gibt es - wenn auch begrenzte und teurere - Möglichkeiten. Ein Dutzend weiterer Hotelanlagen wurde rund um Split bzw. in den Vororten in Meeresnähe gebaut. Sie werden vorwiegend von Reisegruppen als Quartier gewählt; Individualreisende bevorzugen daher meist eine Unterkunft in Trogir oder Omiš und kommen für einen Tagesbesuch in die Stadt.

• **Privatzimmer** €€-€€€ werden von den Agenturen vermittelt, sie beginnen bei 260 K pro Doppelzimmer bei einem Aufenthalt von mehr als drei Tagen.

Zentrale Hotels:

• **Park** €€€€, Peradovicevo Šetaliste 3, nahe Fährhafen, Tel. 021-406400, Fax 406401, info@hotelpark-split.hr.

• **Marjan** €€€, Branimirova Obala 8, Tel. 021-302111, Fax 399211, www.hotel-marjan.com (Richtung Marina).

• **Jadran Koteks** €€€, Sustjepanski Put 23 (hinter Marina, unter dem Marjan-Hügel), Tel. 021-398622, Fax 398586, sales@hoteljadran.hr.

• **Bellevue** €€, Bana Jelacica 2 (am Trg Republike), Tel. 021-345644, Fax 362383, www.hotel-bellevue-split.hr, günstigste Hotelunterkunft.

Essen und Trinken

• Snacks holt man sich am **Markt** oder in günstigen Imbissstuben und Cafés an Hafen und Busbahnhof. An der Uferpromenade nahe der Stadtbus-Haltestelle seeseitig liegen preiswerte Cafés und Imbissstuben, dagegen muss man bei den palastseitigen (z.B. **Restaurant Adriana,** Tel. 021-44079, Spezialität: Gegrilltes) tiefer in die Tasche greifen.

• Gut isst man in der **Pizzeria Galija,** Tončića 12, Tel. 021-40555.

• Wer in Split gut Fisch essen möchte, dem sei die gehobenere **Konoba Koralj,** Tel. 021-361143, im Yachthafen, Uvala Baluni, empfohlen.

Nützliches

• **Post:** Kralja Tomislava 9 (Mo–Sa 7–20 Uhr), Zweigstelle landseitig Richtung Fährhafen.

• **Bank:** An der Uferpromenade liegen Splitska und Narodna Banka, eine Privredna Banka gibt es am Fährhafen (Mo–Fr 7.30–13 und 14–20 Uhr, Sa nur vormittags).

• **Medizinische Versorgung:** Krankenhaus: Spinčićeva 1, Tel. 021-515055, Notruf 94 (Anfahrt siehe Campingplatz). Erste-Hilfe Split: Tel. 021-587222. Achtung Taucher: Druckkammer-Notruf (24 Stunden) Tel. 021-354511

• **Polizei:** Notruf 92, Verkehrspolizei Split, Trg Hrvatske Bratne Zajednice (nahe Museum der schönen Künste), Tel. 021-307284.

• **ACI-Marina:** Unterhalb des Marjan-Hügels gelegen, Uvala Baluni, Tel. 021-355886, Fax 361310. Busse 8 und 12 fahren vom/zum Zentrum. Vier weitere, kleine Yachthäfen sind Mornar, Tel. 021-362130, Split, Tel. 021-46745, Spinut, Tel. 021-581653 und Zenta, Tel. 021-514039.

Aktivitäten

• **Baden** ist auf der Halbinsel Marjan sowie am AC Trstenik möglich.

• **Discos:** Kakadu, Suspitanski Put (beim Hotel Jadran Koteks, Nähe Marina); Admiral (Obala Kneza Branimira 8); Metropolis und Mississippi, in der Osječka (ab Stadtbus 750 m die K. Zvonimira hinein, dann links).

• **Nationaltheater:** Trg Gaje Bulata 1, Tel. 021-585999.

• **Reitverein:** nördlich des Hauptbahnhofes, Ul. Slobode 31, Tel. 021-663217.

Flug

Der **internationale Flughafen Split-Kaštelet** liegt etwa 20 km außerhalb der Stadt zwischen Split und Trogir. Angeflogen werden nationale Ziele wie Pula (Istrien), Mali Lošinj und Zagreb. Internationale Anbindung an den deutschsprachigen Raum besteht nach Zürich, Wien, Frankfurt/M., Berlin, Düsseldorf, Stuttgart und München. Auskünfte über Preise und Flugdaten erteilen die Flughafenauskunft, Tel. 021-203506, Croatia Airlines (international), Obala Hrvatskoga Narodnoga Preporoda 12, Tel. 021-342142, oder (national) Adria Airways Split, Obala Kneza Domagoja, Tel. 021-581812. Tickets sind auch über die Agenturen (s.o.) oder die allgemeine Flugreservierungsnummer 062-777777 erhältlich.

Bus

Fernbusse: Am Busbahnhof (mit Gepäckaufbewahrung), Auskunft Tel. 021-45047, unmittelbar gegenüber den Fähren, fahren Busse von vier Bussteigen: Norddalmatien, Istrien, Slowenien, Italien auf Steig 1, Süddalmatien auf Steig 2, Bosnien-Herzegowina und Osijek auf Steig 3 und dalmatisches Hinterland (Sinj, Knin usw.) auf Steig 4.

Stadtbusse: Die blau-grün-gelben Stadtbusse bedienen 5.30–23.30 Uhr alle städtischen Bezirke und das nähere Umland (z.B. Omiš, Trogir). Berechnet wird nach vier Zonen, wobei der gesamte Stadtbereich zur ersten und Trogir zur vierten Zone gehören. Sie fahren am Rondell am palastseitigen Ende der Uferpromenade ab. **Airport-Shuttle** (bei den Stadtbussen): 25x täglich pendeln Sonderbusse zwischen Flughafen Split und Zentrum.

Bahn

In Split endet die Bahnlinie nach Dalmatien, weiter nach Süden fahren nur noch Busse. Bedient werden mehrfach täglich Šibenik, Knin, Drniš und Zagreb, einmal täglich Ljubljana.

Schiff

Von der Altstadt Richtung Busbahnhof/Fährpiers gehend, passiert man zunächst **Pier 1** für PKW-Fähren nach Vis (2x täglich, ca. 43 €) und Hvar (Stari Grad, 4x täglich, ca. 40 €); Preise für PKW mit 2 Personen; der Ticketschalter liegt direkt gegenüber.

Erst am Ende der Zufahrt folgt der eigentliche, sehr große **Passagierhafen** mit PKW-Fähren zu den Inseln Lastovo (2x täglich, ca. 53 €), Korčula (2x täglich Vela Luka, ca. 45 €), Šolta (5x täglich, ca. 27 €) und Brač (Supetar, 10x täglich, ca. 26 €); Preise für PKW mit 2 Personen.

Zusätzlich verbinden reine **Personenfähren** (i.d.R. Schnellboote) Split unregelmäßig mit Rijeka, Zadar, Rab, Brbnj, Hvar, Korčula, Sobra, Dubrovnik, Brač, Drvenik und Trogir.

Die wichtigste Verbindung nach **Italien** besteht zwischen Split und Ancona (1x täglich, ca. 132 € für PKW mit 2 Personen), im August empfiehlt sich eine Vorabreservierung bei Jadrolinija (im Hafengebäude), Tel. 021-355339, Fax 363050.

Insel Šolta

Touristisch hält sich das Interesse an Šolta in Grenzen. Die von rund 1.500 Menschen besiedelte und ca. 59 km² große Insel steht deutlich im Schatten der größeren Nachbarn Brač und Hvar (und das macht sie besonders attraktiv). Neben den kultivierten Parzellen (Oliven, Wein und Feigen) prägen Kräuterwiesen (Rosmarin) und Nadelholzwäldchen das Landschaftsbild, einsame Felsbadebuchten und eine Handvoll kleinerer Siedlungen am Meer verteilen sich auf Šolta. Höchste Erhebung ist der Vela Starža mit 237 m. Die Insel wurde während der Völkerwanderung im 7. Jh. von Flüchtlingen aus dem zerstörten Salona besiedelt und erlangte für **vorzügliche Weine** und **Honigsorten** einige Bekanntheit. Sie untersteht seither der Stadt Split, teilt deren Stadtgeschichte und dient den wohlhabenderen Städtern als Wochenend-Domizil.

Rogač

In Rogač legen die Fähren von/nach Split an; rund um die Anlegestelle finden sich Kiosk, Tankstelle, ein Café sowie nebenan das Jadrolinija-Büro und die **Touristeninformation** (arrangiert auch Unterkunft in Rogač). Unmittelbar oberhalb der Anlegestelle liegt das nette Jerunta-Apartman €€, 150 m rechts hinauf eine hübsche kleine Badebucht.

Zwei Inselbusse verbinden von hier aus die Orte der Insel: Rogač – Stomorska sowie Rogač – Maslinica (ca. 10x täglich); Taxis ab Fährhafen kosten 15 K bis Grohote, zu den anderen Inselorten pauschal 50 K.

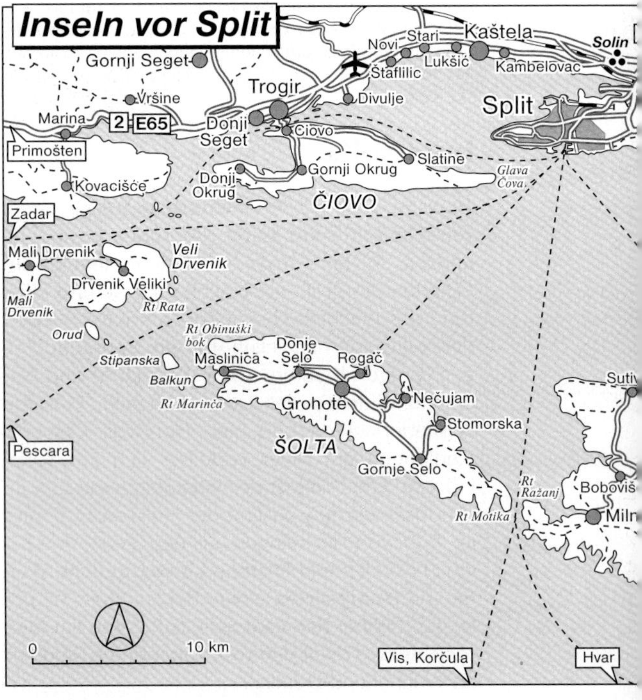

Schiff

- Personen-Katamaran **Rogač – Split** (7 und 13 Uhr, ab Split 12.10 Uhr und 20.30 Uhr)
- Jadrolinija (PKW): 6.45, 9.15, 14.35, 19.30 Uhr ab Split, ab Rogač 5.30, 8.00, 10.30, 15.15, 18.30 Uhr; in der Hauptsaison wird bei starkem Andrang eine Zusatzfähre eingesetzt, außerhalb der Sommermonate dagegen nur dreimal täglich gefahren.

Grohote

Der Hauptort Grohote wirkt verschlafen und rückständig. Seine Bewohner leben vorwiegend von Weinbau und Landwirtschaft im unmittelbaren Umland. Immerhin gibt es zwei Supermärkte, ein **Turist-Biro** (Tel. 021-654151, Fax 654130, Mo–Sa 8–12.30 Uhr), die Inselpolizei und die **Pizzeria**

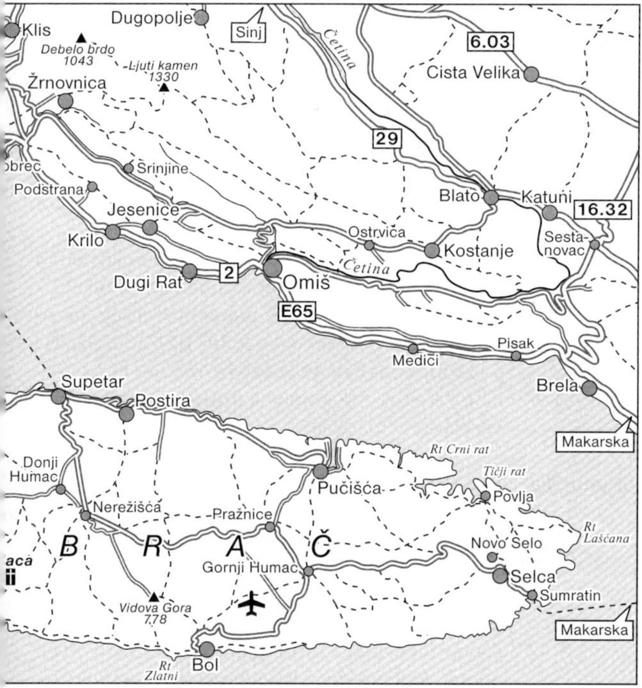

Oasa (alles an der Hauptstraße) sowie am Ortsausgang Richtung Maslinica linker Hand eine **Erste-Hilfe-Station.**

Maslinica Maslinica, ein hübscher, versteckt in einer umwaldeten Bucht gelegener Fischerort, birgt ein interessantes **Barockschlösschen** aus dem späten 18. Jh., in dem heute ein Restaurant dalmatische Spezialitäten in gediegenem Ambiente anbietet. Maslinica bietet **gute Wassersportmöglichkeiten** von mehreren Felsbadebuchten, vorgelagerten Badeinselchen (Bootstaxi) bis hin zum Bootsverleih. Am Hafenbecken liegt eine Touristeninformation (täglich 8–11 und 18–20 Uhr) sowie das **bekannte Fischlokal** Riblja Konoba Moni.

Nečujam Die einstige Fischersiedlung Nečujam, Geburtsort des kroatischen Humanisten *Marko Marulić* (⇨Split, Trg Radič), liegt westlich vom Fährort Rogač und dient heute als (hässliche!) Ferien-Bungalowsiedlung. Die Straße endet kurz hinter der Post (linker Hand) in einem T-Ende (hier Bushaltestelle); links erstreckt sich der Yachthafen, rechts liegt nach 500 m das Café „De Paris" – auf dieser Seite gibt es auch einige **Bademöglichkeiten.**

Ferienwohnungen für zwei Personen kosten in Nečujam um die 50 € und können unter Tel. 021-654149 und Fax 654270 gebucht werden, einziges Hotel ist das Necujam €, Tel. 021-360591, Fax 343880. Vom Pier aus besteht mit der Personenfähre „Kairos" (⇨Stomorska) eine unregelmäßige Verbindung mit Split.

Stomorska Was Restaurants und Ferienunterkünfte anbelangt, so hat sich Stomorska beinahe zum Zentrum auf Šolta entwickelt. Der dennoch ruhige und überschaubare Ort bietet den **einzigen Campingplatz** Mido €€, Tel. 021-658011, Fax 021-658232, auch Ferienwohnungen werden am Camp (vor dem Ortseingang scharf rechts) vermietet. Entlang des Hafenbeckens liegen ein Turist-Biro (Ausflüge Hvar, Brač u.a.), die Post, mehrere Minimärkte, die empfehlenswerte Pizzeria Volat sowie das in mehrerlei Hinsicht **bemerkenswerte Restaurant** Nevera: Abgesehen vom wirklich guten Essen kann man hier als Selbstversorger frischen Fisch bestellen, die Bestellungen werden gesammelt, abends um 18 Uhr legt der Fischer an und verkauft direkt am Pier. Auf der gegenüberliegenden Beckenseite liegen das Restaurant Turanj mit Lammspezialitäten vom offenen Grill sowie der für etwas Stimmung sorgende Disco-Club Cuvita (mit Billard und Spielautomaten).

Unterkünfte liegen auf beiden Seiten der Bucht und können über das Turist-Biro (z.B. Pension Olint €€) oder auch direkt gebucht werden, z.B. bei der familiären und empfehlenswerten deutsch-kroatischen **Tauchbasis** Leo Novakovic, Tel. 021-658121, leonovakovic@hotmail.com, mit prima Taucher-Apartments €€-€€€ und Badeplätzen vor der Tür. *Leo* kennt die Tauchplätze der umliegenden Inseln wie kein Zweiter und weiß zahllose Anekdoten zu erzählen, etwa dass *Mark Knopfler* der Tauchgang auf Šolta wichtiger war als sein Konzert mit den *Dire Straits* in Split. Weitere **Privatzimmer** in Stomorska können unter www.saskinja.de angefragt werden.

Fähre

- **Kairos-Schnellboot** (Personen) um 6.30 Uhr ab Split, 7.00 Stomorska und 7.15 Nečujam, dann retour nach Split; 9.30 Uhr ab Split, 10.15 Uhr ab Nečujam, 10.30 Uhr ab Stomorska, 19.15 Uhr Split, 20 Uhr Nečujam, 20.15 Stomorska, zurück nach Split (sonn- und feiertags nur früh und spät). Mit diesem Boot werden übrigens auch die Tagesausflüge zu den umliegenden Inseln (zu buchen in den kleinen Agenturen in Stomorska und Nečujam) durchgeführt – eine urige Angelegenheit, z.T. mit Fischpicknick und Rotwein.

Inseln Mali und Veli Drvenik

Die Drvenik-Inseln bilden das nördliche Ende des Archipels von Split. Touristisch noch unterentwickelt, sind es vor allem Tagesausflügler aus Trogir und Split sowie Bootsbesitzer, die eine der beiden kleinen Inseln auf der Suche nach Ruhe und Beschaulichkeit ansteuern. Wie so viele andere Inseln waren auch die Drveniki im 15. Jh. ein Zufluchtsort vor den Türken. Die Neusiedler rodeten die bestehenden Nadelwälder und lebten vom Wein-, Feigen- und Olivenanbau. Heute werden außerdem Zitrusfrüchte, Mandeln und Granatäpfel angebaut, in sehr bescheidenem Umfang wird auch Schafzucht betrieben. Zusatzeinnahmen liefern der Fischfang sowie der mäßig vorhandene Tourismus.

Veli Drvenik

Wenn überhaupt, dann wird – vorwiegend an Wochenenden und Feiertagen – die 12 km² große Insel Veli Drvenik von Trogir oder Split aus besucht. In dem gleichnamigen in den Hang gebauten Hauptort fällt nur die Georgskirche Sv Juraj (15. Jh.) auf, ansonsten gleichen sich die Kalksteinbauten. Fußwege führen zu den Badebuchten (Kies, Fels, aber auch Sand) auf der Ostseite der Insel; höchste Erhebung ist der 178 Meter hohe Buhaj. Im Ort gibt es einen Minimarkt; Privatzimmer werden von Schildern („Sobe“) angepriesen, ansonsten empfiehlt sich die Reservierung bei einer Agentur in Trogir.

- **Pension Vila Eleonora** €€, Tel. 021-893485, mit angegliedertem, sehr gutem Restaurant am Hafenbecken.
- **Personenfähre** von Trogir, Mo–Sa 1x täglich, und Split, Fr und So je 1x.

Mali Drvenik

Die nur 4 km² kleine Schwesterinsel Mali Drvenik wird nur von Trogir mit der Personenfähre angefahren. In der kleinen Siedlung gibt es Privatunterkünfte, auch hier empfiehlt sich bei Bedarf eine Vorabbuchung in Trogir. Ansonsten bietet die Insel schöne Kies- und Sandbuchten.

Insel Brač

Was verbindet das amerikanische Weiße Haus, den Berliner Reichstag und den Diokletianspalast von Split mit der Insel Brač? Alle wurden aus dem weltberühmten **Kreidekalk** der mit 395 km² größten dalmatischen Insel gebaut! Neben dem Kalkabbau spielen auf der Insel der Weinbau und die Schafzucht (Käseproduktion) eine große wirtschaftliche Rolle, wobei dem Fremdenverkehr eine stetig wachsende Bedeutung zukommt.

Die Insel Brač (18.000 Einwohner) unterscheidet sich in mehrfacher Hinsicht von ihren Nachbarn: Ihre massive Gestalt, die Süßwasserknappheit und der Bewuchs (Kiefern und Macchia – wenig Palmen und Zitrusfrüchte) lassen Brač eher karg, keinesfalls aber ärmlicher erscheinen als etwa Korčula oder Hvar. Die bis zu 780 m hohen Berge wirken wegen der großen Landmasse weniger monströs.

Die touristische Infrastruktur ist durchweg gut, Zentrum des Fremdenverkehrs ist Bol, der einzige nennenswerte Ort der Südküste. Hier liegt auch **Dalmatiens berühmtester Strand,** die aus Sand bestehende Landzunge **Zlatni Rat** (goldenes Horn). Eine Fährverbindung besteht sowohl nach Makarska (ab Sumratin im Osten) wie auch nach Split (ab Supetar im Nordwesten), was Brač zu einem beliebten Durchreiseziel mit Unterbrechung für ein paar Tage macht.

Geschichte

In der Antike lag die Insel nicht im Siedlungsgebiet der Griechen, die illyrischen Siedlungen wurden direkt von den Römern übernommen. Auf eine bis ins frühe 15. Jh. andauernde Periode der wechselnden Herrschaften folgten eine Stabilisierung unter Venedig (ab 1420) und ein wirtschaftlicher Aufschwung unter den Habsburgern (ab 1797). Nach dem Ersten Weltkrieg ging es mit der heimischen Industrie – vor allem dem Kalkabbau – rapide bergab, was eine drastische Abwanderungswelle zum Festland mit sich brachte. Erst mit dem

Bau von Wasserleitungen vom Festland (seit 1977) gelang es, die Landwirtschaft zu konsolidieren, den Tourismus zu intensivieren und weitere Abwanderungen zu verhindern.

Überfahrt

Makarska – Sumratin 3x täglich (ca. 20 € für PKW mit 2 Personen), **Split – Supetar** 10–12x täglich (gleicher Preis). Ein Schnellboot fährt in der Hauptsaison die Route **Split – Bol** (8 €/Person). In Milna und Sutivan gibt es in der Hauptsaison eine unregelmäßige Fährverbindung von/nach Split. Von Supetar aus verbinden Linienbusse sternförmig alle Orte auf Brač (Bushauptbahnhof hinter dem rechten Hafenende).

Supetar

Mit 2150 Einwohnern und einer beachtlichen touristischen Infrastruktur ist Supetar zwar nach Bol das zweitwichtigste Zentrum des Fremdenverkehrs auf Brač, doch ist dies mehr auf seine Bedeutung als **Fährhafen** denn auf seine besondere Attraktivität zurückzuführen. Die Bürgerhäuser entlang der schlichten Promenade mit ihren Souvenir- und Imbissbuden wirken wuchtig und trutzig, ebenso die Pfarrkirche Sv Petar mit dem hohen Glockenturm, die ihre heutige Erscheinung Modernisierungsmaßnahmen aus dem 18. Jh. verdankt. Zwei Gründe ziehen Besucher nach Supetar: zum einen der gute **Badestrand** (Hotelbucht, dahinter FKK), zum anderen das interessante **Petrinović-Mausoleum** am Ende der Bucht. Es wurde 1914 von *T. Rosandić* als Grabmal der lokalen Reederfamilie *Petrinović* in europäisch-orientalischem Mischstil gebaut und ist u.a. die Ruhestätte des bedeutenden Bildhauers *I. Rendić* (1849–1932).

Nützliches

- **Touristeninformation Supetar,** P. Jakšica 17, Tel./Fax 021-63055.
- **Agenturen im Zentrum:** Atlas, Tel. 021-631105, Maestral, Tel. 021-631461, maestral@maestral.hr, und Bractours, Tel. 021-631238, bractours@st.hinet.hr, mit Unterkunftsvermittlung und Ausflügen zu Zielen auf Brač, aber auch nach Dubrovnik oder zu den Krka-Fällen.
- **Camping:** AC Supetar €€, Tel. 021-630088, Fax 630022, und AC Babura €, Tel. 021-631634.

- Am günstigsten ist das **Hotel Britanida** €€, Tel. 021-631038, Fax 630017, markito.jaksic@st.htnet.hr, ansonsten wird das **Kaktus** €€€, Tel. 021-630200, Fax 631344, svpetrvus@st.hinet.hr, von Reisenden empfohlen.
- **Essen und Trinken:** Grill Supetar (Snackbar beim Busbahnhof), Pizzeria Vlačica (Pizza und Gegrilltes, am Ufer Richtung Hotels) sowie Restaurant Vrilo, Ul. Hrvatskih Velikana nahe Badestrand.
- **Tauchen:** Dive-Center Kaktus, Tel./Fax 021-630421, Kontakt in Deutschland: Think Dive Company, Lindauerstr. 17, 87700 Memmingen, Tel. 08331-47793, Fax 47725, info@think-dive-company.de, www.think-dive-company.de.
- Im Ort liegen ferner ein **Supermarkt,** die **Bank** Splitska Banka (Mo–Fr 8–20 Uhr) und eine **Post** (Ul. Vlačica 13, Richtung Hotels; Mo–Sa 7–21 Uhr).

Sutivan

Das altkroatische Wort *Sut-Ivan* (Sveti Ivan, hl. Johannes) deutet auf eine frühchristliche Basilika dieses Namens hin, auf deren Resten die heutige Pfarrkirche steht. Eine alte Windmühle und barocke Adelshäuser zeugen von einstiger Größe; heute wird das Bauern- und Fischerdorf eher selten angesteuert, wer Ruhe sucht, ist hier genau richtig. Im Ort rund um das kleine Hafenbecken gibt es mehrere Gaststätten und einen Minimarkt. Unregelmäßig hält auch eine Fähre von/nach Split. Gute Fels- und Kiesstrände sowie ein kleiner Campingplatz runden das Angebot ab.

Milna

Milna (900 Einwohner) verfügt über den besten **Yachthafen** auf Brač und bietet tolle Kiesstrände in den durch Fußwege verbundenen Nachbarbuchten (teils FKK). Fischfang und -verarbeitung sowie Fremdenverkehr stehen im Mittelpunkt dieses sehr modern wirkenden Dorfes mit seiner kleinen, aber feinen Uferpromenade. Immerhin findet Milna als historische Fußnote Erwähnung: In der Seeschlacht von Milna 1806 besiegte die russische Flotte die französischen Angreifer – mit Hilfe der Bewohner von Milna, wie es heißt.

Nützliches

- Auskünfte erteilt das **Touristenbüro** an der Promenade, Tel. 021-636233.
- Bestes **Restaurant** (mittelpreisig) ist die Gostionica Marina am Yachthafen mit leckeren Fischplatten und gutem Schafskäse. Einfach und günstig isst man im Bistro an der Promenade.
- **Splitska Banka** (Mo–Sa nur vormittags geöffnet), **Post, Supermarkt** und **Gemüsemarkt** sind vorhanden.
- **ACI-Marina,** Tel. 021-636306, Fax 636272.
- **Hotel Milna** €€, Tel. 021-636116, Fax 636550, hotelm@hotelm.hr.

Bol

„Baden ohne Limit" (Scherzkürzel der Urlauber für Bol) weist nur eine einzige, echte Attraktion auf: Das **Zlatni Rat** (goldenes Horn), eine sichelförmige, 400 m ins Meer hineinragende Landzunge aus Feinkies, einen knappen Kilometer westlich von Bol. Wer die Idylle einer Urlaubsinsel sucht, wird vermutlich enttäuscht sein, für einen Tagesausflug aber empfiehlt sich Bol durchaus.

Orientiert man sich an der zentralen Anlegestelle (Tankstelle und Bushaltestelle) nach rechts, so findet man Restaurants, Eisdielen, Post, Supermarkt, EC-Automaten und die Touristeninformation. Es folgen dann etwas versteckt eine Reihe von beschilderten Privatunterkünften sowie der Fußweg zu einem **Dominikanerkloster,** in dessen Vorgängerbau mit der „Urkunde von Povlja" (1184) eines der wichtigsten Schriftdokumente Kroatiens erstellt wurde (täglich 10–12 und 17–19 Uhr).

Von der Anlegestelle nach links passiert man die **Agenturen** Boltours, Tel. 021-635693, Fax 635695, bol-tours@st.htnet.hr, und Adriatours, Tel. 021-635966, Fax 635977, adria-tours-bol@st.htnet.hr, für Ausflüge, Boots- und Fahrzeugverleih usw., und erreicht den von Souvenir- und Kitschhändlern gesäumten Fußweg zum Zlatni Rat.

Hier überlässt man gerne die Madonnenbildnisse und liturgischen Schriften des am anderen Ortsende von Bol gelegenen Dominikanerklosters den höheren Mächten und frönt dem Badespaß.

Wer sich noch anderweitig betätigen möchte, besteigt von Bol aus über einen einfachen Wanderweg in knapp zwei Stunden den **Vidova Gora,** dem mit 778 m höchsten Berg von Brač und der dalmatischen Inselwelt.

Eine **Touristen-Eisenbahn** verbindet das Zentrum von Bol mit dem Hotelkomplex am Zlatni Rat, wo auch etliche Wassersportarten angeboten werden (9–19 Uhr Zl. Rat, 19–23 Uhr zu den Hotels).

Essen und Trinken

Selbstversorger finden einen großen Supermarkt an der Promenade und eine Bäckerei in der Ul. Rudina. Für einen Drink bietet sich die offene **Varadero Bar** (nahe Pier) mit gemütlichen Rattan-Möbeln an. Das **Bistro Pumparela** (nahe Post) bietet günstige Kleinigkeiten. Die **Pizzeria Topolino** ,Tel. 021-635767, Promenade zur Touristeninformation, gilt als die beste in Bol. Etwas versteckt in der Parallelstraße zur Anlegestelle liegt das gemütliche **Konoba Gusta**, Tel. 021-635911. Ein Stück weiter beim Kino ist das sehr gute **Café-Restaurant Marinero,** Tel. 021-635579.

Unterkunft

- **AC Kito** €€, Tel./Fax 021-635551, und sieben Minicamps in Gehnähe.
- Die Agenturen und die Touristeninformation vermitteln €€-**Zimmer und Ferienwohnungen**; prinzipiell ist die Lage östlich vom Hafen deutlich ruhiger als auf der Westseite Richtung Zlatni Rat.
- Das stilvolle **Hotel Kaštil** €€€, Tel. 021-635996, Fax 635-997, kastil@kastil.hr, liegt im Ortszentrum. Auf dem Weg zum Zlatni Rat liegt das **Luxushotel Borak** €€€€, Tel. 021-306202, Fax 306215, borak@zlatni-rat.hr, sowie die **Bungalowanlage Bonaca** €€€, Tel. 021-306269, Fax 306256, bonaca@zlatni-rat.hr.

Nützliches

- **Touristeninformation** am Hafen, Tel. 021-635122, Fax 635966. Sie arbeitet mit den Agenturen zusammen (hier buchbar). Einige Richtpreise: Scooter 250 K/Tag, PKW 400 K/Tag, Fahrräder 70 K/Tag. Es werden auch günstigere Wochenpreise angeboten.
- **Agenturen:** Atlas, Tel. 021-635233, Fax 635707, Adriatours, Tel. 021-635966, Fax 635977, adria-tours-bol@st.htnet.hr und Bol Tours, Tel. 021-635693, Fax 635695, boltours@st.htnet.hr – Unterkunft und Ausflüge (Boote für ca. 40 K vom Hafen zur Bucht von Blaca/Eremitenkloster – eine lohnende Investition, da die Landwege abenteuerlich sind), selbst Flüge vom Flugplatz Brač, Tel. 021-631370, Fax 631070, von/nach Augsburg, Graz, München und Wien sind möglich (bei Atlas).

●**Tauchbasis:** Big Blue Sport, Tel. 021-635614, Fax 306222, bbsport@big-blue-sport.hr, unmittelbar neben der Touristeninformation (8.30–11.30 und 18–22 Uhr) und am Hotel Borak. Dive Center Bol, Tel. 021-635367, Nautic Diving Center, mit Boots-, Surf- und Radverleih, www.nautic-center-bol.com.

●**Sport:** Simfo-Windsurf-Center (täglich 9–18 Uhr), Tenniscenter Hotel Bretanide, Orca Surf & Bikecenter mit Bootsverleih sowie die BIC Bol-Windsurf-Schule (alle am Fußweg zum Zlatni Rat). Rund um den Strand/Hotelbereich werden alle denkbaren Aktivitäten angeboten: Surfbrettverleih, Bootsverleih, Paragliding, Fahrräder usw.

●**Verkehrsanbindung:** Ein Schnellboot verbindet Split mit Bol in der Hauptsaison (ca. 9 €/Person). Etwa 6x täglich Busanbindung nach Supetar und Sumratin (am Pier).

●**Apotheke,** Tel. 021-635987 und **Erste-Hilfe,** Tel. 021-635112, am *Porat bolskih pomoraca* bei der Touristinfo.

Sumratin

Sumratin, nach der örtlichen Pfarrkirche Sv Martin benannt, ist eigentlich nur der Hafen des höhergelegenen Dorfes **Selca.** Keine touristische Offenbarung, bietet Sumratin jedoch die für viele Reisende wichtige Anbindung ans Festland nach Makarska.

Der Nordosten

Mehrere kleine, touristisch kaum bedeutsame und deshalb interessante Örtchen warten im Nordosten von Brač auf ihre Entdeckung. **Povlja** ist ein kleiner Fischerort, **Pučišća** das Zentrum des Kalksteinabbaus, **Gornji Humac** eine Oase der Landwirtschaft (Käseproduktion!) und **Pražnice** schließlich eine stille Hirtensiedlung rund um einen Marktplatz.

Nerežišća

Ein ehemaliger Fürstensitz erinnert mit seinen venezianischen Löwen daran, das Nerežišća im Inselzentrum zur Zeit der Venezianer der Verwaltungssitz von Brač war. Heute dient der Ort als Ausgangspunkt für eine Expedition zur **Eremitage Blaca** oder zum höchsten Berg **Vidova Gora** (778 m). Während die Piste zum Aussichtspunkt Vidova Gora mit Veitskapelle und Grotte noch einigermaßen befahrbar ist, wird die Piste Richtung Blaca zur Material-Bewährungsprobe. Auf den (einzigen) markierten Fußweg nach links achten – man geht von hier noch 40 Minuten zu Fuß. Die in den Berg gebaute Eremitensiedlung ist nur über diesen Fußweg oder per Boot (⇨Bol) erreichbar. Vom 13. bis ins 19. Jh. wohnten hier predigende Wanderpriester als Eremiten; sie lebten von der Schaf- und Bienenzucht sowie von Spenden der Bauern aus dem Umland.

- **Eremitenkloster:** tgl. 8–17 Uhr von Mai bis Oktober; 30 K inklusive Führung.

Splitska und Postira

Splitska an der Nordküste der Insel war in der Antike der Verschiffungshafen der Kalkblöcke, ist aber heute mehr oder weniger in Vergessenheit geraten. Der Nachbarort Postira ist der Geburtsort mehrerer bedeutender kroatischer Persönlichkeiten, namentlich des Dichters und Politikers *V. Nazor* und des Bildhauers *N. Lazanic*.

Unterkunft

- **Restaurant/Pension Panorama** €€, netter Familienbetrieb in Postira.

Insel Vis

Vis, ehemalige Marinebasis im sozialistischen Jugoslawien, wurde erst in der „neukroatischen“ Ära für Touristen zugänglich gemacht. Die 1930 Bewohner der Insel, die sich etwa gleichmäßig auf die beiden Orte Vis und Komiža aufteilen, sind daher auf ihre traditionelle Lebensweise als Fischer (Fischfabrik) und Bauern (Viehzucht und Wein) angwiesen. Die Landschaft erscheint deutlich karger als andere Inseln, außer Kräutern und vereinzelten Kiefern ist der Bewuchs wegen der geringen Niederschläge außerordentlich dürftig. Wer eine ruhige, abgeschiedene und untouristische Insel ohne großartige Höhepunkte sucht, wird sich

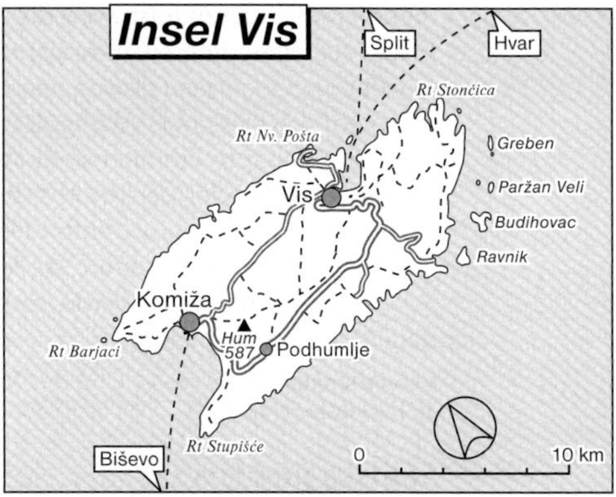

auf Vis sicher wohlfühlen. Campingmöglichkeiten sind angedacht, derzeit aber noch nicht realisiert.

Geschichte Vis als äußerer Vorposten der süddalmatischen Inseln wurde in allen Epochen stark befestigt. Den illyrischen Siedlern folgten die griechischen Händler, die Römer ab 45 v. Chr. bauten Thermen und Tempel. Nach dem Fall Roms blieb Vis mehr oder weniger unter der Obhut der kroatischen Könige und wurde 1242 nominell der Insel Hvar angegliedert. Somit fiel auch Vis 1420 an Venedig, welches zu diesem Zeitpunkt ganz Dalmatien dem kroatischen König abkaufte. Nach einer kurzen französischen und britischen Einflussnahme wurde Vis von 1815 bis 1918 von Österreich regiert und zu einem bedeutenden **Marinestützpunkt** ausgebaut. Diesen nutzten dann auch die **jugoslawischen Partisanen** und machten Vis im Zweiten Weltkrieg zum Hauptquartier *Titos* mit eigens angelegtem Militärflughafen. Tito organisierte seinen Partisanenkrieg von einer Höhle in den Bergen von Vis aus – sie kann heute bei einer Wanderung von Vis nach Komiža besucht werden. Ihre hohe militärische Bedeutung behielt die Insel bis 1989 – seitdem erst ist sie für Ausländer zugänglich.

Sehenswertes

Im **Hauptort Vis** mit der Fähranlegestelle sind die alten Prachtbauten – u.a. der **Palazzo Garibaldi** (⇨Glossar) – sowie das **Archäologische Museum** sehenswert (täglich außer Mo 9–13 und 17–19 Uhr). Die hier gezeigten Funde der näheren Umgebung entstammen der einstigen griechischen Handelsstation Issa (griechisch für Vis) sowie römischen Thermen und Theaterbauten. Ansonsten ist die Pfarrkirche Sv Ciprijan aus dem 16. Jh. mit aufwendigen Deckenmalereien erwähnenswert.

Am anderen Inselende, 18 Kilometer von Vis entfernt, liegt das ruhigere **Komiža.** Sehenswert sind hier das ehemalige Dominikanerkloster Sv Dominik aus dem 17. Jh. sowie die kleine Bergkapelle Gospa Planica oberhalb des Ortes. Von Komiža aus bieten sich Tagestouren zur **Badeinsel Biševo** an oder eine fünfstündige Wanderung über einen gut markierten Weg, der über die Berge (Hum, 587 m) nach Vis führt. Nach etwa acht Kilometern wird die knapp 80 Meter tiefe **Tito-Höhle** (Titova Špilja) erreicht, von der aus der Partisanenführer den Widerstand gegen die Achsenmächte organisierte (s.o.).

Überfahrt

Vom 1.6.–30.9. Fährverbindung von/nach **Split** 2–3x täglich für ca. 42 € (PKW mit 2 Personen), sonst 1x täglich PKW-Fähre nach Hvar. Ein Inselbus verkehrt zwischen Vis und Komiža.

Nützliches

- **Hotel Issa** €€€€ ,Tel. 021-711124, Fax 711740, vis@st.hinet.hr, in Vis oder **Hotel Biševo** €€ in Komiža. **Privatzimmer** und **Ferienwohnungen** (€-€€) werden von den Agenturen in Vis und Komiža vermittelt.
- In beiden Orten gibt es **Supermarkt, Post, Bank** und etliche **Restaurants.** Eine **Tankstelle** liegt nahe der Anlegestelle in Vis.
- **Baden** ist jeweils in der Nähe der Hotels (Kiesbuchten) möglich. Ab Komiža (Kai) werden Tagestouren zur 6 km² großen **Badeinsel Biševo** angeboten, die für ihre (nur von See erreichbaren) azurblauen Grotten bekannt ist.
- Vis hat sich wegen des geringeren Schiffsverkehrs zum interessanten **Tauchrevier** gemausert: An-Ma, Kamenita 12, Vis ,Tel. 021-711367; Dodoro, Kranjceviceva 4, Vis, Tel. 021-711311, dodoro@iridis.com; Komiža, P. Strada, Komiža, Tel. 021-713504; Issa, Ribarska 91, Komiža, Tel. 021-743651.

Omiš und der Četina-Canyon

Ab Split südwärts rücken die Ausläufer der dinarischen Berge immer näher zur See; der ohnehin schmale Flachlandstreifen verengt sich zusehends und wird nur an wenigen Stellen von Flussmündungen durchbrochen. Eine davon ist die Mündung des Flusses **Četina,** der sich in Omiš (6100 Einwohner) in die Adria ergießt und der Brücke, die die beiden Ortsteile verbindet, einen bedeutenden Charakter verleiht. Omiš wird von Splitreisenden als Ausweichquartier benutzt und dient als Ausgangspunkt für einen lohnenswerten Ausflug in die Četina-Schlucht.

Unter den kroatischen Königen mehrfach verschiedenen Adeligen als Lehen gegeben, fiel Omiš Mitte des 15. Jh. an Venedig. Die Venezianer bauten eine Stadtbefestigung, die letztlich auch die mehrfach anrückenden Türken nicht überwinden konnten. Die Ruinen der **Fortiza** in den Hängen auf über 300 Metern Höhe zeugen von dieser Wehrhaftigkeit. Auch Renaissance-Paläste im Ort gehen auf diese Epoche zurück. Auf der Südseite des Flusses wurden entlang der heutigen Durchgangsstraße die hübschen Kirchen Sv Mihovil (130), Sv Duh (16. Jh.) und Sv Rok (17. Jh.) sowie der städtische Uhrturm errichtet. Ein kleines Juwel steht auf der anderen Flussseite, die Peterskirche aus dem 10. Jh.

Info

- Auskünfte zur Region und Hilfe bei der Unterkunftssuche bietet das **Büro der Touristischen Gemeinschaft** an der Hauptstraße, Tel./Fax 021-861350.

Camping/ Unterkunft

Die Agenturen (⇨Aktivitäten im Četina-Canyon) vermitteln wie üblich zahlreiche Privatzimmer. Eine ganze Reihe von Campingplätzen unmittelbar vor und hinter Omiš ziehen alljährlich zahllose Campingfreunde an:

- **AC Lisicina** €€, Tel. 021-861332, klein und ohne Extras.
- **AC Ribnjak** €€, Tel. 021-864430, Fax 862075, mit gutem Freizeitangebot: Rad- und Bootsverleih, Tennis- und Surfkurse und breitem, flachen Strand.
- **Camp Daniel** €, Tel. 021-879173.

- **Camp Linda** €, Tel. 021-879023.
- Günstigste offizielle Unterkunft bietet die Anlage **Ruskamen** €€, Tel. 021-871402, Fax 871401, hotel-ruskamen@inet.hr.

Essen und Trinken

- Etliche gute Lokale empfehlen sich entlang der Hauptstraße, besonders erwähnenswert ist der Konoba-Grill **Dalmacija** mit Fleischspezialitäten.

Aktivitäten im Četina-Canyon

Der Fluss Četina, der sich bei Omiš den Zugang zum Meer durch das malerische Gebirgsmassiv bahnte und den großartigen Canyon schuf, bietet hervorragende Möglichkeiten für Sportarten wie **Rafting** auf den Stromschellen oder **Klettermöglichkeiten** in den umliegenden Felshängen. **Kajak-** und **Kanufahrten** auf Wildflüssen werden in Kroatien auf den Flüssen Kupa, Korana, Četina und Una organisiert, wobei die Četina die besten Möglichkeiten bietet.

Info und Agenturen

- **Agentur Active Holidays,** Kneževa Kacica, Tel./Fax 021-863015, active-holidays@hinet.hr, www.activeholidays-croatia.com, arrangiert im Raum **Omiš** neben Rafting auf der Četina auch Freeclimbing-Kurse, Windsurfen, Tauchen, Unterkunft, PKW-Vermietung und Ausflüge aller Art.
- **Agentur Emsa,** Tel. 021-879047, Fax 897011, info@emsatours.hr, www.emsatours.hr, bietet in **Stanici** Riverrafting (neben Freeclimbing, Wandern, Tauchen, Unterkunft, Fischen ...) zu vergleichsweise günstigen Preisen.
- **Adria Tours,** Duce Zavlje II/2, Tel./Fax 021-734577, icapivcevic@st.htnet.hr, www.dimb.hr/tca, sehr zuverlässige Agentur.
- Leser empfehlen in Zadvarje bei Omiš das Kleinunternehmen **Josip Rafting Rajske Dveri,** Tel. 021-729024, Mobil 098-1841049. Für eine zweistündige Rafting-Tour inkl. Frühstück und Abendessen berechnet *Josip* je nach Saison um die 250 K.

Essen und Trinken

- Die alte Mühle in **Radmanove Mlinice** in der Četina-Schlucht empfiehlt sich für eine Rast (Fisch, Schinken und Käse).

031da Foto: wl

Süddalmatien

Überblick

Von Brela bis zur kroatisch-jugoslawischen Grenze erstreckt sich der schmale Saum des süddalmatischen Küstenlandes mit einer ebenso faszinierenden wie abwechslungsreichen Szenerie. Da wäre zunächst von Brela bis Gradac die **Riviera von Makarska,** ein Urlaubs- und Badezentrum mit allen touristischen Annehmlichkeiten, das den Zentren Istriens oder der Kvarner Bucht in nichts nachsteht. Dann folgt das fruchtbare **Neretva-Delta** mit dem für die EU-Schutztruppen so wichtigen Nachschubhafen Ploče. Anschließend geht es mit dem **Neum-Zipfel** durch bosnisches Territorium zum vom kroatischen Festland getrennten

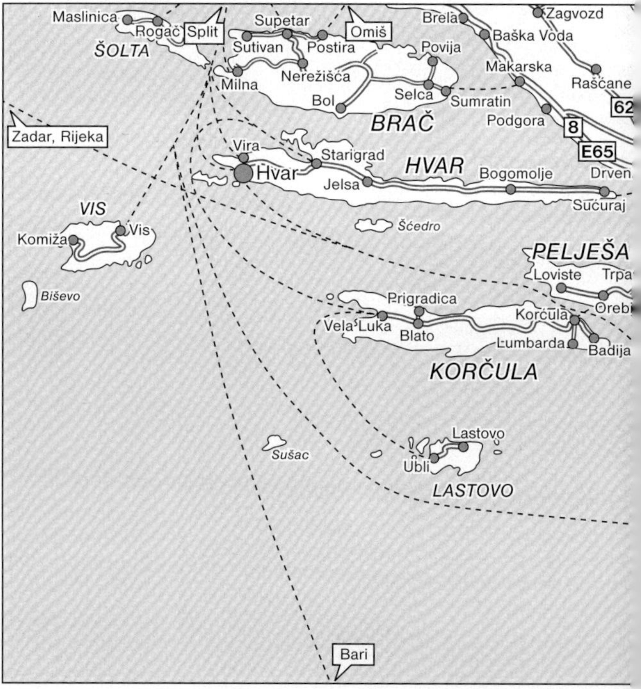

Landstrich um die schönste kroatische Stadt – **Dubrovnik.**

Es wird oft gefragt, ob denn eine Reise in den äußersten Süden Dalmatiens und nach Dubrovnik **sicher** sei in Anbetracht der Tatsache, dass man doch kurz durch Bosnien reisen müsse und außerdem Serbien und Montenegro nur wenige Kilometer entfernt sei. Beide Einwände können beiseite gelegt werden, denn schon im Jahr 2000 hat die serbische und montenegrinische Regierung, insbesondere Präsident *Koštunica* selbst, große Schritte in Richtung Versöhnung mit dem Westen unternommen und auch in Bosnien hat sich die Lage insoweit stabilisiert, dass definitiv **keine Gefahr** bei einem Transit durch Neum oder einem Tagesausflug ins bosnische Mostar besteht.

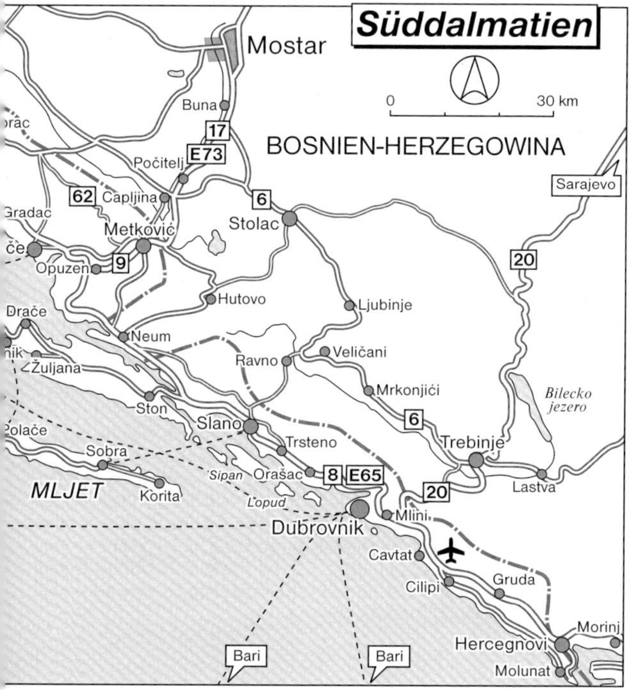

Brela und Baška Voda

Von Norden kommend, durchfährt der Reisende zunächst die Orte Brela und Baška Voda. Das kleine Brela bietet einen angenehmen Strand und mehrere Hotels und hat sich in den vergangenen Jahren durch die alljährlich im August stattfindenden Kulturfeste und „Fischerabende" (15.–20.8.) einen Namen gemacht. Camper orientieren sich an diesem Abschnitt der Makarska-Riviera eher nach Baška Voda mit weitläufigen Strandabschnitten.

Info und Agenturen

- Informationen erteilt in Brela das **Büro der Touristischen Gemeinschaft,** Obala Kneža Domagoja, Tel. 021-618337, Fax 618434. In Baška Voda erhält man Informationen beim Tourismusbüro in der Obala Sv Nikole 71, Tel./Fax 021-620713, oder bei einer der zahlreichen **Agenturen,** die auch Privatzimmer vermitteln, u.a. **Adria,** Tel./Fax 021-620704, as-adria@vip.hr, **Duga,** Tel./Fax 021-620207, duga-bv@st.htnet.hr und **Pluto,** Tel./Fax 021-621435, ivana.topic@st.hinet.hr, oder in Brela bei **Bonavia,** Tel. 021-619019, Fax 678151, bonavia@st.hinet.hr.

Die neretvanischen Piraten

Was die Uškoken für Senj in der Kvarner Bucht waren, das waren die Piraten des Neretva-Deltas für die Region Makarska/Omiš. Sie widersetzten sich jeglicher Autorität, insbesondere den verhassten Venezianern. Im Jahre 887 siegten die „Nerentani" bei Makarska über die venezianische Flotte. Das Umland plünderten die Piraten jedoch weniger, schließlich war man auf die Hilfe der Bevölkerung angewiesen. Auf dem Höhepunkt ihrer Macht vom 9. bis zum 12. Jh. erbeuteten die Neretva-Piraten so viele venezianische Schiffe, dass sich die Dogen gezwungen sahen, ihnen Tributzahlungen zu leisten, um im Gegenzug freie Fahrt für ihre Schiffe durch die südliche Adria gewährt zu bekommen. Nicht zuletzt durch dieses „Vorbild" widerstanden die Städte Süddalmatiens den venezianischen Übernahmeambitionen am längsten.

Unterkunft

- Die sehr günstigste Möglichkeit bietet die Hotelsiedlung **Alem** €, Baško Polje, Tel. 021-612088, Fax 611538, hotel.alem@club-adriatic.hr.
- In der Mittelklasse liegt das **Hotel Hrvatska** €€€, Sikavice 2, Tel. 021-611302, Fax 620841, hotel.hrvatska@club-adriatic.hr.
- Im oberen Preissegment rangiert das **Hotel Milenj** €€€€, Šetaliste Kresimira IV 5, Tel. 021-620644, Fax 620399, info@hotel-milenj.com.

Makarska

Die Makarska-Riviera

Es gibt viele wunderhübsch und malerisch gelegene Badeorte in Kroatien, doch nur wenige lassen sich mit Makarska (13.500 Einwohner) vergleichen. Dies ist sicherlich auch auf die atemberaubende Hintergrundszenerie des **Biokovo-Massivs** zurückzuführen, welches sich unmittelbar hinter dem schmalen Küstenstreifen der Makarska-Riviera auf bis zu **1700 Höhenmeter** erhebt und dem sich im flachen Adriawasser tummelnden Besucher nicht nur ein einmaliges Panorama bietet, sondern ihm auch das Gefühl einer unglaublichen Winzigkeit des Menschen vor der Natur vermittelt.

Touristisch ist Makarska für Wassersportler, aber auch für Wanderer ein lohnenswertes Ziel, die Infrastruktur lässt es jedenfalls an nichts mangeln. Das Zentrum der Makarska-Riviera bildet der Ort Makarska selbst sowie die sich südlich anschließenden Orte Tučepi und Podgora.

Geschichte

Besiedelt ab dem 4. Jh. n. Chr. und als **Bistum** seit dem 6. Jh. belegt, fielen die Siedlungen um die heutige Bucht von Makarska wechselnden Herr-

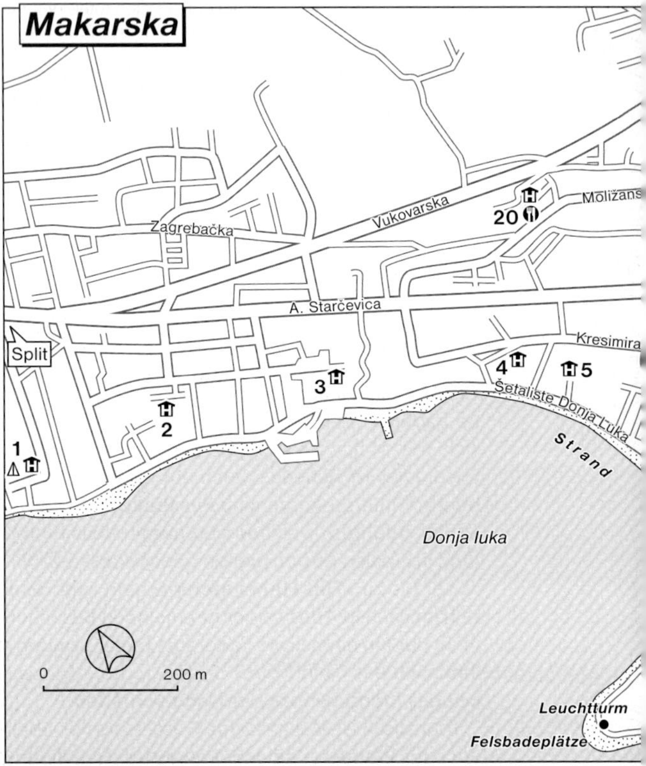

1 Hotel &
AC Riviera
2 Hotel Biokovo
3 Hotel Dalmacija
4 Hotel Park
5 Hotel Meteor
6 Mondo
7 Jahrmarkt & Buden
8 Kapelle Sv Petar
9 Disco Grotta, Biergarten
10 Fähre nach Brač (Sumratin)
11 Burger-Imbiss
12 Touristeninformation
13 Hotel Biokovo
Post
14 Stadtmuseum
15 Sv Marko
16 Susvid
17 Franziskanerkloster &
Muschelmuseum
18 Krankenhaus
19 Busbahnhof &
Taxistand
20 Konoba Adria &
Pension Katić

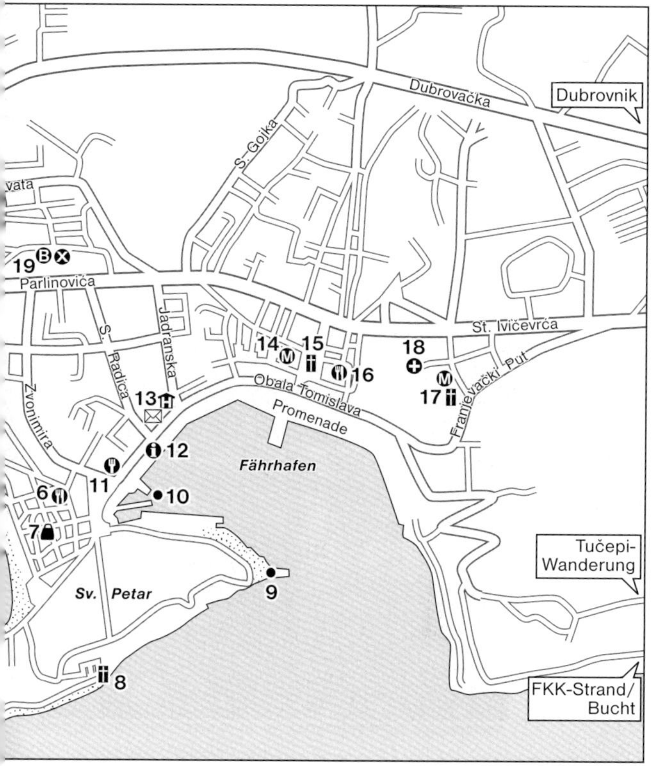

schaftsverhältnissen bosnischer, kroatisch-ungarischer und venezianischer Regenten zum Opfer. Im 14. und 15. Jh. war Makarska **Verwaltungssitz der Osmanen** (Türken), es wurde zur bedeutenden türkischen Handels- und Seefahrtsdrehscheibe zwischen Konstantinopel und der nördlichen Adria ausgebaut und mit Wehranlagen umgeben.

Erst im späten 17. Jh. fiel Makarska an Venedig. Dass die Süddalmatier weit mehr Widerstand zu leisten vermochten als ihre Brüder in nördlicheren Gefilden, mussten auch die nachfolgenden Habsburger erkennen, als Makarska am 24.10.1865 Wahlen für eine innere Autonomie durchsetzte

032da Foto: wl

(noch heute Feiertag der Stadt Makarska). Während die österreichischen Herrscher (1797–1918) versuchten, die Stadt zu „italisieren", entwickelte sich tatsächlich aber ein **kroatischer Nationalismus** - nach den Wahlen wurde das Kroatische kurzerhand zur Amtssprache erklärt. Ab 1918 jugoslawisch, blieb Makarska während der Weltkriege und auch im Bürgerkrieg relativ unversehrt. Größeren Schaden erlitt die Stadt durch ein schweres Erdbeben im Jahre 1962.

Makarska bietet Badefreuden am Fuß der Berge

Sehenswertes

Uferpromenade

Die palmenumsäumte Uferpromenade erstreckt sich vom Osejava-Park bis zur Halbinsel Sv Petar; hier pulsiert das Leben, laden Kioske, Eisdielen, Restaurants und zahllose Cafés zum Verweilen ein oder es locken die Bänke am Kai, den ein- und ausfahrenden Booten in der Bucht zuzuschauen.

Trg Kačićeva

Unmittelbar hinter der Uferpromenade erstreckt sich die nette **Altstadt** mit zahllosen kleinen Geschäften und Straßenhändlern in den Gassen, in denen es nach Gegrilltem duftet und abends das Leben pulsiert. Zentraler Platz ist der Trg Kačićeva mit dem **Denkmal des Nationaldichters Andrija Kačić** (1704–1760). Kačić gilt als der Poet des armen Mannes, er vermittelt in seinem Hauptwerk „Erzählungen des slawischen Volkes" historische Begebenheiten der dalmatischen und südslawischen Geschichte in einprägsamen und einfachen dichterischen Formen und trug damit zum dalmatischen Nationalbewusstsein bei.

Sv Marko

Dominiert wird der Trg Kačićeva von der sich malerisch von den dahinter aufragenden Bergen abhebenden Pfarrkirche Sv Marko, die dem Schutzpatron gewidmet ist. Das vergleichsweise schmucklose Gotteshaus entstand 1776, das Innere birgt eine interessante **Ikonensammlung.**

Palazzo Ivaniševića

Vor der Kirche sich nach rechts wendend, trifft man nach wenigen Metern auf den barocken einstigen Herrenpalast der Händlerfamilie *Ivanišević* mit einem eigenen Zugang zur See. Der berühmteste Spross der Familie ist Tennisfreunden aus aller Welt wohl bekannt: *Goran Ivanišević.*

Städtisches Museum

Westlich der Pfarrkirche liegt im ehemaligen barocken **Palazzo Tonolli** das kleine städtische Museum mit Exponaten zur mittelalterlichen und jüngeren Stadtgeschichte.

033da Foto: wl

●**Städtisches Museum,** Obala Tomislava 17, Mo–Sa 9–12 und 18–22 Uhr, Eintritt 8 K.

Franziskanerkonvent

Eine besondere Sehenswürdigkeit liegt am südlichen Rand der Altstadt, der Franziskanerkonvent. Auf den Ruinen einer Benediktinerabtei aus dem 6. Jh. errichteten Franziskanermönche um 1400 ein Kloster. Seine heutige Form erhielt es - vom **barocken Campanile** aus dem 18. Jh. abgesehen - um 1614. Die Franziskaner sammelten in den Klostermauern etliche wertvolle Gemälde sowie eine umfangreiche Bibliothek.

Muschelmuseum

Auf dem Klosterareal dürfte für Taucher und Muschelliebhaber das Malakologische Museum mit Muscheln aus aller Welt von besonderem Interesse sein. Die Exponate sind mehrsprachig beschriftet.

●**Malakoložski Muzej,** täglich 10–12 und 17–19 Uhr, So nur 10-12 Uhr, Eintritt 5 K, Kinder 3 K.

Kastell auf der Halbinsel Sv Petar

Halbinsel Sv Petar

Zwischen dem langen Sandstrand und der Uferpromenade liegt die kleine bewaldete Halbinsel Sv Petar mit der gleichnamigen Waldkapelle. Das Wäldchen ist von **Spazierwegen** durchzogen; an der Nordseite beim Leuchtturm kann man sehr gut und sandfrei im klaren Wasser **schnorcheln.** Auf der Südseite liegt die sehr beliebte Disco Grotta mit einem kleinen Biergarten vor einer Höhle.

Botanischer Garten

Vier Kilometer außerhalb von Makarska in Richtung **Gornji Tučepi** liegt linker Hand die Zufahrt zum botanischen Höhengarten. Hier sind in konzentrierter Form die Pflanzen des vegetationsarmen Biokovo-Gebirges zu sehen.

Wanderungen in der Umgebung

Osejava Rt

Wer ein wenig zu Fuß auf Erkundungstour gehen möchte, sollte das langgezogene **Waldgebiet** Osejava Rt am südlichen Ende der Bucht von Makarska aufsuchen. Ein hübscher Spazierweg führt die Treppen hinauf, an der Parkbank rechts und dann zunächst immer rechts oberhalb der Küste entlang. Nach etwa 15 Minuten kommt eine Gabelung: Geradeaus geht es sanft hinab zu einer **FKK-Badebucht,** scharf links und kurz darauf wieder rechts weiter Richtung Tučepi. Nun folgt man diesem Weg bis zu einer Sackgasse mit **Ruine und Aussichtspunkt** (man kann hier zur FKK-Bucht hinuntersehen, es gibt aber keinen Weg). Kurz vor diesem toten Ende führt links (kleines Schild beachten) ein Pfad sehr steil abwärts auf einen Weg (Zaun). Hier links und sogleich wieder rechts einen Trampelpfad entlanggehen und dem unscheinbaren Pfad bis zur Öffnung des Waldes folgen. Nun sind es noch wenige Minuten auf schwer erkennbarem Pfad bis zum **Strandende von Tučepi;** für die gesamte Strecke benötigt man etwa 75 Minuten (nur Hinweg).

Biokovo-Massiv

Wer ausgedehntere Spaziergänge und Wanderungen bevorzugt, kann direkt von Makarska aus über den 1421 Meter hohen **Vošac** (Schutzhütte) zum **Sv Jure** wandern, dem mit 1762 Metern höchsten Berg des Biokovo-Parks. Alternativ kann man bis **Gornje Tučepi** (897 m) fahren und von dort über das (PKW-mautpflichtige) Versorgungssträßchen 15 Kilometer zur Kapelle Sv Jure hinaufwandern oder -fahren. Im Parkgebiet sind weitere kürzere Wanderungen möglich.

Die Touristeninformation sollte über den aktuellen Zustand der Wege und die Wetterverhältnisse befragt werden. Der Bergsteigerverein Makarska (Tel. 021-616455) veranstaltet organisierte Touren. **Wanderkarten** sind bei der Touristeninformation und bei Zeitschriftenhändlern erhältlich.

Praktische Tipps

Anfahrt

Am einfachsten folgt man der Beschilderung „Centar", fährt die ganze Promenade entlang und parkt auf dem großen Schotterparkplatz am Osevaja Rt. Es gibt weitere kleinere Parkplätze an der Promenade und in den Seitenstraßen.

Info und Agenturen

- **Touristeninformation Makarska,** Obala Kralja Tomislava, Tel. 021-616288, Fax 612002, tzg-makarska@st.htnet.hr, Mo-Sa 8-21 Uhr, So 8–13 Uhr.
- **Atlas,** Kacicev Trg 9, Tel. 021-617038, Fax 616343, atlas@atlas.tel.hr, an der Promenade K. Tomislava bieten gleich mehrere Büros ihre Dienste an, u.a.: **Biokovo Activ,** Tel./Fax 021-615352, biokovo.ah@st.htnet.hr, und **Kompas,** Tel. 021-615411, Fax 615522, kompas.makarska@st.htnet.hr.

Camping

- Einziger Campingplatz im Ort ist **AC Riviera** €, Tel. 021-612052, Fax 612073, am gleichnamigen Hotel (s.u.). 7 km südlich in Podgora liegt **AC Sutlika** €€, Tel. 021-625377, Fax 625311, hoteli-podgora@st.tel.hr.

Unterkunft

- Empfehlenswert für Individualtouristen ist die **Pension Ante Katić** €, Moližanskih Hrvata 36 (gelbes Bierschild), Tel. 021-612267, schöne ruhige Zimmer und Terrassenrestaurant. Neben dem **Dalmacija-Hotel** €€ (mit Tauchbasis), Tel. 021-615777, Fax 612211, wurde jüngst das kleine und familiäre **Hotel Bonaca** €, Tel. 021-615574, Fax 616441, hotel-bonaca@inet.hr, eröffnet. Unmittelbar an der Promenade empfiehlt sich das alte, aber feine **Hotel Biokovo** €€€, Tel. 021-615244, Fax 615088, hotel-biokovo@st.htnet.hr, www.hotelbiokovo.hr, mit sehr ordentlichem Frühstücksbuffet. Das **Hotel Meteor** €€€, Tel. 021-602600, Fax 611419, liegt direkt am Sandstrand, unmittelbar in der Nachbarschaft folgt das etwas günstigere **Hotel Park** €€, Tel. 021-615523, Fax 615211. Ein wenig abseits vom Trubel, aber in guter Gehnähe zum Zentrum folgen noch das **Hotel Biokovka** €€, Tel. 021-602200, Fax 602287, biokovka @st.htnet.hr, sowie am nördlichen Ortsende das **Hotel Rivijera** €€, Tel. 021-616000, Fax 611028.

Essen und Trinken

- Selbstversorger finden mehrere **Supermärkte** an der Uferpromenade oder holen sich frisches Obst und Gemüse auf dem **Markt** oberhalb der Kirche Sv Marko.
- Snacks bietet der **Burger-Imbiss** in der Kralja Zvonimira/ Ecke Obala Tomislava.
- In der Altstadt liegen etliche gute Restaurants, z.B. die **Pizzeria** an der Uferpromenade (am Altstadtzugang) mit sehr günstigen, wagenradgroßen Pizzen.
- Ruhig und deftig geht es in der **Konoba Adria,** Moližanskih Hrvata 36, Tel. 021-612267, zu, mit guten Grillplatten und Hauswein.
- Neben der Kirche Sv Marko liegen gleich mehrere Lokale, das **Susvid** mit Meeresfrüchten und Grillplatten und nettem Ambiente empfiehlt sich besonders.
- Gute dalmatische Küche bietet auch das **Mondo,** Obala Tomislava 21.

Aktivitäten

- **Baden:** Naturgemäß bildet der langgezogene Sandstrand mit Wasserrutsche eine der Hauptattraktionen der Stadt (auch Tretbootverleih usw.). Aber auch bei Sv Petar am Leuchtturm oder in der FKK-Bucht Nugal (s. Osejava Rt) gibt es ausgezeichnete Bademöglichkeiten.
- **Tennis** wird im Areal des Riviera-Sporthotels gespielt.
- **More-Sub,** K. Kreš 43 (am Hotel Dalmacija), Tel. 021-691727, milan.runtic@st.tel.hr; bietet **Land- und Bootstauchgänge** in der näheren Umgebung an.
- Vor der Halbinsel Sv Petar, zwischen Uferpromenade und Sandstrand, findet täglich (nachmittags und abends) eine Art größerer Jahrmarkt mit Souvenirbuden, Imbissständen, Spielen und kleinen Fahrgeschäften statt.
- Das örtliche **Kino,** Obala Tomislava 8, zeigt vorwiegend heimische Produktionen.

Nightlife

- Abends bietet sich ein Streifzug entlang der **Promenade** und durch die Altstadtgassen mit ihren **Bars** an.
- Nachtschwärmer finden Disco-Unterhaltung in der **Grotta,** wunderhübsch in einer Grotte unter Sv Petar gelegen, im **Gaudeamus,** Dom Pavlinovića 1, und im **Kuk,** Prvomaiska.

Nützliches

- **Bank:** Splitska Banka, Obala K. Tomislava 15, Mo–Fr 7.30–12.30 und 14–19.30 Uhr.
- **Post:** neben dem Biokovo-Hotel, 7–22 Uhr.
- **Krankenhaus:** Ul. Alkarska/Ecke Don M. Pavlinovića, Tel. 021-612033.
- **Apotheke:** Trg Kačićeva 10, Tel. 021-611277.
- **Polizei:** Kralja Krešimira 4, Tel. 021-611666.
- **Autovermietung:** Adria Plus, Tel. 021-602631, und Croatiatours, Tel. 021-602685, beide am Hotel Meteor, P. Krešimira IV.
- **Marina und Hafenmeisterei:** Yachtmarina Bura, Tel. 021-616323; Hafenmeisterei, Tel. 021-611455.

Bus

Der **Busbahnhof** liegt zentral in der Hauptstraße A. Starčevića, Tel. 021-612333, und bietet 2x täglich Verbindungen nach Ploče, 2x täglich nach Zagreb sowie 11x täglich nach Split. **Taxis:** am Busbahnhof, Tel. 021-611366.

Schiff

Nach Sumratin auf der **Insel Brač** 3–5x täglich für ca. 25 € (PKW mit 2 Personen), Anfang Juni bis Ende September.

Tučepi

Unmittelbar hinter Makarska folgt nach etwa vier Kilometern in südlicher Richtung, für Wanderer auch zu Fuß gut erreichbar (⇨Makarska), der recht mondän wirkende Küstenort Tučepi, der sich mit seinem **Jachthafen** und den Sporthotels zu einem etwas gehobeneren Reiseziel der Makarska-Riviera gemausert hat. Wanderungen sind vom Ort aus bis hinauf nach **Gornje Tučepi** (⇨Makarska) in weniger als einer Stunde möglich.

Info und Agenturen

- Auskünfte erteilt die **Touristeninformation Tučepi,** Kraj 46, Tel. 021-623100.
- Die örtlichen **Agenturen** vermitteln Privatunterkunft und Ausflüge nach Brač, Hvar, Korčula, Dubrovnik, Meugorje und Split: Marivaturist, Kraj 45, Tel./Fax 021-623300, marivaturist@st.hinet.hr, und Dormana, Kraj 123, Tel. 021-623600, Fax 623601.

Unterkunft

- Wer etwas Einfaches sucht, wird auf die Agenturen angewiesen sein, Tučepi bietet Hotelunterkunft mehr im gehobenen Bereich. Toll ist das neue **Hotel Laurentum** €€€€, Kraj 45, Tel. 021-605900, Fax 605902, marketing@hotel-laurentum.com. Das traditionelle **Hotel Neptun** €€€, Slati-

034da Foto: wl

Bei der Wanderung von Makarska nach Tučepi

na 4, Tel. 021-605500, Fax 605700, hoteli@tucepi.com, bietet All-Inclusive-Pakete. Richtung Makarska liegen die älteren Hotels **Jadran** €€, Tel. 021-601707, Fax 601709, und **Kaštelet** €€€, Tel. 021-601202, Fax 601204, hoteli@tucepi.com. In der **Vila Afrodita** €€€, Dracevice, Tel. 021-604500, Fax 601507, hoteli@tucepi.com, kostet das 4er-Apartment, je nach Saison.

Essen und Trinken

• An der Promenade liegen auch die **Weinstube Postup,** die **Pizzerien Gajeta** und **Vapor** sowie die empfehlenswerten **Restaurants Lanterna** (Tel. 021-623234), **Riva** (Tel. 021-623184) und **Barba** (Tel. 021-623340).

Nützliches

• Die kleine Uferpromenade Kraj zwischen dem Kiesstrand unterhalb der Hotels und dem Jachthafen beherbergt wichtige Institutionen wie **Bank** und **Post.**

Podgora

Die nächste nennenswerte Siedlung an der Makarska-Riviera ist Podgora, zu erkennen an dem seltsamen, sichelförmigen, überdimensionalen Betondenkmal auf einem Hügel. Podgora war einst ein kleines Fischerdorf, um welches herum mehrere Hotelanlagen entstanden sind, was zu einer weiten Zersiedelung führte. Wie überall in Süddalmatien ist das Wasser hier „überirdisch" klar.

Info und Agenturen

• Alle Agenturen liegen an der Promenade Branimirova Obala: **Punta Tours,** Tel./Fax 021-625404, Fax 625592, punta@puntatours.com, **Marivaturist,** Tel. 021-625199, Fax 625022, marivaturist@podgora.net, Ausflüge und Privatzimmer.

Unterkunft

• **Hotel Mediteran** €, Tel. 021-625155, Fax 625009, www.hotelipodgora.com.

• **Hotel Aurora** €€, Tel. 021-625766, Fax 625322, mistral@st.hinet.hr, Sauna, Hallenbad und Pool.

Camping

• 6 km südlich hinter der nächsten Bucht (Živogošće) liegt das große **AC Dole** €€, Tel. 021-628749, Fax 628750, autocamp-dole@st.hinet.hr; schattenlos, aber mit Minigolf, Surf-, Tennis- und Segelmöglichkeiten.

Aktivitäten

• **Tauchen** arrangiert **Birgmeier Sub,** Tel. 021-625168, birgmaiersub@hotmail.com, die auch eine kleine Agentur unter Tel. 021-625199 betreibt.

Drvenik

Das Örtchen Drvenik (nicht zu verwechseln mit den gleichnamigen Inseln bei Trogir) ist in zweierlei Hinsicht interessant: Zum einen liegen zwei gute Campingplätze in der Nähe, zum anderen legen in Drvenik die **Fähren** nach Sućuraj auf Hvar, nach Korčula sowie nach Trpanj auf der Halbinsel Pelješac ab. Der Ort besitzt einen kleinen Kiesstrand.

Nützliches

- Ein **Supermarkt** und einige **Gaststätten** finden sich am Hafenbecken.
- **AC Dalmacija** €€, Drvenik-Zaostrog (3 km südlich), Tel. 021-621011, Fax 679158; **AC Uvala Borova** €€, Zaostrog Podaca (3 km weiter), Tel. 021-629033.
- Im Ort gibt es das günstige **Hotel Quercus** €€ (= lat. Eiche), Donja Vala 66, Tel. 021-628007, Fax 628009.
- **Fährverbindungen:** von/nach Trpanj 2x täglich für ca. 12 €, von/nach Korčula 1x täglich (an Wochenenden 3x) für ca. 21 € und von/nach Sučuraj auf Hvar 6x täglich für ca. 14 € (Preise jeweils PKW plus 2 Personen).

Gradac

Mit einem der längsten Strände endet in Gradac die Riviera von Makarska und geht ziemlich unvermittelt in das **Neretva-Delta** über. Gradac ist übrigens die heimliche Hauptstadt der **Volksfeste:** am 27. Juli und am 2., 3. und 16. August werden allein vier Kirchenheiligen-Feste mit Volksfesten begangen. Auskunft erhält man bei der Touristeninformation.

Nützliches

- **Touristeninformation Gradac,** Radića 5, Tel./Fax 021-697511.
- 7 km außerhalb liegt das **AC Bačinska Jezera** €€, Tel. 021-679133, Fax 679152, zwischen Gradac und Ploče hübsch am See Baćinsko Jezero.
- Unterkunft bieten die **Apartments-Labineca** €€, Tel. 020-601555, Fax 601663, hoteli-jadran@st.htnet.hr, und das **Laguna** €€, Tel. 021-601222, Fax 601268, hoteli-jadran@st.htnet.hr.
- **Tauchbasis Felun,** Tel. 020-697370, felun@diving.hr.

Insel Hvar

Hvar (296 km², 11.300 Einwohner) wird von allen süddalmatischen Inseln am häufigsten besucht und es ist gar nicht so einfach, die Gründe dafür zu finden. So können die Städte in ihrem Erscheinungsbild mit denen der südlichen Nachbarinsel Korčula nicht mithalten und auch die Strände und Bademöglichkeiten - von vorgelagerten Inselchen abgesehen - nehmen sich eher bescheiden aus; es mangelt gar an landschaftlichen Höhepunkten wie etwa auf Mljet. Dennoch ist Hvar die **touristischste aller süddalmatischen Inseln.** Es mag an der interessanten Vegetation liegen, die aus Zypressen, Palmen, Feigen, Oliven, Wein und Zitrusfrüchten besteht, vor allem aber an dem Ruf Hrvars als **„Kräuterinsel"**, da Unmengen von Salbei und Rosmarin und besonders Lavendel auf der Insel wachsen und das Wohlgefühl der Besucher vielleicht durch den Duft und den netten Anblick steigern. Weinbau, Olivenölgewinnung und Viehzucht sind, vom Tourismus abgesehen, die Haupterwerbszweige auf Hvar. Der Lammbraten *(jagnjeće)* ist eine traditionelle Spezialität, daneben sind Sardinen (bzw. Sardellen) überall auf der Insel ein kulinarischer Genuss.

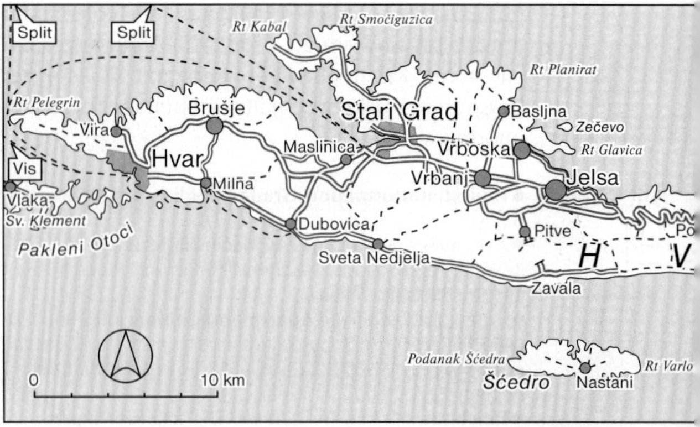

Ab dem vierten vorchristlichen Jahrhundert fiel Hvar in das Gebiet der griechischen Kolonisation und blieb von den Römern mehr oder minder verschont. Mit der Völkerwanderung (7. Jh.) kamen die Slawen, ungarisch-kroatische Fürsten wechselten sich mit dem nominell dominierenden Byzanz ab. Von 1420 bis 1797 venezianisch, geriet Hvar beinahe in einen Dornröschenschlaf und blieb von europäischen „Ränkespielen“ unbehelligt. Nach dem Zweiten Weltkrieg begann der rasante Aufstieg des Fremdenverkehrs, der im Bürgerkrieg (1991–95) vollständig einbrach und sich nur allmählich wieder erholt. Noch ist Hvar nicht überlaufen, doch in zwei, drei Jahren dürften die Touristenströme wieder das Vorkriegsniveau erreicht haben.

Überfahrt

- Die PKW-Fähre von **Split** nach **Stari Grad** im Westen der Insel legt 3 km westlich außerhalb der Stadt an. Es besteht eine Pendelbus-Verbindung in zeitlicher Abstimmung auf die Fähren (4x täglich von/nach Split für ca. 40 € pro PKW mit 2 Personen).
- Nach **Hvar-Stadt** fahren nur Personenfähren von **Split** (2x täglich) bzw. **Korčula** und **Lastovo** (1x täglich); Ausnahme: Küstenlinie Rijeka – Dubrovnik mit PKW-Entladung auch in Hvar.
- Von **Drvenik** 6x täglich nach **Sućuraj** am Ostende der Insel (14 € pro PKW mit 2 Personen).

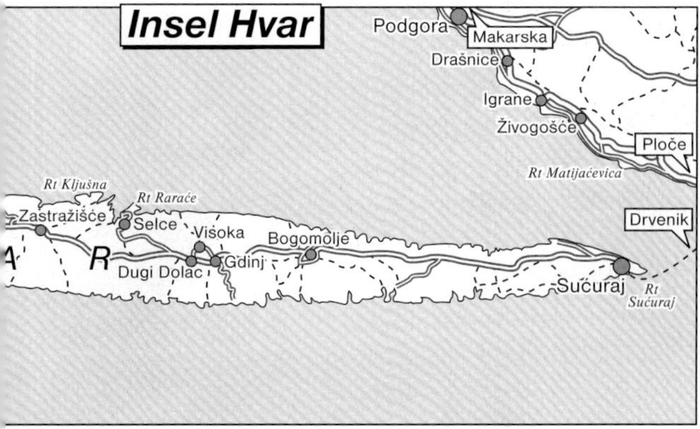

Stari Grad

Die meisten Reisenden kommen über Split nach Hvar, der erste Eindruck ist daher meist der **Haupthafen** von Stari Grad. Die einstige griechische Siedlung Faros ist für ihren angenehmen Altstadtkern mit der mittelalterlichen Piazza Skor und der **Residenz Trvdalj** am Trg Tvardoj bekannt. Die Residenz war der einstige Landsitz des bekannten kroatischen Oden- und Elegiendichters und Philosophen *Petar Hektorović* (1487–1572). Das atriumähnlich angelegte Areal umgibt einen meerwassergespeisten Fischteich und beinhaltet eine kleine Kollektion von Alltagsgegenständen des Dichters.

• **Residenz Trvdalj,** geöffnet täglich 10–12 und 18–20 Uhr, Eintritt 10 K.

035da Foto: fz

Nützliches

- Die **Touristeninformation** (am Kai), Tel. 021-765763, hilft bei der Unterkunftssuche (sehr preiswerte Ferienwohnungen € und Zimmern), verkauft Fährtickets usw.
- Zwei Erwachsene mit Kind kommen gut im **Helios-Studios** €, Tel. 021-765555, Fax 765128, hoteli-helios@st.htnet.hr. Alternativ sind auch die sehr schönen **Bungalows Trim** €€, gleiche Tel., Fax, E-Mail, zu empfehlen.
- Empfehlenswerte Lokale sind das **Kod Barba Luka** am Kai (Fischspezialitäten) und das **Feral** an der Pfarrkirche.
- Am Stadtkai besteht eine **Bootstaxi-Verbindung** zu nahe gelegenen FKK-Badebuchten.
- 4x täglich verbindet ein **Bus** Stari Grad mit Hvar.

Vrboska

In einer geschützten Bucht im Nordwesten liegt die stille und friedliche 500-Seelen-Gemeinde Vrboska, bekannt für ihre seltsam anmutende **Wehrkirche** oberhalb des Ortskerns. Das festungsähnliche Kirchlein entstand während der Türkenkriege des 16. Jh., als die Kirchen oft die letzte Zufluchtsmöglichkeit der Menschen in unbefestigten Ortschaften waren. Nur wenige Wehrkirchen sind so gut wie die in Vrboska erhalten. Im Ort sind noch die Pfarrkirche **Sv Lauro** (16. Jh.) und das kleine **Fischereimuseum** (9–12 und 17:30–19:30 Uhr, Eintritt 6 K) sehenswert. Bademöglichkeiten bestehen nur im Campbereich sowie auf der FKK-Badeinsel Zečevo (Bootstaxi ab Kai).

Nützliches

- Auskünfte und Unterkunftsvermittlung beim **Turist-Biro,** Tel. 021-774137.
- Unterkunft im **Sporthotel Adriatic** €€€, Tel. 021-774039, Fax 774068, vrboska@st.hinet.hr, oder dem **FKK-Camp Nudist** €€, Tel. 021-774034, Fax 774184.
- Abendliche Unterhaltung bietet die **Disco-Bar** im Ort sowie die Restaurant-Bar der **ACI-Marina Vrboska,** Tel. 021-774018, Fax 774144.
- Es besteht eine **Busverbindung** nach Jelsa etwa alle 2 Stunden.

Jelsa

Das durch einen malerischen Küstenspazierweg mit Vrboska verbundene Städtchen Jelsa (1800 Einwohner) ist eine Hochburg der Campingfreunde; auch in den Hotels sind die Preise günstiger als andernorts auf Hvar. Jelsa scheint die „Boomtown" der Insel zu sein, das Städtchen ist sowohl Ausgangspunkt für (organisierte) **Inselwanderungen** (z.B. Humac-Hirtensiedlung, jungsteinzeitliche Grabčeva-Höhle oder griechischer Stützpunkt Tor) sowie für Bootsausflüge zu den vorgelagerten Badeinseln, allen voran die FKK-Insel Zečevo (Taxiboot am Kai). Auch die Buchten beiderseits von Jelsa bieten angenehme Bademöglichkeiten.

Nützliches

- **Touristeninformation** am Hafen, Tel./Fax 021-761017; Agenturen sind u.a. **Atlas,** Tel. 021-761038, Fax 761245, atlas-jelsa@st.htnet.hr, und **Globus,** Tel. 021-761955, Fax 774151, globustravel@globus-tours.hr, wo ruhige und günstige Zimmer angeboten werden.
- Günstig und in Gehnähe ist das **Hotel Jadran** €€, Tel. 021-761026, Fax 761810, www.hoteli-jelsa.hr. Zu empfehlen wäre auch die **Apartmentanlage Pinus** €€€, Tel. 021-761128, Fax 761810.
- In Ortsnähe (1–1,5 km) liegen die beiden Campingplätze **AC Mina** €, Tel./Fax 021-761122, und **AC Grebišče** €, Tel. 021-761191, Fax 761994.
- Mehrere **Verleihstellen** (Boote, Räder, Mopeds usw.) liegen am Kai.
- Das **Dive Center Hvar,** Tel./Fax 021-261288, erkundet die 30 schönsten Tauchgründe von Hvar mit einem 12-Meter-Kunststoffboot (März bis November). **Omfala Dive-Centar,** Tel. 021-761822, im Hotel Jadran.

Hvar-Stadt

Das hübsche und sehr lohnenswerte Städtchen Hvar (4100 Einwohner) erstreckt sich entlang einer breiten Uferpromenade unterhalb eines Hügels, auf welchem die bombastisch wirkende **Festung Španjola** (spanische Festung) thront. Sie wurde um 1560 von venezianischen Festungsarchitekten unter Mitwirkung spanischer Spezialisten erbaut – daher der Name. Ein Aufstieg (Treppe am Café Marim auf dem Trg Sv Stjepana hinauf, Eintritt 10 K) lohnt vor allem wegen des großartigen Panoramablicks über die Stadt und die vorgelagerten **Inseln Pakleni Otoci** (Hölleninseln), die besonders von Anhängern der Freikörperkultur als Badeinseln besucht werden (Bootstaxi ab Uferpromenade, teilweise Restaurants auf den Inselchen). Weitere **Bademöglichkeiten** bestehen zu Fuß in den Nachbarbuchten Richtung Hotel Dalmacija/Casino oder in per Bootstaxi zugänglichen Strandbuchten.

Beim Aufstieg zur Festung passiert man die **Benediktinerabtei** (Samostan Benediktinski) mit einer sehenswerten Kunstgalerie (Winter 9–11 und 16–19, Sommer 10–12 und 17–19 Uhr).

Vom Busbahnhof (hier Internetcafé und Reisebüro, Tel. 021-741888) geht man über den Marktplatz und hinunter zum **Trg Sv Stjepana,** dem zentralen Platz und eigentlichen Altstadtzentrum. Am Trg Sv Stjepana steht der alte **Stadtbrunnen** von 1520, der unter anderem den ehemaligen Rektoren- und Fürstensitz mit seinem markanten Uhrturm (16. Jh.) mit Wasser versorgte. Heute befindet sich hier das Hotel Palace, welches die vorgebaute einstige **Stadtloggia** (15. Jh.) stilvoll in sein Ambiente einbezieht. An der Nordseite des Platzes wurde um 1571 die **Kathedrale Sv Stjepan** errichtet. Die Bauarbeiten an der dreischiffigen Basilika dauerten bis ins 18. Jh. hinein. Besonders augenfällig ist der angesetzte Campanile von 1574 mit barocken Durchbrüchen, deren Anzahl pro Stockwerk um jeweils einen zunimmt. Der daneben stehende **Bischofspalast** beherbergt ein kleines Sakralmuseum (9–12 und 17–19 Uhr). Gegenüber der Stadtloggia (Hotel Arcade) liegt das ehemalige **Arsenal,** in welchem zu venezianischen Zeiten die Kriegsgaleeren Waffen, Pulver und Munition aufnahmen. Im Obergeschoss wurde 1612 das Stadttheater unter Fürst *Semitecolo* eingerichtet, das eines der ersten kleinstädtischen Theater Europas war.

Außerhalb des unmittelbaren Kerns auf der Landzunge südlich des Arsenals ist noch das **Franziskanerkloster** (16. Jh.) sehenswert mit wertvollen Gemälden und Folianten in der Klosterbibliothek.

Die gesamte Altstadt ist übrigens autofrei, die Anlieferung der Geschäfte erfolgt mittels kleiner Elektrokarren.

Info und Agenturen

- **Touristeninformation,** Trg Sv Stjepana 16, Tel./Fax 021-741059.
- **Agentur Turist-Biro** am Arsenal, Tel. 021-741607.
- An der Promenade liegen die Agenturen **Atlas,** Tel. 021-741911, Fax 741422, atlas-hvar@st.hinet.hr, **Mengola,** Tel./Fax 021-742099, mengola-hvar@st.htnet.hr, sowie **Pelegrini-Tours,** Tel. 021-742743, Fax 742250, kuzma.novak @st.htnet.hr.

Die Agenturen bieten **Unterkunft und Fahrzeuge,** aber auch **Ausflüge** aller Art (z.B. nach Komiža 140 K, Bol 140 K, Korčula 350 K, Mljet 380 K, Mostar 410 K, Rafting (Četina) 450 K, Fischpicknick 140 K, Dubrovnik 350 K, Krka-Fälle 450 K). Auch Mopeds und Boote werden quasi an jeder Ecke angeboten (z.B. neben der Hauptkirche, Tel. 091-5517848, oder bei **Luka Rent,** Tel. 021-742946) mit Bootsverleih, Jetski, Räder- und Scootervermietung.

Unter Tel. 021-741373 können **Wassertaxis** nach Vis, Brač, Split usw. bestellt werden.

Unterkunft

- In Zentrumsnähe befinden sich die **Hotels Adriatic** €€€, Tel. 021-741024, Fax 742866, suncani-hvar@st.htnet.hr, und das stilvolle **Hotel Palace** €€€, Tel. 021-741966, Fax 742420, gleiche E-Mail.
- Günstiger kommt man im älteren **Hotel Delfin** €€, Tel. 021-741168, Fax 741595, suncani-hvar@st.htnet.hr, oder dem moderneren **Hotel Pharos** €€, Tel. 021-741028, Fax 743025, gleiche E-Mail, unter.
- In den umliegenden Buchten ist von allen Hotelneubauten das **Hotel Amfora** €€€, Tel. 021-741202, Fax 741711, suncani-hvar@st.htnet.hr, zu nennen. Mit Sauna und Casino.
- Gute €€€-**Apartments** werden zentral in der Ulica P. Hektorovića (Festungsgasse), Tel. 021-741068, angeboten.

Essen und Trinken

Im Zentrum lebt jedes zweite Haus vom Fremdenverkehr; Eisdielen, Cafés und Restaurants liegen aufgereiht wie Perlen an der Kette rund um das Hafenbecken und den Zentralplatz Trg Sv Stjepana (sehr viel Massenabfertigung!). Qualitativ empfehlen sich hier das **Fast Food Rocco** (gegenüber Hauptkirche) für Kleinigkeiten oder die **Pizzeria Kogo** für ein leichtes Mahl. An der Treppe der Ul. Hektorovica (Festungstreppe) die erste Gasse rechts hinein empfehlen sich die **Konoba Zlatna Skoljka** für Lammspezialitäten (ab 80 K) sowie für Muscheln und Meeresfrüchte das **Luna** schräg gegenüber. An der Promenade selbst sei noch das **Kod Kapitana** (an der Promenade Richtung Hotels) hervorgehoben - qualitativ sehr gut, aber auch recht teuer (Fischspezialitäten).

Nützliches

- Für **Geldwechsel** sind Splitska und Privredna Banka zuständig, die **Post** ist täglich von 7–21 Uhr geöffnet.
- Am Trg Sv Stjepana liegen eine gut sortierte **Apotheke** sowie eine **Erste-Hilfe,** Tel. 021-741111, zwischen Kod Kapitana und Hotel Delfin an der Promenade.
- **Tauchen:** Jurgovan Dive-Center, Tel. 021-742490, alenka.bodlovic@st.hinet.hr; Marinesa (Hotel Bodul), Tel. 021-741792; Laguna Lozna, Tel. 091-5179967 oder vorab über Österreich, 0043-664-2207215, lozna@ noet.at.
- **ACI Marina Palmižana,** Tel. 021-741603; **Hafenmeisterei,** Tel. 021-741795.
- **Geldautomaten und Minimärkte** am Trg Sv Stjepana.

Bus

Vom Busbahnhof vor der Altstadt fahren 4–6x täglich Busse nach Jelsa, Stari Grad und Sućuraj.

Sućuraj

Das Dörfchen Sućuraj am östlichen Inselende dient vorwiegend als bequemer Übersetzpunkt vom und zum Festland (Drvenik). Bademöglichkeiten bestehen zwischen dem Camp und dem Leuchtturm und sind über einen befestigten Fußweg zu erreichen.

Nützliches

- Für Campingfreunde sei auf **AC Mlaska** €, Tel./Fax 021-773371 hingewiesen. Ansonsten bietet Sućuraj eine **Touristeninformation,** Tel. 021-773203, einen **Supermarkt,** eine **Post** und gute **Lokale** an der Promenade.

Ploče

Inmitten des fruchtbaren **Neretva-Deltas,** das so gar nicht in das karge Dalmatien zu passen scheint, liegt die **Hafenstadt** Ploče, mit rund 7000 Einwohnern größter Ort zwischen Makarska und Dubrovnik. Die Hauptbedeutung von Ploče liegt heute in seiner Funktion als Umschlaghafen vor allem für den Nachschub der **EU-Schutztruppen von Mostar.** Auch für **Bosnien-Herzegowina** ist Ploče von großer Wichtigkeit, da auf der bosnischen Eisenbahnlinie von Sarajevo wichtige Exportrohstoffe wie Erz und Bauxit zum Hafen von Ploče transportiert werden. Bosnien verfügt zwar in Neum über einen kleinen eigenen Zugang zum Meer, dieser Hafen ist aber nicht nutzbar. Daher wurde in einem gegenseitigen Abkommen vereinbart, dass die Kroaten ungehindert den Neum-Zipfel im Transit zur und von der Exklave Dubrovnik befahren dürfen, Bosnien-Herzegowina dafür im Gegenzug den Hafen Ploče ungehindert nutzen kann.

Touristisch erhielt Ploče eine wesentliche Bedeutung, als bei der Sperrung des bosnischen Neum-Zipfels die kürzeste Zufahrtsmöglichkeit zur Dubrovnik-Exklave über Ploče und die Halbinsel Pelješac führte. Wer dem Frieden nicht traut, wählt auch heute noch den Umweg über die ohnehin lohnenswerte Route via Trpanj auf Pelješac, zu dem von Ploče aus eine Fährverindung besteht.

Nützliches

- Auskünfte und Zimmervermittlung bieten das **Turist-Biro** beim Hafen, Tel. 020-679510, und die **Agentur Delta,** Ul. K. Tomislava 21, Tel. 020-679933, Fax 679863.
- Einziges Hotel ist derzeit das **Hotel Ploče** €€ gegenüber vom Hafen, Tel. 020-601111.

Schiff

5x täglich von/nach **Trpanj** auf der Halbinsel Pelješac für ca. 27 € (PKW mit 2 Personen); Auskünfte bei Jadrolinija am Hafen unter Tel. 020-679321.

Von Ploče nach Dubrovnik

Die Fahrt durch den bosnischen **Neum-Zipfel** verläuft unspektakulär; in Neum bieten ein paar Kneipen und ein neues Hotel ihre Leistungen an. Wieder in Kroatien folgt **Slano,** ein kleiner, ruhiger und beinahe idyllischer Badeort mit Kiesstrand. Und dann liegt sie vor uns, die Perle der Adria – Dubrovnik.

Unterkunft

- **Hotel Sunce** €€€, Sunčana Obala, Neum, Tel. 085-880033, Fax 880065.
- In Slano liegt das hübsche **Hotel Osmine** €€€, Tel. 020-871244, Fax 871186.

Halbinsel Pelješac

Nach Istrien mit rund 350 km² die zweitgrößte Halbinsel Kroatiens, erstreckt sich Pelješac auf einer Länge von rund 70 Kilometern und einer Breite von nur etwa sechs Kilometern vor Ploče. Eine gewisse Pikanterie ergibt sich aus der Tatsache, dass Pelješac nur im süddalmatischen Gebiet von Dubrovnik, also südlich des bosnischen Neum-Zipfels, ans Festland angebunden ist. Es ist somit nicht gut erreichbar und wird daher selten frequentiert.

Hohe, macchiabewachsene Berge (Sv Ilija, 960 m) und üppige Täler mit Oliven und Feigen, aber auch Waldstücke mit Eichen, Buchen, Pinien und Zypressen, vor allem aber der allgegenwärtige Wein kennzeichnen das ebenso abwechslungsreiche wie **interessante Landschaftsbild.** Die Pelješac-Weine (Kaštelet, Dingač) sind recht bekannt. Fischfang und Muschelzucht sind bedeutende Erwerbszweige der 8150 Bewohner. Wichtigste Orte sind Ston an der Nahtstelle zum Festland sowie der Hauptort Orebić, der auch als Transithafen zur unmittelbar südwestlich gelegenen Insel Korčula dient.

Zunächst römisch besiedelt und nach dem Fall Westroms byzantinisch, siedelten ab dem 9. Jh. die ersten Slawen auf der Halbinsel. Die Republik Ragusa (heutiges Dubrovnik) kaufte um 1330 die Halbinsel zu ihrem Territorium hinzu, Ston als Schnittstelle wurde für die Marine ausgebaut. Mit dem Fall der Republik verlagerten sich die Interessen hin zum touristischen Transitpunkt Orebić, der sich unter österreichischer, entscheidend aber erst unter kroatischer Ägide zum Hauptort mauserte.

Überfahrt

Trpanj ist der Fährhafen zum Festland nach **Ploče** (5x täglich, ca. 27 €) und **Drvenik** (2x täglich, ca. 20 €), jeweils für PKW mit 2 Personen. In Trstenik 2x täglich von/nach Mljet.

Orebić dient als zentraler Transitpunkt für Reisen von und nach **Korčula** auf der gleichnamigen Insel mit 12 Verbindungen täglich für rund 10 € (PKW mit 2 Personen). Schnellboote fahren zudem Split/Dubrovnik an.

Ston, Trpanj und Orebić sind durch eine 2–3x täglich verkehrende **Buslinie** untereinander und mit Dubrovnik verbunden.

Ston

Die Ortsteile **Veliki** (590 Einwohner) und **Mali Ston** (200 Einwohner) bilden den Übergang vom Festland zur Halbinsel und wurden im 14. Jh. unter der Herrschaft der Republik Ragusa stark befestigt – eine kilometerlange **Wehrmauer** mit Kastellen und Wachtürmen zeugt noch heute davon. Weltbekannt wurde Ston im September 1996, als hier ein verheerendes Erdbeben über die Hälfte der Gebäude zerstörte.

Sehenswert im kleinen Ortszentrum von Veliki Ston sind die **Festung Veliki Kaštio** am Ortseingang, die benachbarte Kathedrale Sv Vlaho sowie der Rektorenpalast und der ehemalige Sitz des Erzbischofs am Hauptplatz. Mali Ston, geschützt durch den dazwischen liegenden Hügel, hat weit weniger unter den Folgen des Erdbebens zu leiden. Die Ruinen der **Festungen Koruna und Podzvizdi** oberhalb der Landbrücke strahlen einen erhabenen und romantischen Charme aus.

Nützliches

- Im einstigen Rektorenpalast auf dem Dorfplatz von Veliki Ston befindet sich eine **Touristeninformation,** Tel./Fax 020-754306, mit Zimmervermittlung und Auskünften (direkt an der Hauptstraße).
- **Camping:** AC Prapratno €€, Tel. 020-754000, Fax 413922.
- Im Ort sind ferner eine **Post,** die **Dubrovačka Banka,** eine **Wechselstube** und das kleine **Hotel Ston** €€€, Tel. 020-754701, Fax 754001, zu finden.

Trstenik

Der Raum Trstenik/Žuljana an der Südküste bietet etliche ruhige Badebuchten und eine Hand voll Campingplätze. Wichtig ist hier vor allem die Fähre Trstenik – Polace (Mljet): Ab Trstenik 2x täglich, 8.30 und 18.15 Uhr, ab Polace 6.30 und 16.30 Uhr; Tickets (PKW 130 K, Person 35 K) auf dem Boot. Es ist ein Service des Jadrolinija-Konkurrenten Sem Marina (Tel. 021-338219, www.sem-marina.hr). Die teilweise chaotische Wartezeit kann man in den Cafés Z1 und Z2 oder der Konoba Maris verbringen. Früh kommen!

Nützliches

- Am beliebtesten ist das **AC Dubrava-Putniković** €€, Tel. 020-756200 und 754320, vier Minicamps rundum.
- Im Ort gibt es einen **Minimarkt** sowie eine **Post.**
- Taucher besuchen die **Tauchbasis Dragan und Willi,** Tel. 020-756108 oder 756149 (Kontaktadresse in Deutschland: Willi Thelen, Nideggener Str. 95, 53881 Euskirchen, Tel. 02251-5316). Im 15-Meter-Tauchkutter werden sechs Wracks sowie Höhlen angefahren, gut erhaltene römische Amphorenfelder und reich bewachsene Steilwände runden das vielseitige Tauchangebot ab.

Potomje und Dingać

Weiter in westlicher Richtung die Hauptstraße entlang, folgt das Hauptweinbaugebiet von Pelješac rund um Potomje. Im Ort gibt es eine Tankstelle sowie Bank, Post und Minimarkt. Unmittelbar vor dem Dingać-Tunnel im Ort (kleine Schilder beachten) liegt linker Hand (Fässer) ein **Weingut,** wo unmittelbar vom Fass am Fußweg probiert und gezapft werden kann – das Entgelt wird in eine Box am Fußweg geworfen!

Hinter dem Tunnel liegt ein Kleinod: **Dingać-Borak** (links) und **Dingać-Potoce** (rechts). Wer Ruhe und Gemütlichkeit sucht, ist hier genau richtig – „Action" gibt es hier nicht! Einmal im Jahr jedoch, am ersten Samstag im August, wird im Rahmen eines Dorffestes kostenlos (!) Fisch gegrillt und Wein verkostet; jeder ist herzlich eingeladen! Ansonsten gibt es hier nur eine sehr gute Konoba sowie einen kleinen Verkaufsstand der Ladenbetreiberin von Potomje.

Potoce besteht aus etwa fünf Häusern am Meer, alle sind zu vermieten; Anfragen auf Englisch bei Rina Tomelic, I. Kukuljevica 14, 21000 Split, Tel. 021-567563, Tel. in Potoce 020-742410.

Trpanj

Der Hafen von Pelješac für Ploče, eingebettet in eine Hügellandschaft, fiel um 1340 an die Dubrovniker Adelsfamilie *Gundulić,* deren Familienwappen am Renaissancealtar der Pfarrkirche Sv Rok verewigt wurde (⇨Gundulić-Platz, Dubrovnik).

Nützliches

⇨

- **Turist-Biro** (Tel. 020-743433), **Bank, Post, Markt, Supermarkt** und **Tankstelle** liegen rund um das Hafenbecken und entlang der Ausfallstraße.
- Die Agenturen **Laguna,** Tel. 020-743829, lagunaput.agencija@du.hinet.hr, und **Sliškovic,** Tel. 020-743599, sliskovic@du.tel.hr, vermitteln Unterkunft.
- **AC Vrila** €€€, Ostende der Bucht, Tel./Fax 020-743700.
- **Hotel Faraon** €€, Tel. 020-743446, Fax 743422.

Orebić

Das Straßendorf Orebić (1500 Einwohner) im Südwesten der Halbinsel erstreckt sich über mehrere Kilometer entlang der Panorama-Uferstraße unterhalb des über 950 Meter hohen Sv Ilija. Hübsche Villenbauten früherer Jahrhunderte in mediterran-subtropischer Vegetation prägen das Bild der im 16. Jh. von der Kapitänsfamilie *Orebić* dominierten Kleinstadt. Geradezu legendär sind auch die **Sandbuchten** (z.B. Trstenica) um Orebić, die von Reisenden als die schönsten Dalmatiens gepriesen werden. Auch die FKK-Inseln Stupa und Badja (Bootstaxi ab Promenade) gehören zu den schönsten Badeplätzen von Pelješac.

Sehenswert sind im Ort das **Seefahrtsmuseum** (7–12 und 17–19 Uhr, Eintritt 5 K) am Trg Mimbelli sowie das am Ortsrand (kleine Straße am Hotel Bellevue) gelegene **Franziskanerkloster** mit angeschlossenem Sakralmuseum (nur um 10 und 17 Uhr täglich für eine gute Stunde geöffnet, Eintritt 5 K). Das Kloster ist auch der Ausgangspunkt für den Aufstieg (3–4 Stunden) zum Gipfel des Sv Ilija mit einmaligem Rundblick über die gesamte süddalmatische Inselwelt, besonders hinüber zum malerischen Städtchen Korčula.

Wer vom Ortskern via Kloster hinaufwandern möchte, orientiere sich an der Hauptkirche im Ort – hier gerade über die Hauptstraße führt ein beschilderter Wanderweg. Zur Rast beim Kloster bietet die Konoba Kod Bože Hauswein (30 K), Rakija (5 K), Hausmacher-Limonade (6 K), Schinken (30 K) und Käse (25 K) an.

Nützliches

• **Touristeninformation Orebić,** Trg Mimbeli (am Pier), Tel. 020-713367, Fax 713606, täglich 7–20.30 Uhr, ebenso **Banken** (EC-Automat) und eine **Post,** Mo–Sa 7–21 Uhr.
• Etliche **Campingplätze** rund um Orebić locken alljährlich zahllose Campingfreunde aus dem In- und Ausland an: AC Adriatic-Mokalo €€€ (mit Tauschschule), Tel. 020-713392, Fax 713420; AC Orebić €, Tel. 020-713324; AC Trstenica €€, Tel. 020-713348; AC Bor €€, Tel. 020-713357; AC Glavna Plaža €€€, Tel. 020-713399, Fax 713390; AC Perna € (einziges mit Strandabschnitt, FKK und Restaurant), Tel. 020-719244, Fax 719284; AC Palme €€ (in Kučiste), Tel./Fax 021-719164, kamp-palme@kvarner.net.
• **Hotel Orsan** €€, Tel. 020-713026, Fax 713267, schön am westlichen Ortsrand unter dem Kloster und gegenüber von Korcula gelegen. Das **Hotel Rathaneum** €€€, Tel./Fax 020-713022, ist ein Schnäppchen: All-Inclusive-DZ: Nebensaison 40 €, Juli u. August 80 €, 4er Apartments (Logis) 70 €.
• **Orebic-Tours,** Bana Jelacica 84, Tel. 020-713367, Fax 713606, orebic-tours@du.tel.hr, Privatunterkunfte, Ausflüge aller Art.

Essen und Trinken

Selbstversorger achten an der Hauptstraße auf das kleine **Einkaufszentrum** mit Bank (EC-Automat), Fischgeschäft, Obst/Gemüsemarkt und Supermarkt sowie Bäckerei und Zeitschriftenhandel auf der anderen Straßenseite.
• Einfach und günstig isst man im **Bistro Jadran** (Pizzas 30 K) am Ufersträßchen zwischen Pier und Ortskern.
• Ein besonderer Tipp ist ein Stück weiter linker Hand die **Konoba Mlinica,** eine ehemalige Mühle mit Steinglockenofen (Tel. 020-713886), die nur wenige, aber zünftige Gerichte anbietet wie etwa Teletina s Krumpirom (Kalbfleisch mit Kartoffeln) oder Obotnica s Krumpirom (Oktopus mit Kartoffeln, beides ca. 80 K).

Viganj

Das kroatische **Surf-Mekka** zieht mittlerweile mehr Urlauber an als Orebić selbst. Der Ort erstreckt sich als reines Straßendorf über mehrere Kilometer.

Sehenswert ist im Örtchen das ehemalige **Dominikanerkloster** (heute katholische Kirche) mit einer Madonna in Dominikanertracht und einer weiteren Madonnenstatue aus dem 15. Jh.

Nützliches

- **Bus:** Anbindung an Orebić. Eine Besonderheit ist der 16-Uhr-Bus nach Dubrovnik (Orebic ab 16.30 Uhr), 23 Uhr zurück, Tel. 020-711216 oder 098-500653.
- **Unterkunft:** Schönster Campingplatz ist der ADAC-Partner **AC Antony Boy** €€€€, Tel./Fax 020-719077, autopleter @autopleter.hr. Daneben gibt es Minicamps: **AC Liberan** €€ mit Surfschule, Tel. 020-719164, Fax 719015, und **AC Ponta** €€, Tel. 020-719060. Privatzimmer bieten **Pensionen M&Z** €€, Tel. 020-719293 oder **Balota** €, Tel. 020-719079, moreska@du.hinet.hr, beim Beuchat-Tauchzentrum.

Lovište

Über den steilen Höhenzug um den **Sv Ilija** hinweg kann man noch nicht allzu viele Jahre lang das Örtchen Lovište auf dem Landweg besuchen. Einst von Siedlern aus Hvar begründet, bietet Lovište heute eine deutlich ruhigere Alternative zu den hektischeren Urlaubszentren Viganj und Orebić.

Nützliches

- Parken muss man vor dem kleinen Ort. Hier gibt es Minimarkt, Post und **Touristeninformation,** 8–12 und 17.30–20 Uhr.
- **Zum Essen** geht man in die netten Schänken Trumbeta und Barcas.
- **Wassersport:** Am linken Uferende können in Haus Nr. 6 Boote, Kanus, Räder und Surfbretter gemietet werden.
- **Unterkunft:** Einziger Campingplatz ist das **AC Sunny** €, Tel. 020-719164, im Ortsteil Mirce auf der anderen Seite der Bucht (Zufahrt an der Kreuzung vor Lovište rechts), Privatzimmer bieten **Kamaris** €€, Tel. 020-719196, und **Indira** €€, Tel. 020-719002, an der Promenade.

Insel Mljet

Zwar gehört die ca. 100 km^2 große Insel Mljet (1250 Einwohner) historisch und administrativ ebenso wie die Nachbarinseln Korčula und Lastovo zum Archipel von Dubrovnik, doch nur Mljet ist ausschließlich von Dubrovnik aus erreichbar. Übrigens ist nicht, wie dort behauptet, Malta, sondern Mljet, halbhistorischen Legenden zufolge, jene Insel, vor welcher der Apostel Paulus Schiffbruch erlitt. Auch der griechische Sagenheld Odysseus soll von der Nymphe Calypso auf Mljet gefangen gehalten worden sein und nicht auf dem maltesischen Ghadex (Gozo). Der Streit ergibt sich aus der Namensgleichheit im Lateinischen: *Melita* (Honiginsel) wurde sowohl zu „Malta" als auch zu „Mljet".

Auf Mljet, das zu zwei Dritteln von Kiefern und Steineichen bewachsen ist, werden Wein, Oliven und Heilkräuter angebaut. Was die Tierwelt angeht, verdient der vom indischen Subkontinent als Giftschlangenvertilger Anfang des 20. Jh. importierte **Mungo** Erwähnung, eine dachsgroße Schleichkatze. Wegen der Heilkräuter und der malerischen Binnen-Salzseen im Westen der Insel wurde 1960 der **Nationalpark Mljet** gegründet, welcher das westliche Viertel der Insel um Pomena umfasst. Mljet führt auch touristisch ein eher abgeschiedenes Dasein; ebenso wie die Elaphiten-Inseln bietet sich ein längerer Aufenthalt an, wenn man Ruhe und Abgeschiedenheit sucht.

Überfahrt

Hauptfährort ist **Sobra,** der Hauptort in der Mitte von Mljet. 2x täglich Dubrovnik – Sobra (Abfahrt 10 und 18 Uhr), und Sobra – Dubrovnik (Abfahrt 6 und 19.39 Uhr) für ca. 42 € (PKW mit 2 Personen). 2x wöchentlich stoppt die Personenfähre Rijeka – Dubrovnik. Alternativ kann man 2x täglich in Polače die PKW-Fähre von/nach Trstenik/Pelješac nehmen. Einmal täglich die PKW-Fähre Korčula – Mljet (13 Uhr ab Korčula). Nur Sa und So ab Orebić (Pelješac) um 8.15 Uhr.

Ein **Inselbus** verbindet 3–4x täglich Sobra mit Pomena. PKW-Fahrer sollten in Dubrovnik volltanken, es ist kaum Sprit auf der Insel erhältlich!

Sobra

Der Haupthafen von Mljet besteht aus nicht viel mehr als der Anlegestelle mit kleinem Kai und einer allmählich wachsenden Neubautenzahl.

Nützliches

- Vorhanden sind die **Pension Mungo** mit hervorragendem Fischlokal, ein **Minimarkt,** eine **Tankstelle** sowie die **Tauchbasis Scooba Club Mljet,** Tel./Fax 020-745220, Hr. Darko Palunčić.

Pomena

Touristisch bedeutendstes Zentrum von Mljet ist das Fischerdorf Pomena im Nordwesten der Insel. Fußwege verbinden es mit dem Campingplatz und dem kleinen **Salzsee Maki Jezero.** Das einzige Hotel am Ort bietet kostenlosen Bootstransfer zu nahe gelegenen FKK-Stränden, Boots- und Surfbrettverleih sowie Tauchgänge über eine hoteleigene Basis. Hübsche Promenade mit Kinderpool

Nützliches

- Das **Hotel Ulysses-Odisej** €€, Tel. 020-744022, Fax 744042, odisej@plavalaguna.hr, gehört zu der renommierten Agenturkette Atlas (günstige Pauschalarrangements auch vorab direkt buchbar) und bietet Sportmöglichkeiten sowie eine Tauchbasis. Bootstransfer mit dem hoteleigenen Schnellboot.
- Im Ort findet der Reisende etliche **Pensionen** (€€) und **Privatzimmer** (€€).
- Die **Gastronomie** im Ort beschränkt sich auf das Hotelrestaurant sowie zwei Fischlokale am Kai.

Goveđari und die Salzseen

Das eigentliche „Highlight" auf Mljet sind sicherlich die erdhistorischen **Karstseen Veliko** (Großer See, 145 ha) und **Malo Jezero** (Kleiner See, 25 ha), die durch einen Kanal miteinander verbunden und von einem 13 km langen Spazierweg rund um Goveđari sowie den dazugehörigen Weilern Babino Kuce, Pristanište und Soline umsäumt werden. Ein winziger Durchlass bei Soline (Kanal mit starker Strömung, keine Brücke, daher kein Rundweg) verbindet die Seen mit dem offenen Meer. Mehrere Stellen sind zum Baden ausgewiesen, man kann auch stündlich per Ausflugsboot (9–21.45 Uhr, im Parkeintritt enthalten) zur **Klosterinsel Sv Marija** übersetzen. Hier errichteten Benediktinermönche im 12. Jh. eine Abtei mit einschiffiger Klosterkirche, die im 16. Jh. im Renaissancestil erweitert und als Hotel restauriert wurde (Hotel-Restaurant Melita, Tel. 020-744145, 10–24 Uhr).

Vom Parkplatz Pristanište sind es 500 m bis zum **See** (hier sind auch Ambulanz und Post). Die beiden Seen sind mit einer kleinen Steinbrücke verbunden, nicht aber die verwirrend „Veliki Most" (große Brücke) bezeichnete reißende Furt Richtung offenes Meer (hier aber schönste Bademöglichkeit). Wer wenig Zeit hat, geht Richtung **Veliki Most** (knapp 2 km) und zu den 500 m weiter gelegenen **Höhlen** (noch 500 m weiter liegt der Weiler Soline mit 2 Konobas). Der längere Weg ab dem Ufer in Pristanište führt rechts herum zur anderen Seite der Furt (nur schwimmend durchquerbar). 250 m vor dem Veliki Most zweigt der beschilderte Fußweg nach Polače ab.

Nützliches

- **Parkverwaltung des Nationalpark-Gebietes,** Pristanište 2, Tel. 020-744041, Fax 744043 (Information und Hilfestellungen). Tickets SSF inklusive Boot zur Marieninsel (Tickets in Polače oder am Parkplatz Gove̵dari-Pristanište).
- Die **Touristeninformation Goveđari,** Tel. 020-744086, vermittelt Privatunterkünfte in Goveđari, Polače und Pomena.
- **Tauchbasis Jezera,** Goveđari, Tel. 020-420876.
- Von 9–21 Uhr verbindet ein **öffentlicher Bus** Polače mit Pristanište.
- Am Parkplatz Pristanište ist ein **Kanu- und Fahrradverleih** (90 K).

Polače

Den Namen Polače („Palast") verdankt der Ort einer ehemaligen römischen Ansiedlung am südwestlichen Ortsende. Am kleinen Hafen gibt es eine Gostionica, einen Minimarkt, eine Parkinformation (auch Tickets) sowie den Fährpier (⇨Trstenik, Pelješac). Gegenüber der Anlegestelle führt ein

Die kroatische Karstlandschaft

Der Begriff Karst (kroatisch *kras*, italienisch *carso*) bezeichnet die meist waldlose **Kalkhochfläche** östlich des Golfs von Triest in Slowenien und Kroatien sowie in Italien. Diese Karstlandschaften dürften eine jener natürlichen Besonderheiten sein, von denen jedes Kind im Geografieunterricht hört, wenn das südöstliche Europa besprochen wird.

Karst bezeichnet einen Millionen Jahre dauernden Prozess, an dessen Ende bizarre **Tropfsteinhöhlen, Täler und Kraterlandschaften** stehen. Voraussetzung dafür sind extrem weiche Kalkgesteine sowie Kohlensäure: Beide zusammen lösen eine Erdbewegung aus, die man sich ähnlich vorstellen kann wie in einem Kochtopf, in dem dicker Griesbrei langsam kocht und Blasen wirft – dabei entstehen dann (beim Griesbrei kurzzeitig) Hohlräume im Brei bzw. Krater auf der Oberfläche. In der Natur bewirkt Kohlensäure das „Kochen" des sehr weichen Kalkgesteins, wobei ganze Landschaften aufgesprengt und ausgewaschen werden.

Die Kohlensäure (H_2CO_3) entsteht bei der (ganz natürlichen) Vermengung von Kohlendioxyd (CO_2) mit Wasser (H_2O). Mit dem Regenwasser gelangt die Kohlensäure ins Erdinnere und setzt den Karstprozess in Bewegung, der oft von Erosion (Einsturz) unterstützt wird. Das Ergebnis sind Höhlen (Blasen) und Schluchten (aufgeplatzte Blasen). Sickerwasser lässt später in diesen Hohlräumen Tropfsteinhöhlen entstehen. Der Prozess setzt sich permanent fort und wird in Millionen von Jahren weitere Naturkunstwerke vollbringen.

Die Karstlandschaften Kroatiens – die inneren Erdschichten Kroatiens sind sehr kalkhaltig – erstrecken sich entlang der gesamten Küste und im Hinterland, berühren dabei auch die Nachbarländer Bosnien und Slowenien. Bei einer Reise durch Dalmatien laden die Cerovac-Höhlen bei Gračac, der Paklenica-Nationalpark, die Tropfsteinhöhlen von Babino Polje im Nationalpark Insel Mljet sowie die Buna-Quellen bei Mostar in Bosnien zu einer näheren Erforschung ein.

Fußweg über den Hügel zu den Seen – man kann also auch ohne PKW von Trstenik (8.30 Uhr) herüberfahren, an der Ticketstelle das Parkticket kaufen (statt in Goveđari am großen Parkplatz) und zu Fuß zu den Seen laufen, um die Spätfähre (16.30 Uhr) zurück nach Trstenik zu nehmen.

Babino Polje

Das Verwaltungszentrum von Mljet mit 550 Einwohnern bildet die „Großstadt" der Insel. Wein-, Mandel-, Feigen- und Olivenanbau sind die Haupterwerbszweige in Babino Polje, Touristen sieht man hier eher selten. Immerhin gibt es im Ort ein kleines Trachtenmuseum (Eintritt 5 K) sowie die zwei Kirchen Sv Blas (13. Jh.) und Sv Juraj (14. Jh.). Ein herrlicher **Wanderweg** führt hinauf zum Veli Grd, mit 514 Metern höchster Punkt der Insel. Er ist ab der Kapelle am Ortseingang beschildert; unterwegs trifft man auf einige **Tropfsteinhöhlen.** Neben Post, Minimarkt und Ambulanz gibt es eine Bäckerei, welche ganz Mljet versorgt.

Nützliches

- **AC Mungos** €€€, Tel. 020-745060, mit Restaurant, Minimarkt und Wechselstube.

Saplunara

Über die Weiler Prožura, Maranovići und Korita (das „Ölgebiet" von Mljet: Olivenanbau) führt das Sträßchen bis zur Bucht Saplunara mit herrlichem Blick zu den Elaphiten-Inseln. Saplunara ist wegen des feinen **Sandstrandes** außerordentlich beliebt.

036da Foto: fz

Insel Korčula

Korčula (48 km lang, max. 8 km breit), die „grüne Insel" Dalmatiens, kann von Split und Drvenik aus direkt oder über die Halbinsel Pelješac angefahren werden. Insbesondere bei letztgenannter Möglichkeit sticht der landschaftliche Unterschied zwischen den schroffen Mittelgebirgsketten von Pelješac und den sanften, bewachsenen Hügeln von Korčula ins Auge. Neben Pinien, Kiefern und Palmen gedeihen hier Oliven, Feigen, Wein, Granatäpfel und sogar Zitrusfrüchte. Die rund 17.000 Einwohner leben heute überwiegend vom Frem-

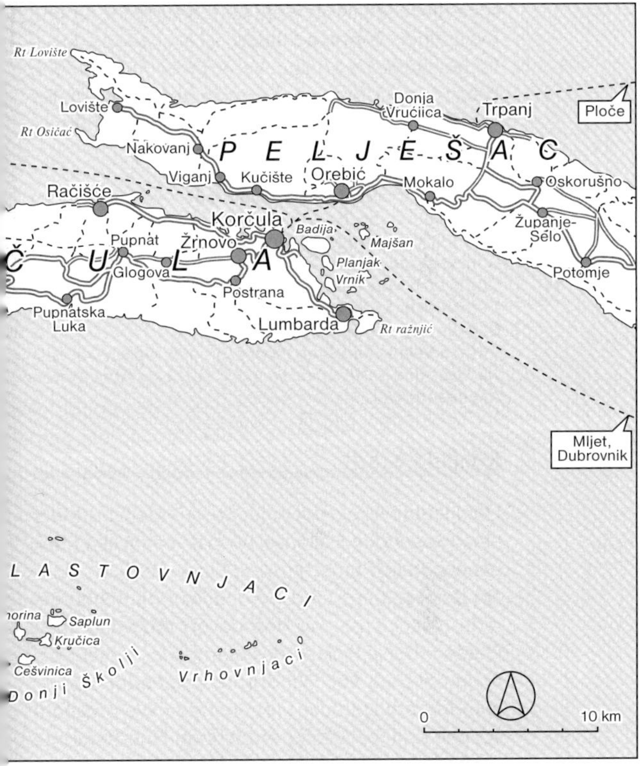

denverkehr. In den Glanzzeiten des 15. und 16. Jh. spielte der Schiffbau eine bedeutende Rolle. Das touristische Interesse an Korčula begründet sich auf dem faszinierenden Städtchen Korčula mit seinem frühneuzeitlichen Erscheinungsbild, den schönen Stränden sowie dem milden Klima bei fast 300 Sonnentagen im Jahr.

Geschichte Die griechischen Kolonialisten des 4. vorchristlichen Jahrhunderts trieben regen Handel mit Salona (⇨Solin), Trogir und Vis. Zur Zeit des Kaisers *Augustus* römisch, geriet Korčula später immer wieder in den Blickpunkt des Interesses der unterschiedlichsten Regenten und Nationen: Goten, Byzantiner, Neretva-Piraten (⇨Makarska), kroatisch-ungarische Könige, Venezianer (1420–1797), Franzosen, Österreicher, Engländer, Russen, Italiener – von einer serbischen Besetzung im Bürgerkrieg blieb Korčula dagegen verschont.

Überfahrt

Der Altstadthafen von **Korčula-Stadt** wird nur von den Schnellfähren von/nach Rijeka und Dubrovnik angefahren, alle PKW-Fähren legen in **Dominče,** knapp 5 km Richtung Lumbarda, an und ab (Pendelbusverkehr). Verbindungen: 12x täglich von/nach **Orebić** auf Pelješac für ca. 10 €, 1–2x täglich (Sa/So 3x täglich) von/nach **Drvenik** für ca. 22 €; Preise jeweils für PKW mit 2 Personen.

Nach **Vela Luka** fahren PKW-Fähren 1x täglich von Split via Hvar und Lastovo für ca. 42 € sowie 1x/Woche von **Ancona** (Italien).

Korčula-Stadt

Der Hauptort liegt auf einer kreisrunden, ins Meer hinausragenden Halbinsel und ist vom Wasser beinahe gänzlich umschlossen. Dass die Stadt quasi am Reißbrett entstand, verdeutlicht die schnurgerade Mittelachse mit den davon abzweigenden Gassen. Diese Anlage des Stadtbildes bietet optimalen Schutz vor Wind und sengender Sonne, außerdem waren die umgebenden Wehrmauern schnell und geradlinig erreichbar. Eine derartige Stadtplanung war während der Türkenkriege typisch, europäisches Paradebeispiel hierfür ist Valletta auf Malta. Von April bis Oktober wird an den Stadttoren einmal wöchentlich die Moreška, ein symbolischer **Schwerttanz** in Erinnerung an die Türkenkriege, im Rahmen der Sommerfestspiele aufgeführt. Die Hintergrundmusik dazu wird mit Trommeln und Dudelsäcken erzeugt.

Sehenswertes

Die mittelalterliche äußere **Befestigungsanlage** mit Wehrmauern, Kastellen und zwei Stadttoren ist teilweise gut erhalten; heute verläuft hier die **Uferpromenade** um die Altstadt herum. Als Hauptzugang zur Altstadt dient das Landtor Veliki

Revelin von 1571; links hinter dem Tor liegt das Rathaus aus dem 16. Jh. mit der städtischen Loggia.

Die Hauptachse führt weiter zum höchsten Platz der Stadt, dem Trg Sv Marka mit der Kathedrale und dem **erzbischöflichen Palast.** Letzterer birgt eine Schatzkammer mit Feinschmiedearbeiten, Trachten und Handschriften sowie einer Münzsammlung. Die klobig-wehrhafte, dreischiffige **Kathedrale Sv Marko** (Mo–Sa 9–21 Uhr) entstand im 15. und 16. Jh. und gilt als das bedeutendste architektonische Monument der Stadt. Besonders augenfällig sind das steinerne Ziborium (Altarbaldachin) von 1486 sowie das Titularbildnis hinter dem Hauptaltar (hl. Markus, Hieronymus und Bartholomäus) von *J. Tintoretto* aus dem 16. Jh. Unmittelbar neben der Kathedrale steht die Kapelle des Pestheiligen Sv Rok mit einem faszinierenden barocken Marmoraltar.

Das **Marco-Polo-Haus** (beschildert) soll das Geburtshaus des Missionars und China-Reisenden *Marco Polo* gewesen sein - die Historiker sind sich über die Authentizität uneinig. Einige hübsche **Patrizierpaläste** sind ebenfalls beachtenswert, so der Palazzo Arneri (heute Galerie) oder der Palazzo Gabrielli mit dem **städtischen Museum** (geöffnet täglich 10–13 und 17–19 Uhr, Eintritt 10 K).

Am südöstlichen Altstadtende steht die **Allerheiligen-Kapelle Svi Sveti** aus dem 15. Jh., deren Altarbereich als ein Meisterwerk des österreichischen Bildhauers *G. R. Donner* (1693–1741) gehandelt wird. Angeschlossen ist ein kleines Ikonenmuseum (täglich 9–12 und 16–18 Uhr, Eintritt 6 K).

Info und Agenturen

- **Touristeninformation,** Obala V. Paletina (Promenade), Tel. 715701.
- An der Uferpromenade liegen mehrere Agenturen für Ausflüge, Zimmervermittlung usw., beispielsweise **Marko Polo Tours,** Tel. 020-715400, Fax 715800, marko-polo-tours@du.tel.hr, **Korčula,** Tel. 020-711067, Fax 711710, htp-korcula@du.tel.hr, und **Atlas Korčula,** Tel. 020-711060, Fax 715580, atlas-korcula@du.tel.hr.
- **Jadronlinija** (Fährtickets), hat ein Büro naher der Altstadtanlegestelle (Ostseite). Tel. 020-715410, Fax 711101.

Camping

●**AC Kalac** €€, Tel. 020-711182, Fax 711746, 4 km außerhalb der Altstadt, mit Sandstrand, Bootsverleih und Tennis.
●Die Hochburg für Campingfreunde liegt in den Buchten zwischen Korčula-Stadt und dem Badeort Račišće mit den Camps **Oskorušica** €, Tel. 020-710747, **Tri Žala** €, Tel. 020-721244, und **Vrbovica** €, Tel. 020-721311.

Unterkunft

Wer nur die Stadt besuchen möchte, kommt günstiger weg, wenn er in Orebić bleibt und Tagesausflüge unternimmt.
●**Hotel & Apartments Liburna** €€€€ , Tel. 020-726006, Fax 711066, htp-korcula@du.tel.hr, ist sicher schön und gut – aber 200 € für ein 2-Zimmer-Apartment ohne Verpflegung sind übertrieben. Ganz zentral an der Promenade liegt das kleine **Hotel Korčula** €€€€, Tel. 020-711078, Fax 711026, htp-korcula@du.tel.hr. Das **Hotel Park** €€€, Tel. 020-726004, Fax 711746, htp-korcula@du.tel.hr, liegt in Gehnähe, mit Disco/Bar. Dahinter folgt das **Hotel Marco Polo** €€€, Tel. 020-726100, Fax 711180, htp-korcula@du.tel.hr, mit Tennis, Verleih von Fahrrad, Moped, PKW, Booten und Surfbrettern.
●3 km außerhalb, dafür mit Sandstrand, liegt das **Hotel/ Apartments Bon Repos** €€€, Tel. 020-711102, Fax 711122, htp-korcula@du.tel.hr.

Essen und Trinken

●Günstige Kleinigkeiten serviert die **Snackbar** am Busbahnhof.
●Preiswert ist auch die **Pizzeria Amphora** in der Altstadt.
●Gehobenere nationale Küche bietet das **Marina-Restaurant** im Yachthafenbereich.
●Besonders empfehlenswert für lokale Küche ist die **Konoba Mare** (am Marco-Polo-Haus in der Altstadt), Tel. 020-711253, mit Gewölbekeller.

Aktivitäten

●**Bademöglichkeiten** bestehen an den Hotel- und Campingstränden; Bootstaxis fahren vom Altstadthafen zu den unmittelbar vorgelagerten Badeinseln Badija, Majsan, Vrnik und Stupa (FKK, je 10 Minuten Fahrt).
●Die **ACI-Marina Korčula,** Tel. 020-711661, Fax 711748, ist ganzjährig geöffnet.
●Die Hotels bieten **Bootsverleih, Tennis** usw.; die Agenturen arrangieren **Inselrundfahrten** und **Ausflüge** (z.B. nach Dubrovnik).
●Nachtschwärmer gehen gern in die **Disco Bon Repos** im gleichnamigen Hotelkomplex.

Nützliches

●Vor dem Busbahnhof links auf dem **Parkplatz** parken, denn in der Altstadt sind keine Parkplätze. Am Schulparkplatz hier gibt es einen **Rad-, Moped- und PKW-Verleih.**
●Am Altstadteingang liegen eine **Splitska Banka** (Mo–Fr 7–21 Uhr, Sa nur vormittags) und die **Post** (täglich 7–22 Uhr, So 9–12 Uhr). Am Hafenbecken liegen ein großer **Su-**

037da Foto: wl

Süddalmatien

permarkt, eine **Splitska Banka** (EC-Automat) und das empfehlenswerte **Café Arula,** rechts vom Revelin-Tor der **Markt** mit Souvenirhändlern.

Bus

Der Busbahnhof liegt am Marina-Vorplatz (Obala K. Brodograditelja). **Inselbusse:** 6x täglich Korcula – Vela Luka 5.30–18.30 Uhr; 13x täglich (So nur 4x) Korcula – Lumbarda 7–20.30 Uhr. Ein Pendelbus verbindet den Busbahnhof mit dem Fährpier Dominče (abgestimmt auf die Fährzeiten). **Fernbusse** fahren 1–3x täglich über Orebić nach Dubrovnik.

Lumbarda

Acht Kilometer südlich von Korčula-Stadt und nur knapp drei Kilometer vom Fährpier Dominče entfernt, führte die 1100-Seelen-Gemeinde Lumbarda lange Zeit ein eher stiefmütterliches Dasein. Ein paar hübsche, stilvolle Villen, eine kleine Marina, ein hervorragender, ausgedehnter Strand und nicht zu vergessen die Weingärten, aus deren Trauben die berühmten schweren Weißweine gewonnen werden, trugen jedoch dazu bei, dass Lumbarda mittlerweile recht überlaufen wirkt. Antike Funde (älteste südslawische schriftliche Überlieferung), die barocke Pfarrkirche Sv Rok aus dem 16. Jh. sowie die Geburtshäuser der dalmatischen Künstler *I. Lozica* und *F. Kršinić* sind die wichtigsten Sehenswürdigkeiten von Lumbarda.

Nützliches

⇨

- **Post, Supermarkt** und **Turist-Biro,** Tel. 020-712605, liegen an der Hauptstraße.
- Als Unterkunft (deutlich günstiger als Korčula-Stadt) bieten sich das **Hotel Borik** €, Tel./Fax 020-712433, lovor@du.htnet.hr, die **Apartments Lina** € (beschildert), Tel. 020-712150, Fax 712155, lina-lumbarda @du.tel.hr, sowie mehrere kleinere **Campingplätze** an.
- Besonders empfehlenswert ist das Fischrestaurant **Konoba Feral** am Meer.
- **Marina:** Tel. 020-712730, Fax 712755.
- **Tauchbasis MM Sub,** Tatinja 65, Tel. 020-712288.

Zwischen Pupnat und Blato

Vor Pupnat weist links ein werbeähnliches Schild auf den **Strand von Brača** hin (ruhige Strandbucht auf der Südseite). Bei Pupnat selbst achte man auf das kleine Schild Pupnatska Luka – der Weg wird sehr holprig, ist aber gerade noch fahrbar. Hier liegt die **schönste Bucht** der Insel, man muss sich den Abstieg auf Trampelpfaden von oben suchen, sobald man die Bucht erblickt (keinerlei Hinweise). Die Hoppelstraße führt im Bogen zur Inselhauptstraße und via Cara zum **Weinort Smokvica** mit Post und Minimärkten.

Hier führt die Küstenroute (gut befahrbar) über Brna (Hotel Seral, stilles Örtchen) bis Prižba, ein kilometerlanges, aber in keinster Weise überlaufenes Straßendörfchen mit Metzger, Minimarkt sowie Fahrrad- und Mopedverleih (Tel. 020-861041). Der gesamte Abschnitt mit Blick auf ein Dutzend zum Greifen naher vorgelagerter Inselchen ist vor allem ein besonderer **Tipp für Bootsbesitzer.**

Die Küstenstraße steigt in Gršcica steil nach Norden an und führt über die **brandgeschädigten Höhenwälder** zum einstigen Hauptort Blato mit Supermarkt und der empfehlenswerten Pizzeria Sunje.

Nützliches

- In Prižba bieten das **Hotel Alfir** sowie am Küstensträßchen bis Gršcica zahllose **Privatvermieter** Zimmer und Apartments an. Empfehlenswert sind die preiswerten und guten Restaurants **Cerin** und **Prižba.**
- In Gršcica liegen die italienisch-kroatische **Tauchbasis NS Sub** (Tel. 020-861045), das **Restaurant Gršcica** sowie eine Slipanlage.

Vela Luka

Vela Luka (4500 Einwohner) ist der zweitwichtigste Ort auf Korčula und liegt in einer tief eingeschnittenen Bucht an der Westseite der Insel am Fuße des 376 Meter hohen Hum. Weinkelterei, Olivenölgewinnung, Schiffbau und Fischverarbeitung bilden die Haupterwerbszweige der Bewohner, mit der Fährverbindung von/nach Split rollt auch zunehmend der touristische Rubel. Letztlich sorgt auch ein Therapiezentrum für Erkrankungen der Atemwege, eine Art **Kurhotel** €€€€ (Tel. 020-812700, Fax 812044), für einen Aufschwung. Sehenswert ist die **Pfarrkirche** mit angeschlossenem **Sakralmuseum** (geöffnet 9–12 und 20–22 Uhr).

Nützliches

- Die Agenturen **Atlas,** Tel. 020-812078, Fax 812602, turagen-atlas@du.hinet.hr, und **Kale,** Tel. 020-813203, sowie die **Touristeninformation Vela Luka,** Tel. 020-812609, an der Uferstraße vermitteln u.a. Unterkunft.
- Einfache Snacks bietet **Sardin Fast Food** unten im Zentrum, sehr gut und gemütlich speist man in der **Pizzeria Vertigo** (an der Kirche). In der **Pizzeria Alfa** wird abends Discomusik geboten, das **Restaurant Bore** bietet neben guten Fischgerichten einen feinen Blick über die Bucht.
- **Verbindungen:** ein Personenboot im Hafenbecken verbindet Vela Luka (via Hotel Adria) mit den vorgelagerten Badeinseln Ošjak (3x täglich) und Položnak (8x täglich).

- **Rad- und Fahrzeugverleih** bei der Wechselstube Euroherz am Ufer.
- Für abendliche Unterhaltung sorgt die **Disco Club.**
- **Supermarkt** und **Banken** liegen ebenso wie die **Post,** Mo–Sa 7–20 Uhr zentral; EC-Automat am Café Casablanca.

Camping

- 7 km außerhalb liegt der Campingplatz **AC Mindel** €€€, Tel. 020-813600, Fax 812494, gmaricic@hotmail.com.

Unterkunft

- Im Zentrum liegt das kleine **Familienhotel Dalmacija** €, Tel. 020-812022, Fax 812042, contactus@humhotels.hr. Etwas außerhalb bietet das **Adria** €, Tel. 020-812700, Fax 812720, contactus@humhotels.hr, All-Inclusive. Das **Hotel Jadran**€-€€, Tel. 020-812036, contactus@humhotels.hr, nennt sich „Youth Hostel", ist aber ein normales Hotel.

Insel Lastovo

Die 46 km^2 große Insel Lastovo mit insgesamt nur 1250 Einwohnern gehört zwar zum Archipel von Dubrovnik, ist aber ohne eigenes Boot nur von Split aus erreichbar. Besonders bei Seglern sind einige der vorgelagerten Inselchen sehr beliebt: Mrčara, Saplun und besonders Kopište mit seinen Sandstränden. Lastovo gehörte wie Korčula und Mljet zur Republik Ragusa, entwickelte aber nach *Napoleon* und der Zerschlagung der Republik im frühen 19. Jh. eine für abgelegene Inseln typische Eigenbrötelei. Auch landschaftlich bietet Lastovo mit seinen **Steilküsten,** nur wenigen Bademöglichkeiten, größeren Waldbeständen um den höchsten Berg Hum (418 m) und der vergleichsweise geringen landwirtschaftlichen Nutzung ein eher untypisches Bild der dalmatischen Inselwelt.

Ubli, der Fährhafen der Insel in einer geschützten Bucht im Westen, bietet Post, Minimarkt, Tankstelle und einen kleinen, nahe gelegenen Kiesstrand. In **Pasadur** verbindet eine Brücke Lastovo mit der Insel Prežba. Der Ort ist für seine Sandstrände bekannt. Der Inselhauptort **Lastovo** (800 Einwohner) thront fast 90 Meter oberhalb des Meeres auf einem Hügel und ist das administrative und kulturelle Herz der Insel. Sehenswert sind die dem Schutzpatron von Dubrovnik, Blasius, geweihte Pfarrkirche Sv Vlaho aus dem 15. Jh. sowie die Ruinen einer venezianischen Festung. Mehrere Wanderwege führen zu den Inselenden sowie zur Badebucht Zaklopatica unterhalb von Lastovo.

Überfahrt

Eine Verbindung zwischen dem Fährort **Ubli** und **Split** via Hvar und Korčula besteht einmal täglich für ca. 53 € (PKW mit 2 Personen).

Nützliches

- Auskünfte erteilt die winzige **Touristeninformation Lastovo,** Tel. 020-80002, im Ortskern.
- In Pasadur gibt es gute **Fischlokale** sowie das ruhige **Hotel Solitudo** €€, Tel. 020-805134, Fax 801027, mit **Tauchschule Triton,** Tel. 042-282380, Fax 214422.
- Geldwechsel ist in Lastovo bei der **Splitska Banka** (nur Mo–Fr 8–13.30 Uhr) sowie bei der **Post** (8–14 Uhr) möglich.
- Lastovo hat eine **Apotheke** und eine **Erste-Hilfe-Station.**
- **Tauchen** ist auch bei Mare Turist möglich, Tel. 020-801022.

Dubrovnik

„Kroatisches Athen – Perle des slawischen Südens – schönste Stadt der Adria“, es gibt kaum einen Superlativ, den Dichtung und Reiseliteratur noch nicht für die in der Tat faszinierendste und **beeindruckendste Stadt Kroatiens** ersonnen haben. Der berühmte irische Dichter *George Bernard Shaw* (1856–1950) sagte nach einem Aufenthalt in Dubrovnik: „Diejenigen, die das Paradies auf Erden suchen, sollten nach Dubrovnik kommen.“ Mit der rationalen Objektivität des frühen 21. Jh. betrachtet, sollte man sich vom überschwänglichen Gebrauch der Begriffe „Paradies“ und „Perle“ etwas distanzieren, doch selbst der nüchternste und sachlichste Besucher der Stadt wird sich dem Zauber dieses wundervollen, lebendigen Relikts früherer Jahrhunderte nicht entziehen können. Würde plötzlich am Hafen eine venezianische Gondel mit leibhaftigen Dogen anlegen –

kaum jemand würde erstaunt das Haupt heben, sondern diese wundersame Auferstehung der Geschichte ebenso gelassen hinnehmen wie das flatternde Flügelschlagen der Tauben am Stradun.

Die ringsum begehbaren Stadtmauern, eine grandiose frühneuzeitliche Szenerie der Stadtarchitektur, die unmittelbare Meereslage und das mildeste Klima der kroatischen Adria mit teilweise subtropischer Vegetation im Umland ziehen alljährlich Hunderttausende von begeisterten Besuchern an. Dubrovnik (59.500 Einwohner) wurde 1980 komplett unter **UNESCO-Denkmalschutz** gestellt, was serbische Artilleristen im Bürgerkrieg (1991–95) nicht von der Meinung abhielt, die Stadt gehöre unter die Meeresoberfläche. Einige Hinweistafeln erinnern an die **Zerstörungen,** ansonsten würde nur der aufmerksamste Beobachter noch hie und da ein paar kleine Restschäden entdecken. Seit 1996 wurde aufopferungsvolle **Wiederaufbauarbeit** geleistet, so dass das Kronjuwel Dalmatiens wie gewohnt im Glanz früherer Jahrhunderte erstrahlt.

038da Foto: wl

Stadtgeschichte

Die Entstehung der Stadt verliert sich im trüben Verlauf der Geschichte, Legenden verflechten sich mit historischen Tatsachen, Niederschriften aus dieser Zeit gibt es nicht. Mit der Völkerwanderung und den Richtung Meer vordringenden Slawen des 7. Jh. beginnt die belegbare Geschichte der Stadt. Die Siedler bewohnten die kleine, heute von den Altstadtmauern umgebene Insel Lauza (Rausa), was **„Ragusa"**, den **alten Namen Dubrovniks,** erklärt. Fast zeitgleich (soweit nachweisbar) wurde am Fuß des Berges Srd in unmittelbarer Nähe die Siedlung Dubrava („Eichenwald") gegründet, was zum einen auf den einstigen Bewuchs, zum anderen auf die Herkunft des Namens Dubrovnik (seit 1918) verweist.

Beide Siedlungen schienen zu kooperieren und auch zu florieren und entwickelten sich zusammen rasch zu einer bedeutenden **Seehandelsstation** mit weitgehender Autonomie unter byzantinischer Oberhoheit (8.–10. Jh.). Die folgenden drei Jahrhunderte waren von einem stetigen Streben Venedigs geprägt, die prosperierende Metropole auf der anderen Adriaseite zu kontrollieren, was aber nur zeitweilig (1205–1358) gelang. Nach dem Frieden von Zadar blieb Ragusa von 1358 bis 1526 **unabhängige Freistadt** unter nominell kroatisch-ungarischer Oberhoheit.

In der Zeit vom 14. bis zum frühen 17. Jh. erfolgte die größte Blüte und weiteste geografische Ausdehnung der **Republik Ragusa:** die Halbinsel Pel-

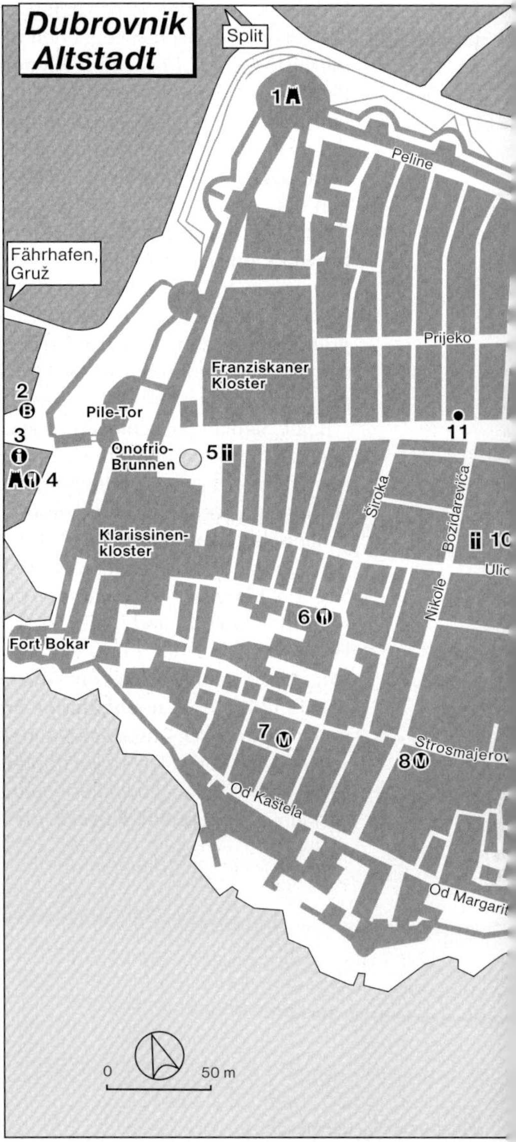
Dubrovnik
Altstadt
Split
1
Peline
Fährhafen,
Gruž
Prijeko
Franziskaner
Kloster
2
Pile-Tor
11
3
Onofrio-
Brunnen
5
4
Široka
Nikole Bozidarevića
Klarissinen-
kloster
10
Ulic
6
Fort Bokar
7
Strosmajerov
8
Od Kaštela
Od Margarit
0
50 m

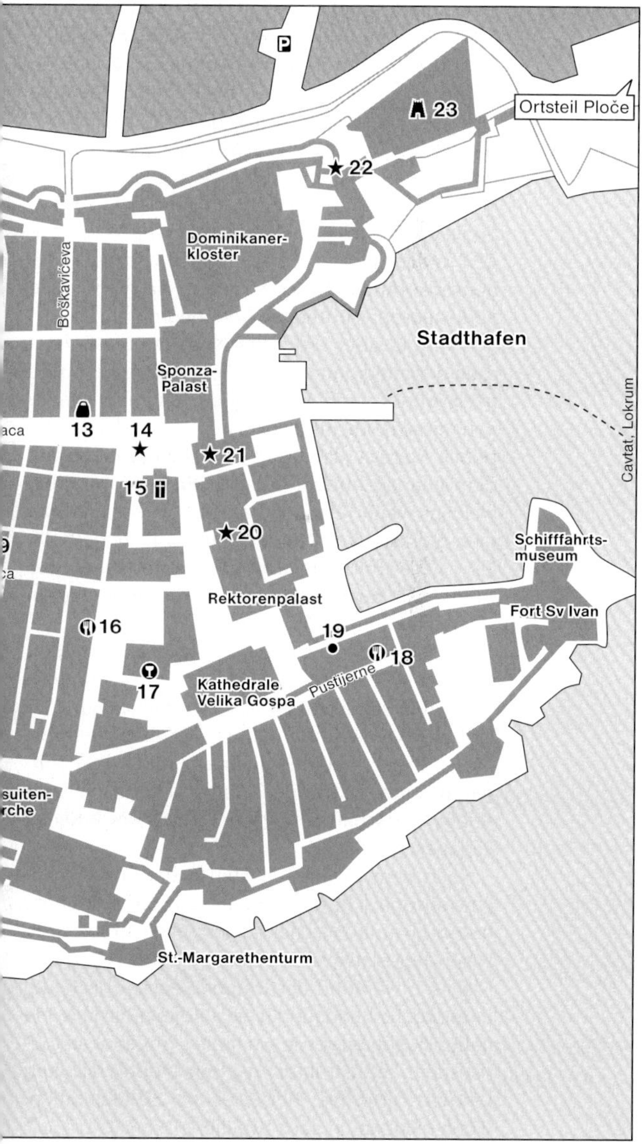

Ortsteil Ploče
23
22
Dominikaner-kloster
Boškavićeva
Stadthafen
Sponza-Palast
Cavtat, Lokrum
13
14
21
15
20
Schifffahrts-museum
Rektorenpalast
Fort Sv Ivan
16
19
18
17
Pustijerne
Kathedrale Velika Gospa
St.-Margarethenturm

ješac, die Inseln Lastovo und Mljet und der Küstenstreifen gut 50 Kilometer nördlich und südlich von Ragusa gehörten zum freien Staatsgebiet, während Restdalmatien wie auch Cattaro (heutige jugoslawisch-montenegrinische Küste südlich der kroatischen Grenze) an Venedig fiel. So entwickelten sich Freigeist und kulturelle Eigenständigkeit inmitten des italo-venezianisch geprägten Territoriums. Im 16. Jh. gab es diplomatische Vertretungen in aller Herren Länder sowie wichtige Friedensabkommen mit den Türken, die große Teile Südosteuropas besetzten oder bedrohten.

Während aber die frühe Neuzeit eine Forcierung des interkontinentalen Seehandels (Seewege nach Amerika und Asien) für die führenden Nationen mit sich brachte, schlief der Seehandel der Republik Ragusa allmählich ein. Einhergehend mit dem finanziell belastenden **Erdbeben** von 1667, welches weite Teile der Stadt zerstörte, kam es zu einem drastischen **Niedergang** im 17. und 18. Jh. Eine Verwahrlosung und das „Lotterleben" des Adels wie auch Pest und Stadtbrände hatten schon zuvor ihr Übriges getan.

Somit war die Festung Ragusa für die Truppen *Napoleon Bonapartes,* der die Republik Ragusa 1808 auflöste, leicht zu erobern. Mit seinem Abgesang (Wiener Kongress 1815) begann die Habsburger Phase, während derer zwar ein **früher Tourismus** unter dem neuen Namen „Dubrovnik" einsetzte, Wirtschaft und Handel jedoch nach Rijeka verlagert wurden.

Nach dem Zweiten Weltkrieg und mit der Suche europäischer Reisender nach malerischen, historisch authentischen Zielen setzte im sozialistischen Jugoslawien ein Boom ein, der – trotz aller Malaisen während des Bürgerkrieges – bis heute ungebrochen andauert. Eine autofreie Altstadt, ein naher Flughafen sowie ein breites Angebot an touristischer Infrastruktur machen Dubrovnik zum lohnenswertesten Reiseziel in Süddalmatien, wenn nicht gar in ganz Kroatien.

	1	Festung Minčeta		12	Ragusa 2
	2	Stadtbusse		13	Buchladen Algoritam
	3	Touristeninformation	★	14	Orlando-Säule
	4	Festung Lavrijenac,		15	Sv Vlaho
		Nautica		16	Fischlokal Gundulića
	5	Sv Spas		17	Picolo Bar, Cocktail Bar Mirage
	6	Pizzeria Mea Culpa		18	Restaurant Amoret
	7	Museum Rupe	•	19	Erzbischöflicher Sitz
	8	Museum Rupe	★	20	Stadthalle
	9	Ikonenmuseum	★	21	Uhrturm
	10	Serbisch-orthodoxe Kirche	★	22	Lukas-Turm und Ploče-Tor
•	11	Ticket-Verkaufsstelle für Dubrovnik-Festspiele		23	Fort Revelin

Orientierung

Parken wird zunehmend zu einer Kunst! Von Norden kommend, fährt man durch den Ortsteil Gruž, von Süden, oben an der Umgehungsstraße rechts durch die Unterführung direkt in den Ortsteil Pile bis zum T-Ende (dort rechts nach/von Gruž), links zur Altstadt (Zagrebacka Ul., hier ist auch die Polizei und fährt Bus Nr. 10 nach Cavtat). Man sollte so früh wie möglich parken, unten am **Pile-Tor** sind Plätze rar und teuer. Am Pile-Tor beginnt meist ein Rundgang durch die Altstadt.

Zentrale Achse der Stadt ist die **Placa,** eine breite Promenade mit Boutiquen und Cafés. Von ihr zweigen beidseitig endlose Gassen und Gässchen ab, meist treppenartig, bis zu den Wehrmauern hinauf.

Busbahnhof und **Fährhafen,** in deren Nähe reihenweise Hotels zu finden sind, liegen zwei Kilometer außerhalb der Stadtmauern. Alle Sehenswürdigkeiten der Altstadt sind leicht zu Fuß zu erkunden. Man sollte ruhig zwei oder drei Tage für einen Besuch Dubrovniks einplanen – es gibt genug zu sehen!

039da Foto: wl

Altstadt

Festung Dubrovnik

Außerhalb der Stadtmauern vor dem Pile-Tor steht ein Schutzfort auf einem 37 Meter hohen Felsen. Die Chronisten berichten, dass es um 1055 in nur drei Monaten fertig gestellt wurde. Die Festung hat zu den drei Außenseiten hin ungewöhnlich starke Mauern (4–12 m), stadtseitig dagegen sind sie nur 60 cm dick – angeblich, damit der Kommandant dieser Festung, der aus den Reihen der Gutsbesitzer stammte, leicht hätte vertrieben werden können, für den Fall, dass er die Stadt zu tyrannisieren versucht hätte. Im Zweiten Weltkrieg diente das Fort als Gefängnis, heute wird es restauriert und soll in Kürze ein **Museum** beherbergen. Für die Nachwelt steht über dem Tor: „Non bene pro toto libertas venditur auro" („Ungut ist es, für alles Geld der Welt die Freiheit zu verkaufen").

Das Pile-Tor, der Zugang zur Altstadt

Tor von Pile Das auch „griechisches Tor" genannte Stadttor entstand im Jahre 1537 und wird von der Skulptur des Stadtheiligen, Sv Vlaho (ein Werk von *I. Meštrović,* ⇨Glossar), geschützt. Durch eine steinerne Brücke ist es mit einer **hölzernen Zugbrücke** verbunden, die allabendlich gehoben wurde und das Tor bei einer farbenfrohen Zeremonie schloss. Die erste steinerne Brücke errichtete 1397 *Ivan Sinjski.* Das innere Tor ist 1460 im gotischen Stil an jener Stelle erbaut worden, an der sich das älteste Stadttor überhaupt befand.

Stadtmauer Den Rundgang durch den alten Teil der Stadt beginnt man am besten an einer der beiden Zugbrücken. Die hier angeschlossenen hohen Mauern sind überall begehbar, was es in Kroatien sonst kaum gibt. Ein **Mauerrundgang** empfiehlt sich unbedingt. Eine Aufstiegsstelle befindet sich gleich hinter der Kirche Sv Spas (eine weitere bei Sv Ivan, beide täglich 9–19 Uhr, 15 K). Die Länge der Wehrmauern beträgt 1940 m, an der Festlandseite sind sie 4–6 m, meerseitig 1,5–3 m dick bei einer Höhe von bis zu 25 m. Die Wehrmauern waren mit Kanonen heimischer Waffenschmiede bestückt, etliche trugen das Reliefbild des heiligen Vlaho (Blasius), des städtischen Schutzpatrons. Von den Mauern genießt der Besucher ein **einmaliges Panorama** über die Altstadt und die Gewässer um Dubrovnik. Die **Festung Bokar** hatte die Aufgabe, das Haupteingangstor, die Brücke und den Graben zu verteidigen. Heute finden in ihrem Ambiente die Aufführungen der Dubrovniker Sommerspiele statt.

Sv Spas Der einschiffige Renaissancebau der **Erlöserkirche** nahe dem Pile-Tor wurde um 1520 von dem heimischen Baumeister *P. Andrijić* errichtet. Sie wird heute für **Wechselausstellungen** dalmatischer Maler und Skulpteure verwendet. Ihre Entstehung verdankt sie einem Erdbeben aus dem Jahre 1520, als dessen Folge sie im selben Jahr mit

Bitte um Verschonung vor künftigen Beben errichtet wurde.

Städtischer Brunnen

Der große Brunnen auf dem Vorplatz von Sv Spas, der aus einer zehn Kilometer entfernten Bergquelle gespeist wurde, ist ein Beispiel für die frühe städtische Wasserversorgung. Er wurde vom Architekten des Rektorenpalastes, *Onofrio della Cava,* im 15. Jh. aufgestellt und ist daher auch als Onofrio-Brunnen bekannt.

Franziskanerkloster

An Sv Spas schließt sich einer der schönsten Klosterbauten Kroatiens an, das Franziskanerkloster aus dem Jahre 1317. Der säulenbewehrte, spätromanische untere Kreuzgang zählt zu den schönsten seiner Zeit. Das dahinter liegende **Klostermuseum** (täglich 9–17 Uhr, 6 K) ist vor allem wegen seiner einzigartigen mittelalterlichen Klosterapotheke, einer umfangreichen Klosterbibliothek sowie wertvoller frühneuzeitlicher Stiche bekannt.

Sva Klara

Als eines der ersten Institute seiner Art in Europa entstand Ende des 13. Jh. das einstige **Frauenkloster** Sva Klara, in dem uneheliche oder ausgesetzte Kinder, vorwiegend von Priestern, ein Heim fanden. Rund 50 uneheliche Priesterkinder jährlich waren in der Tat eine stolze fortpflanzerische Leistung; die Behauptung, es habe in der Republik Ragusa an Priesternachwuchs gemangelt, kann man daher so nicht gelten lassen! Die Franzosen verwendeten das Bauwerk wesentlich profaner als Munitionsdepot, die Österreicher als Stallungen. Nach dem Zweiten Weltkrieg wurde das Kloster restauriert und in ein **Einkaufszentrum mit Gastronomie** umgewandelt.

Sv Vlaho

Alljährlich am 3. Februar erwacht die ansonsten eher ein stiefmütterliches Dasein führende Kirche Sv Vlaho am anderen Ende der Prachtpromenade Placa zu ungeahntem Glanz. An jenem Tag werden Festivitäten zu Ehren des **Stadtheiligen** von

040da Foto: wl

Dubrovnik, Sv Vlaho (Blasius), abgehalten, wobei die gleichnamige Kirche als Ausgangs- und Endpunkt von **Prozessionen** und feierlichen Umzügen dient. Unter anderem wird die Titularfigur auf dem Hauptaltar durch die Gassen von Dubrovnik getragen. Die Kirche selbst wurde vom Venezianer *M. Gropelli* zwischen 1706 und 1715 auf viereckigem Grundriss mit Kuppeldach errichtet.

Orlando-Säule

Die Statue vor Sv Vlaho erinnert an den Recken Orlando (Roland) aus dem 8. Jh., der einer Erzählung zufolge der Stadt im Kampf gegen (vermutlich arabische) Piraten heldenhaft zur Seite stand. Das Denkmal selbst entstand erst 1418 in der Werkstatt des lokalen Meisters *A. Dubrovčanin*.

Die Altstadt vom Ortsteil Ploče aus gesehen

041da Foto: wl

Palazzo Sponza

Schräg gegenüber der Vlaho-Kirche steht das dreigeschossige ehemalige **Zollamt,** gebaut zwischen 1516 und 1522 im Übergang von der Spätgotik zur Renaissance. Mitte des 16. Jh. kamen die Münzprägeanstalt der Republik Ragusa hinzu so-

Placa - die Prachtstraße von Dubrovnik

wie ein Kerker im Kellergeschoss. Der Palazzo Sponza zählt zu den wenigen Gebäuden der Stadt, die das Erdbeben von 1667 schadlos überstanden. Die Heiligenfigur an der Außenfassade stellt St. Blasius dar, den städtischen Schutzpatron.

Uhrturm und Glockenloggia Der dalmatische Uhrmacher *L. Mihočin* fertigte um 1444 das Uhrwerk für den 31 Meter hohen Glockenturm der Stadt. Bei Feuer, Angriffen, aber auch städtischen Ratsversammlungen und Bekanntmachungen wurde geläutet. Natürlich konnte auch die Zeit abgelesen werden, ein Zeiger gab sogar die wechselnden Mondphasen an.

Sv Dominik Das wehrhafte Bauwerk am nordwestlichen Ende der Stadtmauern entstand schon im frühen 14. Jh. und war Sitz der Dominikanermönche. Im 15. Jh. wurde es nach dem Bau des Ploče-Tores und der Erweiterung der Stadtmauern in die Stadtanlage einbezogen und bis ins 17. Jh. erweitert und verändert. Das erklärt auch die Stilmischung von gotischen Elementen und Merkmalen der Renaissance. Das Titularbild der ansonsten eher schmucklosen Klosterkirche erschuf der dalmatische Maler *V. Bukovac*. Die Sakristei birgt eine interessante Sammlung von Sakralgegenständen mit Folianten und etlichen Malereien (Eintritt 10 K).

Ploče-Tor und Fort Revellin Mitte des 15. Jh. entstand die Notwendigkeit, das Nordostende der Wehrmauern zu erweitern, mit einem Stadttor (Ploče-Tor) zu versehen und mit einer Festung (Fort Revelin, 16. Jh.) nebst Wassergraben abzusichern. Dahinter erstreckt sich der junge **Stadtteil Ploče** mit einigen Minimärkten und größeren Hotels, die meist über einen eigenen, ziemlich verwunschenen Treppenabgang zum Meer verfügen.

Ratspalast Unmittelbar neben dem Uhrturm steht der relativ junge Ratspalast der österreichisch-dubroviner Räte aus dem Jahre 1862, der auf den Gemäuern des 1816 bei einem Brand zerstörten ursprünglichen Ratspalastes aus dem 14. Jh. errichtet wurde. Heute dient er als **Rathaus** der Stadt und beherbergt ferner ein Café und das städtische **Kleinkunsttheater.**

Rektorenpalast

Eine ganze Reihe herausragender Bauten lässt den Glanz früherer Tage erahnen, unter den weltlichen Bauten ragt der Rektorenpalast ganz besonders hervor. Der auch für den Bau des Onofrio-Brunnens verantwortliche neapolitanische Baumeister *Onofrio della Cava* baute den Palast mit vier Flügeln um einen Innenhof zwischen 1435 und 1451.

Der vorgestellte **Säulengang** beherbergt zwei interessante Denkmäler, eine Büste des *M. Pracat,* eines Kaufmanns aus Lopud, sowie eine Äskulap-Tafel, der zufolge der griechische Gott der Heilkunde aus Cavtat stammen soll.

Der Palast dient heute als **städtisches Museum** und vermittelt einen umfassenden Eindruck aus dem Leben des Adels in den Zeiten der Republik. Im ersten Stock sind Trachten, Ansichten, Gemälde, Stadtbilder, Münzen der Republik Ragusa, Schmuck, Möbel und Waffen zu sehen.

Das Obergeschoss beherbergt die ehemaligen Wohn- und Diensträumlichkeiten des Rektors und gestattet einen vorzüglichen Einblick in das Leben und Werk der De-facto-Oberbürgermeister des alten Ragusa. Vorraum und **Rokokosaal** zeigen eine Galerie ehemaliger Rektoren sowie großartige martialische Darstellungen der Türkenkriege. Daran schließt sich der **Saal Louis XVI.** an mit religiösen Gemälden aus dem 18. Jh. Das **Kabinett** (Dienstzimmer) des Rektors birgt neben wertvollen Gemälden (u.a. „Venus und Adonis" von *P. Bordone,* „Taufe Christi" von *M. Hamzić*) ein Schmuckkästchen mit den **Stadttor-Schlüsseln,** welche der Rektor seinerzeit verwahrte. Der **Musiksaal** mit historischen Malereien und der **Schlafsaal** waren der Privatbereich des Rektors. Die beiden hintersten Räume dienen als Verwahrungsort von Weihgegenständen und Altartafeln sowie religiöser Gemälde aus dem 15. und 16. Jh. (Pinakothek).

Mehrere Erdbeben (1667, 1979) machten jeweils umfangreiche Restaurierungsarbeiten notwendig. Auch im Bürgerkrieg nahm der Palast Schaden, gehörte aber zu den am schnellsten wieder vollständig restaurierten Bauwerken der Stadt. Wegen seiner hervorragenden Akustik wird der Innenhof des Rektorenpalastes in die alljährlich im Sommer stattfindenden Konzerte anlässlich der **Dubrovniker Festspiele** einbezogen.

● Die **Öffnungszeiten** richten sich nach der Saison: Mo–Sa 9–13 und So 10–13 Uhr ist immer geöffnet, im Hochsommer zusätzlich täglich außer So 17–20 Uhr, sonst 14–18 Uhr; Eintritt 18 K, Kinder 8 K.

Marktplatz

Vom Rektorenpalast sind es nur wenige Meter zum Marktplatz, seinerzeit Ort des Geschehens bei lokalen Großereignissen wie Hinrichtungen und öffentlichen Bekanntgaben. Er wird überragt vom **Denkmal** des gebürtigen Ragusers und Dichters **I. Gundulić** (1589–1638), dessen Werk von den Themen Freiheitsliebe und Türkengefahr geprägt war.

Kathedrale

Die Ursprünge der Kathedrale Mariä Himmelfahrt liegen im Dunkel. Einer Legende zufolge soll der berühmte englische König *Richard Löwenherz* während seiner Rückfahrt von den Kreuzzügen vor Ragusa Schiffbruch erlitten haben. Für seine Rettung zeigte er sich durch eine große Spende an die Stadt erkenntlich, mit deren Hilfe im 13. Jh. die Kathedrale Sv Marija Gospa entstanden sein soll. Beim Erdbeben von 1667 zerstört, wurde von 1673 bis 1713 ein Neubau nach den Vorlagen der Vorgängerkathedrale vergleichsweise schlicht im italienischen Barockstil errichtet. Zentraler Kunstschatz im Inneren ist das Titularbild „Mariä Himmelfahrt" des großen Venezianers *Tiziano Vecelli* (1489–1576), genannt *Tizian.* Zur Kathedrale gehört auch die umfassendste Kirchenschatzkammer der Adria mit **Reliquien** ab dem 9. Jh., unter anderem den gold- und edelsteinbesetzten Hand- und Schädelreliquien des hl. Blasius.

●**Öffnungszeiten:** täglich 9–17.30 Uhr, So 11–17.30 Uhr, Eintritt 8 K.

Festung Sv Ivan

Von der Kathedrale, vorbei am archepresbyterischen Palast, erreicht man am äußeren Zipfel des alten **Stadthafens** das Fort Sv Ivan. Damals zum Schutz der alten Hafeneinfahrt errichtet, dient es heute als regionales **Schifffahrtsmuseum.** Auf zwei Etagen sind Modelle, Pläne, Bilder und Stiche aus dem 16.–20. Jh. zu sehen. Die Erläuterungen fallen teilweise etwas dürftig aus, viele Exponate sind allerdings auch ohne Erklärungen verständlich. Im Untergeschoss der Festung wurde ein kleines **Aquarium** mit Exponaten der adriatischen Meeresfauna angelegt.

●**Öffnungszeiten:** täglich 9–13 Uhr, Eintritt 5 K; Aquarium (gesonderter Zugang), Mo–Sa 9–20 Uhr, So/Feiertag nur 10–13 Uhr, Eintritt 15 K.

Sv Ignaciju

Von der Kathedrale in die Strossmeyerova hineingehend, öffnet sich nach wenigen Metern linker Hand der Vorplatz zum **Jesuitenkloster.** Es wurde nach dem Vorbild der römischen Jesuiten-Hauptkirche Il Gezu von 1699 bis 1735 unter der Aufsicht des damals hochverehrten römischen Baumeisters *A. Pozzo* im barocken Stil errichtet. Das einschiffige Tonnengewölbe mit seinen bescheiden wirkenden Seitenkapellen zählt zu den beeindruckendsten Barockkirchen Südosteuropas. Leben und Werk des Ordensgründers *Ignazius von Loyola* (gründete 1534 den von Papst *Paul III.* anerkannten Orden) sind in zahlreichen Altarbildern und Fresken verewigt.

Rupe-Museum

Aus der Zeit der lange andauernden Türkenbelagerungen stammt der **Getreidespeicher** Rupe, der mit seiner wasserdichten Innenbeschichtung für damalige Verhältnisse erstaunlich modern war. Heute ist hier ein kleines **ethnografisches Agrarmuseum** mit Exponaten zu Landwirtschaft und bäuerlichem Leben der Umgebung untergebracht.

- **Öffnungszeiten:** Mo–Sa 9–13 Uhr, Eintritt 5 K.

Orthodoxe Kirche

An der Ul. od Puča liegt eine größere orthodoxe Kirche der ehemals starken **serbischen Bevölkerungsgruppe** von Dubrovnik. Durch den Bürgerkrieg hat sich das ethnische Verhältnis recht einseitig verändert, die Kirche ist seitdem geschlossen. Vor dem Hintergrund des touristischen Interesses und dem verfassungsmäßigen Auftrag der Religionsfreiheit soll dieses serbisch-orthodoxe Monument der gemeinsamen altjugoslawischen Vergangenheit in Kürze wiedereröffnet werden.

Außerhalb der Altstadt

Insel Lokrum

Dem Stadtteil Ploče vorgelagert liegt die kleine Insel Lokrum mit ihren beliebten **Felsbadestränden,** an denen auch FKK-Anhänger auf ihre Kosten kommen. Sehenswert sind auf der Insel das alte **Benediktinerkloster** aus dem 11. Jh. (restauriert um 1860 als Adels-Sommersitz) sowie der natürliche **Salzsee Mrtvo More.**

- **An/Abfahrt:** Im Hochsommer alle 20 Minuten mit Pendelbooten ab dem alten Hafen, sonst stündlich.

Gruž und Dubrava

Zwei Kilometer westlich schließen sich die Bezirke Gruž und Dubrava an die Altstadt an. Hier liegen etliche moderne Hotels in parkähnlichen Anlagen sowie das **Strandbad Sumratin,** wo Einheimische wie Touristen Abkühlung vor der sengenden Hochsommersonne suchen. Die Fährboote zu den umliegenden Inseln fahren hier ab (vom Fährhafen, nicht zu verwechseln mit dem Altstadthafen).

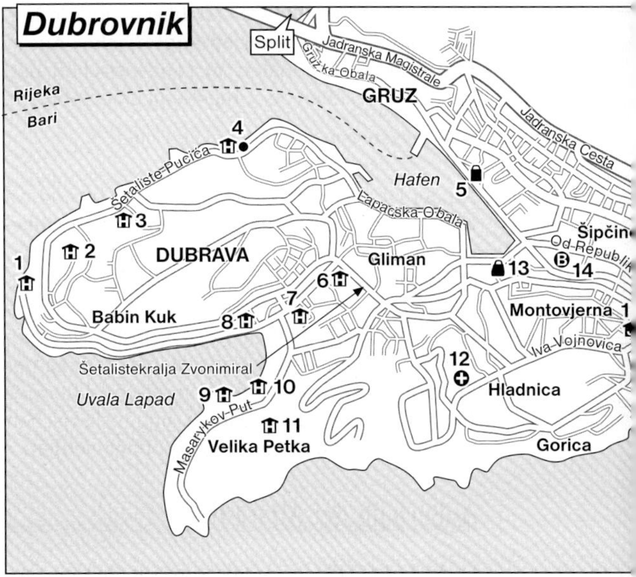

1	Hotel Dubrovnik	20	Stadtbusse
2	Hotel Argosy	21	Hotel Excelsior
3	Hotel Minčeta	22	Hotel Argentina
4	Vila Antea und	23	Hotel Dubrovnik Vila
•	Calypso Travel		
5	Markt		
6	Hotel Zagreb		
7	Hotel Sumratin		
8	Hotel Kompas		
9	Hotel Splendid		
10	Hotel Vis		
11	Hotel Adriatic		
12	Krankenhaus		
13	Einkaufszentrum Minčeta		
14	Busbahnhof		
15	Jugendherberge		
16	Bus Nr. 10 nach Cavtat		
17	Krankenhaus		
18	Hotel Park		
19	Touristeninformation		

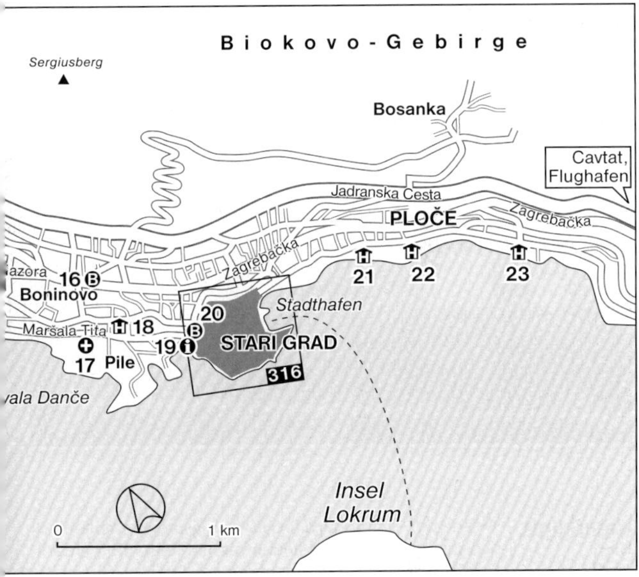

Praktische Tipps

Info und Agenturen

●**Touristeninformation:** Ul. Starcevica 7 (am Pile-Tor gegenüber den Bushaltestellen), Tel. 020-427591, täglich 8–20 Uhr.

●**Atlas** mit gleich drei Filialen am Pile-Tor, am Hafen und am Stradun, Tel. 020-442222, Fax 411100, atlas@atlas.tel.hr, Mo–Sa 8–12 und Mo–Fr 17–19 Uhr; im August durchgehend geöffnet; **Perla Adriatica,** Frana Supila 2 ,Tel./Fax 020-422766, perla-adriatica@du.hinet.hr, 50 m hinter dem Ploče-Tor, für Scooter, Geldwechsel, Touren und Unterkunft; nebenan auch weitere Fahrzeugverleiher (Hertz, Lamo, National Car und Autoteam).

Camping

In Dubrovnik selbst bzw. auf der Lapad-Halbinsel mussten alle **Camps** Hotelresidenzen weichen. 15 km nördlich liegt in Trsteno das gleichnamige €€-Camp, Tel. 020-751060, Fax 751010, in Orašac (ca. 10 km nördlich Dubrovnik) das AC Rudine €€€, Tel. 020-891228, Fax 891039. Besser – da im Stadtbusbereich gelegen – sind daher die Camps südlich von Dubrovnik (⇨Cavtat).

042da Foto: wl

Unterkunft

Wegen der sehr hohen Übernachtungspreise empfiehlt es sich generell für den kostenbewussten Reisenden etwa in **Cavtat** Quartier zu nehmen und per Stadtbus/Fähre Tagesausflüge in die Stadt zu unternehmen.

- An der Nordostseite der Lapad-Halbinsel liegt z.B. – mit Top-Blick zur Brücke – die **Vila Antea** €€ (schräg gegenüber der Agentur Calypso).
- Die **Jugendherberge** € liegt in der V. Sagrestana 3 (10 Min. vom Überland-Busbahnhof entfernt), Tel. 020-423241, Fax 412592, dubrovnik@ hfhs.hr, hfhs-du@du.hinet.hr (vorher reservieren, zur Not über die Touristeninformation).
- Eine beliebte und von vielen Reisenden empfohlene Privatunterkunft ist die **Pension Marija Butković,** Zvijezdiceva 2, Tel. 020-432792. Diese und rund 200 andere Apartment- und Zimmeranbieter findet man unter www.dubrovnik-online.com/english/private_accommodation.php.

Hotelunterkünfte in Dubrovnik sind, zumindest in Altstadtnähe, **sehr teuer;** in Gehnähe zum Altstadtzentrum liegen eine Handvoll empfehlenswerter Hotels, davon drei im Bezirk Ploče:

- **Hotel Dubrovnik** €€€€, Put Vlaha Bukovca, Tel. 020-422933, Fax 423465, info@hoteldubrovnik.hr, mit eigenem Boot zum Altstadthafen und bei 128 €/DZ geradezu spottbillig.
- **Argentina** €€€€, Frana Supila, Tel. 020-440555, Fax 432524, sales@hoteli-argentina.hr.

• Zum Argentina gehören auch die benachbarte, stilvolle **Vila Orsula** €€€€, Tel. 020-440555, Fax 432524, sales@hoteli-argentina.hr, und das **Excelsior** €€€€, Tel. 020-414222, Fax 414214, info@hotel-excelsior.hr. - In diesen Häusern kosten DZ ab 260 €, es können leicht über 400 € werden ... (pro Nacht, nicht pro Woche!).

• Auf der anderen Altstadtseite, in der Maršala Tita/Ecke Blažica, liegt das **Hilton Imperial** €€€€, Tel. 020-020320, Fax 020-320220, sales.dubrovnik@hilton.com. Das ehemalige Imperial wurde von der Hilton Gruppe übernommen und zum luxuriösen Top-Hotel mit warmen Erdtönen und Marmordekors in komfortablen Zimmern und Suiten umgestaltet, inklusive Fitnessanlage, Pool, Kinderbetreuung und Business-Center mit modernster Ausstattung. Schöne Lage unmittelbar an der Altstadt mit beeindruckenden Aussichten über die Dächer von Dubrovnik. Ab 96 € p.P./DZ, bis zu 225 €. Buchung und Anschrift: Marijana Blazica 1, Dubrovnik.

Günstigere Hotels findet man im Bereich Dubrava/Gruž, und zwar in den beiden Straßen Masarykov Put und Šetaliste Kralja Zvonimira. Die ersten drei liegen in einer dicht besiedelten Sackgasse der Lapad-Bucht. Der Rest liegt in einem zersiedelten Abschnitt rund um die Nordspitze Babin Kuk - teilweise mit Blick auf die neue Brücke. Stadtbus Nr. 5 ist an diese Hotels angebunden, hier werden auch die meisten Touristengruppen untergebracht.
• **Hotel Vis** €€€, Masarykov Put 2, Tel./Fax 020-437303, sales-vis@hotelimaestral.com.
• **Hotel Adriatic** €€, Masarykov Put 5, Tel./Fax 020-437302, sales-adriatic@hotelimaestral.com.
• **Hotel Splendid** €€€, Masarykov Put 6, Tel./Fax 020-437304, sales-splendid@hotelimaestral.com.
• **Hotel Zagreb** €€€, Šetaliste Kralja Zvonimira 31, Tel. 020-436146, Fax 436006, hot-sumratin@du.hinet.hr.
• **Hotel Sumratin** €€, Šetaliste Kralja Zvonimira, 31, Tel. 020-436333, Fax 436006, hot-sumratin@du.hinet.hr.
• **Grand Hotel Park** €€€, Šetaliste Kralja Zvonimira 39, Tel. 020-434444, Fax 434885, hotel@grandhotel-park.hr.
• **Hotel Kompas** €€€, Šetaliste Kralja Zvonimira, 56, Tel. 020-352000, Fax 435877, hotel-kompas@du.hinet.hr.

Daneben sind noch folgende Häuser erwähnenswert:
• Einmal das Luxushotel **President** €€€€ (mit Hallenbad, Tennis und Minigolf), Dulcica 39, Tel. 020-441100, Fax 435600, president@babinkuk.com.
• Sowie die Hotels **Argosy** €€€, Tel. 020-446100, Fax 435-578, sales.department@babinkuk.com, und **Minčeta** €€€, Tel. 020-447100, Fax 447603, minceta@babinkuk.com. Beide im mittleren Preissegment. Diese Hotels sind aktuelle Neubauten. Das Gelände wird weiter erschlossen.

Essen und Trinken

Dubrovnik als das Herz Süddalmatiens bietet eine breite gastronomische Angebotspalette von der einfachen Pizzeria bis zum Feinschmeckerlokal. Gerade in den verwinkelten Altstadtgassen entdeckt jeder bald seinen eigenen Favoriten, hier ein paar Empfehlungen:

- In den **Altstadtgassen** bei der serbisch-orthodoxen Kirche liegen mehrere einfache Pizzerien sowie das Selbstbedienungslokal **Express** mit Salatbar oder die gute Pizzeria Barracuda.
- Von allen Pizzerien verdient das **Mea Culpa** (Siroka Ulica bis zum Ende, dann rechts) ein Sonderlob: Die Portionen sind qualitativ und quantitativ überragend (Spezialität: Käselasagne)!
- Mehrere einfache, aber gute **Fischlokale** liegen am Gundulic-Platz, hier vor allem das gleichnamige Lokal unmittelbar am Platz mit Sitzbänken außen.
- Im gehobeneren Preissegment sind in der Altstadt insbesondere das **Amoret** (Od Pustijerne, hinter dem Bischofspalast) für Fisch- und Fleischplatten sowie das **Ragusa 2** in der Zamanjina 12 für dalmatische Spezialitäten zu nennen.
- **Außerhalb der Altstadt,** an der Stadtbus-Haltestelle (hinter der Feste Lavrijenac) liegt das Terrassenlokal **Nautika** (Brsalje 3, Tel. 442526, Reservierung empfohlen), das vielleicht beste, sicher aber teuerste Restaurant in Altstadtnähe, berühmt für ausgezeichnete Weine und Fischgerichte.
- In den Bezirken Gruž/Dubrava bietet sich für Selbstverpfleger der **Minimarkt** am Busbahnhof sowie der **Markt** mit Fischmarkt gegenüber vom Fährhafen an. Gutbürgerliche und mittelpreisige Lokalküche bietet hier der **Dalmacija Grill** nahe Fährhafen in der Gružka Obala.

Aktivitäten

- **Schwimmen** ist nicht überall möglich; einige brauchbare Stellen sind unterhalb der Hotels im Bezirk Ploče sowie im Bereich der Lapad-Bucht. Exzellente Bademöglichkeiten, auch FKK, bietet die Badeinsel Lokrum (Transfer ab Altstadthafen).
- **Tauchen:** Navis, Tel. 020-420876, navis@du.tel.hr.
- **Ausflüge** bieten sich über die örtlichen Agenturen zu den Elaphiteninseln, den großen Inseln und dem Festland an, etwa Molunat (250 K), Medugorje (Bosnien-Herzegowina, 180 K) oder Korčula (200 K).

Nightlife

- Abendunterhaltung bieten die zahlreichen hoteleigenen Nachtclubs, der Nobelschuppen beim **Nautika-Restaurant** sowie die Discos **Alkatraz** und **Arsenal** im Bezirk Pile westlich der Altstadt.
- Unmittelbar am Pile-Tor lockt die erste australische Bar Kroatiens, **Bila Bong,** Tel. 020-311777, mit Kuriosem vom fünften Kontinent.

- Das städtische **Spielcasino** (im Hotel Imperial) sorgt für allerlei Lust und Frust bei seinen Besuchern - Abendkleidung erwünscht!
- Wer im Juli/August in Dubrovnik sein sollte, kann bei den Reiseagenturen einen kostenlosen Plan der Veranstaltungen der **Dubrovniker Sommerspiele** erhalten - Musikkonzerte und Folkloristische Darbietungen in traditionellen Kostümen stehen dabei im Mittelpunkt, aber auch internationale Interpreten gastieren gelegentlich zu diesem Anlass.

Nützliches

- **Post:** Ul. Starcevica 1, Mo–Fr 8-20, Sa bis 17 Uhr. Briefmarken verkaufen alle Ansichtskarten-Händler.
- **Bank:** Mehrere Banken in der Altstadt (am Stradun mit EC-Automaten) sowie am Fährhafen.
- **Apotheke:** In Stradun sowie am Fährhafen.
- **Spital:** Dr. Sercera 1/Ecke Maršala Tita, Tel. 020-431777 sowie im Ortsteil Lapad (Bus 9 bis Bolnica/Krankenhaus).
- **Hafenmeisterei:** Obala Radica 75 (am Fährhafen), Tel. 020-418998.
- **Marina:** ACI Marina Mokošica-Dubrovnik, Tel. 020-455020, Fax 455022.

Flug

Der **Flughafen Cilipi** liegt rund 25 km südlich der Stadt und bietet derzeit nach Mitteleuropa nur Flüge via Zagreb an. Auskünfte und Buchungen bei **Croatia Airlines,** Ul. Starcevica (am Pile-Tor), Tel. 020-413777, Fax 413993, am **Flughafen** unter Tel. 020-773377 und den örtlichen Agenturen; ein Flughafenbus verbindet Stadtzentrum und Flughafen, abgestimmt auf ein- und ausfliegende Maschinen.

Bus

Stadtbusse verbinden das Altstadttor (Pile) und die wichtigsten Bezirke, u.a. Fährpier (Linien 1, 1a, 3), den Ortsteil Lapad (Linien 5 und 6), den Fährhafen Gruž (8), am Pile-Tor fährt jedoch nicht Linie 10 (Cavtat) - die fährt in der Zagrebacka (10 Gehminuten). Alle Busse kosten 10 K (abgezählt!), alternativ sind 10er-Karten zu 70 K in Hotels und an Kiosken erhältlich. Ausnahmen sind die Linien 15 (Ston) und 21 (Orebić) auf der Halbinsel Pelješac, die ca. 35 K kosten.

Fernverbindungen: Ploče und Split (7x täglich), Zagreb, (4x täglich), internationale Anbindung nach D/A/CH je nach Saison 2–4x wöchentlich. Auskunft und Karten am Busbahnhof, Put Republike 19, Tel. 020-357088, Gepäckaufbewahrung täglich bis 21 Uhr möglich.

Schiff

Der Fährpier von Dubrovnik an der Gružska Luka, Tel. 020-418998 für Hafenmeisterei, Tel. 020-418000 für Jadrolinija/Fähren, liegt gut 2 km westlich der Altstadt. Mit Gepäck empfiehlt sich daher ein Stadtbus. Es fahren nach **Koločep, Lopud, Šipan** (Elaphiten) 4 Fähren (täglich 9, 11, 14 und 19

Uhr, So und feiertags nur 9 und 20 Uhr), zwei PKW-Fähren täglich nach **Mljet,** zwei wöchentlich nach **Bari** (Italien), auch **Griechenland** und **Ancona** (Italien) sollen kurzfristig mit in die Anbindung von/nach Dubrovnik aufgenommen werden.

6x wöchentlich besteht ferner eine Eilverbindung nach **Rijeka** (mit Stopp in Sobra, Korčula, Vis, Hvar, Stari Grad, Split, Zadar, Brbinj und Rab).

Die **internationalen Boote** wie auch die Eilfähre (Personen) sind hoffnungslos überlastet, rechtzeitige Buchung bei Jadrolinija ist unbedingt ratsam (Obala Radica 40, am Hafen, Tel. 020-418000, Mo–Fr 7.30–13, 15–21 Uhr, Sa 7.30–13, 16–20 Uhr).

Private **Pendelboote** verbinden den alten Fährhafen mit der Badeinsel Lokrum.

Riviera von Dubrovnik

Sechs Kilometer südlich von Dubrovnik erstreckt sich ein halbes Dutzend kleiner Buchten und Orte (von Nord nach Süd Kupari, Srebreno, Mlini, Soline und Plat), die zusammen als Riviera von Dubrovnik bezeichnet werden und mittlerweile touristisch so gut erschlossen sind (Stadtbus- wie auch Bootsverbindungen mit Dubrovnik), dass sie eine beliebte Alternative zu den Unterkünften in Dubrovnik-Lapad wurden. Es handelt sich dabei nicht um neu entwickelte, mondäne Luxusbuchten, sondern überwiegend um nach dem Bürgerkrieg restaurierte, ehemalige jugoslawische Anlagen unterhalb kleiner Dörfchen.

Camping

- **AC Kate** €€ (Mlini), Tel. 020-487006.
- **AC Porto** €€ (Srebreno), Tel. 020-487078, Fax 487079.
- **AC Matkovica** €€ (Srebreno), Tel. 020-486096.
- **AC Laguna** € (Plat), Tel. 020-488960.
- **AC Paradiso** € (Plat), Tel. 020-488980.

Unterkunft

- Buchung über die **Agenturen** T&T, Tel. 020-487210, Spiona, Tel. 020-485611, spiona@du.tel.hr, und Vivado, Tel. 020-486471, vivado@du.hinet.hr, alle am Šetalište Marka Marojice in Mlini, oder über die **Touristeninformation Srebreno.**
- Die beliebte **Aparthotelanlage Orphee** €€ (Plat) kann direkt unter Tel. 020-488744, Fax 488620 oder hotel-plat

@du.hinet.hr kontaktiert werden. Weitere Anlagen sind das **Hotel Astarea** €€€, Tel. 020-484066, Fax 486362, hotelimlini@du.hinet.hr, und das **Hotel Mlini** €€, Tel. 020-486222, Fax 486053, gleiche E-Mail, beide im Bezirk Mlini.

Essen und Trinken

Auch wenn die meisten Urlauber abends nach Dubrovnik fahren, so bietet die Riviera von Dubrovnik doch einige feine (und preiswertere) Alternativen.

- Sehr beliebt ist das **Café Porto** (am Campingplatz) mit Snacks und günstigen Kleinigkeiten.
- Das **Mlinica** in Mlini hat sich auf rein vegetarische Speisen spezialisiert.
- Die **Trattoria Dante,** M. Marojice 34 in Mlini, Tel. 020-486575, bietet italienische und dalmatische Küche, während **Župski Komin,** Trgoviste 15, Mlini, Tel. 020-486330, vowiegend Anhänger der dalmatischen Kost anzieht.

Nützliches

- **Bank, Touristeninformation,** Tel. 020-486254, täglich 8–15 Uhr, **Erste Hilfe,** Tel. 020-486278, täglich 8-20 Uhr, und **Post** an der Hauptstraße beim Hotel Župa (Srebreno).
- **Internet Klub Mlini,** täglich 10–21 Uhr, Tel./Fax 020-487210.
- **Nachtklub Barbarela,** (Plat), Tel. 020-488660, täglich 22–4 Uhr.
- **Solaris Diving Center,** Tel. 098-243141, Fax 313106 in Plat. **Scooter-Vermietung** in der Bucht von Mlini, Tel. 091-2520134.
- **Busanbindung:** insgesamt ca. 25x täglich oben an der Hauptstraße mit den Stadtbussen 10 (⇨Cavtat) und 16 (10x täglich bis Srebreno, nur 3x täglich bis Plat).
- **Fährboote** nach Dubrovnik oder Cavtat: direkt am Pier bzw. über die oben genannte Agentur Vivado.

Süddalmatien

Cavtat

Noch vor wenigen Jahren kaum mehr als ein Fleck auf der Landkarte, hat sich Cavtat (6200 Einwohner), bedingt durch Fähr- und Busanbindung an Dubrovnik, zu einem **beliebten Ferienort** gemausert. Im 4. Jh. v. Chr. war Cavtat als das griechisch besiedelte **Epidauros** bekannt, was von den Römern übernommen wurde. Zerstört von Erdbeben und vordringenden Slawen in der Völkerwanderungszeit (7. Jh.) flohen die Bewohner nach Dubrovnik, der Ort geriet in Vergessenheit. Als die **Republik Ragusa** Süddalmatien kontrollierte, bauten wohlhabende Kaufleute an der Stelle des einstigen Epidauros ein neues Städtchen auf, welches im Schatten der großen Mutterstadt auch touristisch ein eher stiefmütterliches Dasein führte. Das Hinterland Richtung bosnische und jugoslawische Grenze ist von außerordentlicher Fruchtbarkeit geprägt (Obst, Gemüse, Feigen und Oliven), was sich durch Bewässerungssysteme, die noch aus griechisch-römischer Zeit stammen sollen, erklärt.

Es lohnt ein Bummel entlang der Uferpromenade, die sich am Boots- und Yachthafen entlangzieht. Hier steht auch das **Stadtmuseum** (ehemaliger Rektorenpalast, errichtet Mitte des 16. Jh.), in dem eine numismatische Kollektion sowie Malereien und Grafiken aus dem 18. Jh. zu sehen sind.

Die benachbarte **Pfarrkirche Sv Nikola** entstand im 17. Jh. Am Beginn des Fußwegs am Hotel Supetar liegt ein kleines Strandbad mit Süßwasserduschen (kostenlos), ein Stückchen weiter finden sich ebenfalls mehrere gute Bademöglichkeiten. Der Fußweg führt um die Cavtat-Halbinsel herum (ca. 20 Minuten) zurück zum Zentrum - ein sehr schöner Spaziergang.

Orientierung

Unmittelbar hinter der örtlichen Touristeninformation an der Jadranska Magistrale biegt man rechts ab nach Cavtat. Ab Ortseingang führt die Hauptstraße als S. Radica in Windungen hinunter bis zum Ufer - hier rechts zum Parkplatzbereich abbiegen (geradeaus gesperrt). Genau an dieser Stelle fahren auch die Busse von/nach Dubrovnik, liegen die Agenturen, Markt, Bank, Post, Minimarkt, Bäckerei usw.

Info und Agenturen

- Die offizielle **Touristeninformation** liegt an der Jadranska Magistrale (E 80) unmittelbar an der Abzweigung nach Cavtat (Tel. 020-479025, Fax 478025).
- Im Ort selbst liegen unmittelbar am Beginn der Fußgängerzone mehrere Agenturen, z.B. **Atlas,** Tel. 020-478464, Fax 479031, atlas.cavtat@atlas.hr, **Adriatica,** Tel./Fax 020-478713, adriatica@du.hinet.hr, oder **Fenomen,** Tel. 020-478212 - alle bieten Bustickets, Fährboote, Fahrzeugverleih (PKW, Scooter), Unterkunft, Ausflüge (auch Mostar, Montenegro, Kanutouren ...), Bootsverleih usw.

Unterkunft

Zimmer bekommt man über die **Agenturen,** wobei man es bei einigen am Ortseingang auch direkt versuchen kann: vor dem ersten Minimarkt rechts in die J. Kosora, hier gleich mehrere Ferienwohnungen-Anbieter, z.B. Nr 5, **Vila**

Niki, Pero Butijer, Tel. 020-478388, oder gegenüber **Vila Bela Vista** und **Vila Markoc** (alle €€). An der Hauptstrasse weiter, kurz vor der Serpentine zweigt hinter einem Minimarkt ein Asphaltweg nach links ab – hier liegt die **Vila Rakocic** mit tollem Ausblick. An der Straße gegenüber sind ebenfalls Zimmer unter Tel. 020-478681 zu haben.

Hotels:

● Das sagenhafte **Hotel Croatia** €€€€, Frankopanska 10, Tel. 020-475555, Fax 478213, info@hoteli-croatia.hr, bietet allen erdenklichen Luxus in toller Lage.

● Die Iberostar-Kette hat gleich drei Häuser eröffnet: **Iberostar-Albatros** €€€€, Tel. 020-471333, Fax 471293, **Iberostar-Cavtat** €€€, Tel. 020-478246, Fax 478651 und **Iberostar-Epidaurus** €€€, Tel. 020-471444, Fax 471340, alle drei auch unter www.iberostar.com, wobei das Epidaurus mit einem All-Inclusive-Angebot den besten Wert bietet.

● **Hotel Supetar** €€, Obala Radica, Tel. 020-479833, Fax 479858, hotel-supetar@hoteli-croatia.hr.

Essen und Trinken

Selbstversorger finden im örtlichen **Minimarkt,** auf dem Markt gegenüber oder dem Bäcker alles Notwendige.

● Sehr gut und nicht zu teuer isst man in der **Konoba Konavuka** am Ufer nahe dem Hotel Supetar (Achtung: nicht mit der schlechten Pizzeria davor verwechseln).

● Das **Dalmatia** neben dem Bäcker ringt mit der benachbarten Konkurrenz bislang erfolgreich um den Ruf als bestes Restaurant von Cavtat.

Nützliches

● **Panorama Flights,** Tel. 020-478674,Rundflüge über die Elaphiten, Dubrovnik und Cavtat; 30 Minuten 40 €.

● **Tauchen:** Epidaurum (am Epidaurus-Hotel), Tel. 020-471444.

● **Bus** Nr. 10 von/nach Dubrovnik (ca. 12x täglich); Nr. 11 (3x täglich) von/nach Molunat, je 10 K (am Parkplatz vor der Fußgängerzone).

● **Dubrovnik-Boot:** 6x täglich ab Hotel Albatros bzw. Hafen Cavtat (Tel. 471213) oder über die Agenturen (Rückfahrkarte ca. 60 K).

Molunat und die Prevlaka-Halbinsel

Kurz hinter dem Flughafen Cilipi an der E-80 zweigt eine interessante Nebenstrecke nach Molunat (18 km) ab. Mehrere landwirtschaftliche Weiler und eine beinahe ausgestorbene Gegend stehen in wohltuendem Kontrast zu den größeren Urlaubszentren Dalmatiens. Rund um die kleine **Bucht von Molunat** entwickelt sich der Tourismus relativ langsam, nicht zuletzt durch die 3 km Luftlinie entfernte jugoslawische Grenze. Die bescheidene, aber ausreichende touristische Infrastruktur sowie kleinere Sandbuchten ziehen vor allem Reisende aus Tschechien an. Der Ort selbst ist winzig und überschaubar, hinter der Ortseinfahrt hält man sich links (Einbahnstraße) zu den Camps, am Kiosk führt eine Straße links zurück zur Zufahrtsstraße – die Uferstraße selbst ist eine Sackgasse.

Wer von Molunat über Gornj Kraj auf engen, verwunschenen Sträßchen nach Osten fährt, kann unvermittelt über die grüne Grenze nach Jugoslawien rutschen – **alte Bunker und Grenzzäune** sind noch allgegenwärtig – gruselig!

Camping

- Vier kleine Camps säumen die Bucht von Molunat: **Adriatic I** €, Tel. 020-796585, **Adriatic II** €, Tel. 020-794450, **Marinero** €, Tel. 020-794425 und **Monika** €, Tel./Fax 020-794417.

Unterkunft

- Es kann passieren, dass nach Molunat einfahrende Fahrzeuge angehalten werden, um Unterkunft anzubieten – ansehen kostet nichts! Ansonsten liegen am Uferssträßchen die **Vila Ana** €€, **Familie Vidak Apartments** €€ (am Camp Marinero), sowie **private Ferienwohnungen** €, die unter Tel. 020-794460 oder bei **Komaic** €€ am Ende des Weges, Tel. 020-794404, angeboten werden.

Nützliches

- **Busse** 11 und 27 (Gornj Kraj) nach Dubrovnik (3 bzw. 2x täglich).
- Am Uferssträßchen liegen mehrere einfache **Restaurants,** eine **Post,** ein **Kiosk** sowie ein **Minimarkt.**
- **Tauchen:** Basis Molunat-Prevlaka, Tel. 020-794352 (tschechisch-kroatische Basis).

Elaphiten-Inseln

Eines der beliebtesten Ausflugsziele per Boot von Dubrovnik aus sind die unmittelbar vorgelagerten Elaphiten, eine kleine Inselgruppe, bestehend aus **30 Inselchen und Felsen** mit einer Gesamtfläche von rund 30 km². Nur drei davon – Koločep, Lopud und Šipan – sind bewohnt und für Besucher per Fährboot, meist als Tagesausflug, erreichbar. Berühmt sind alle Inseln gleichermaßen für ihre ganzjährig blühende **subtropische Vegetation,** ihre Blumenpracht in den Siedlungen und die **malerischen Strände** mit kristallklarem Wasser.

Schon zu griechischer Zeit besiedelt (*Elaphos* = Rotwild), zeugen Reste römischer Villen von einer ununterbrochenen Nutzung der Inseln. Ab dem 11. Jh. fielen die drei großen Inseln an Ragusa; für Koločep, Lopud und Šipan wurde jeweils sogar ein eigener Rektor gewählt. Mit dem Niedergang der Republik verschwanden die Elaphiten von der politischen Landkarte, erst durch den Tourismus der 80er und 90er Jahre, unterbrochen von dem für die Inseln folgenlosen Bürgerkrieg, wurden Koločep, Lopud und Šipan wieder aus ihrem Dornröschenschlaf erweckt. Eine bescheidene Landwirtschaft und vor allem der wiedererwachende Tourismus bilden die Haupterwerbsquellen der Bewohner.

Überfahrt

In der Hauptsaison fahren ab **Dubrovnik** 4x täglich (So/Fe 2x täglich) Boote nach **Koločep, Lopud** und **Šipan** (hier werden die Orte Luka Šipanska und Sugjuraj angefahren).

Koločep

Angelegt wird in **Donje Selo,** dem Hauptort der nur 2,5 km² kleinen und von 150 Personen besiedelten Insel (im 15. Jh. waren es über 2000 Einwohner). Sehenswürdigkeiten sind rar, lediglich Reste eines Wehrkastells aus dem 16. Jh. sowie zwei kleine Kirchen aus dem 14. und 17. Jh. mögen erkundenswert sein. In **Gornje Selo,** der zweiten Inselsiedlung, soll es im 15. Jh. eine Werft und eine inseleigene Handelsflotte von fast 70 Schiffen (!), die in Donje Selo vor Anker lag, gegeben haben. Hauptattraktion sind die Bademöglichkeiten, Fußpfade führen zur steilen Südseite mit Kiesstrand hinunter. Die Insel ist leicht zu bewandern, von den höchsten Erhebungen (126 m) hat man ein hervorragendes Rundum-Panorama.

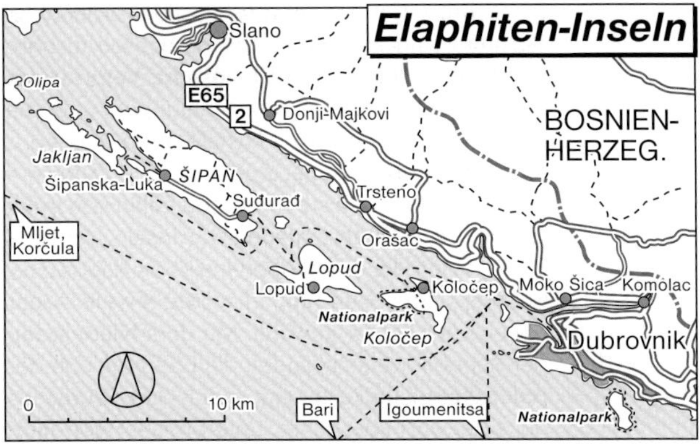

Nützliches

- In Donje Selo bieten ein **Minimarkt** und die **Dorfpost** die einzigen Einrichtungen, ansonsten ist man auf die **Gostionica Vila Ruža** und die Unterkunft **Vila Koločep** €€€, Tel. 754025, Fax 757027, hoteli-kolocep@du.htnet.hr, mit Tennis und Süßwasserpool angewiesen.

Lopud

Einzige Siedlung der 5 km² großen Insel ist Lopud (ca. 390 Einwohner). Das Dorf gilt als das „blühendste" der Elaphiten-Inseln – etliche Quellen fördern den natürlichen Pflanzenwuchs. Einige Orden und Kirchen nahmen die Fruchtbarkeit Lopuds zum Anlass, zahlreiche **Klöster, Kirchen und Wehranlagen** zu errichten – rund 30 zeugen noch heute von der Beliebtheit der Insel.

Ziemlich gruselig mutet das weithin sichtbare **Franziskanerkloster** oberhalb der Hafeneinfahrt an. Es wurde im 16. Jh. im Stil der Spätgotik/Frührenaissance errichtet, aber in der napoleonischen Phase (1808) verlassen. Seine Kirche mit dem 32 Meter hohen Campanile dient dem Ort heute als Pfarrkirche (Sv Marija od Špilice). Sehenswert ist darin das Polyptychon mit neun handgeschnitzten Heiligenfiguren.

Oberhalb der östlichen Inselseite ist noch die sehenswerte Kreuzzugskapelle Gospa od Šunja aus dem 11. Jh. erhalten. Zahllose weitere Kapellen und Kirchenruinen liegen über die Insel verstreut. Auch die Reste der hoch gelegenen **Spanischen Festung** sind gut auf Spazierwegen erreichbar. Strände befinden sich unmittelbar am Ort beim Hotel Lafodia und in der Šunj-Bucht auf der Ostseite der Insel (hervorragender Sandstrand). Auch Nacktbaden ist erlaubt.

Nützliches

- Informationen, Privatzimmer (€€) und Ausflüge bei der **Agentur Atlas** am Kai (Tel. 759015).
- **Hotel Lafodia** €€€, Tel. 759022, Fax 759026, hotel.lafodia@du.htnet.hr. Die Hilton-Gruppe übernimmt übrigens das (geschlossene) Grand. Die Neueröffnung ist für 2007 geplant.
- **Gastronomie:** im Hotel Lafodia (s.o.) sowie Restaurant und Café an der Promenade.
- **Post, Minimarkt** und **Markt** finden sich im Ort.

Šipan

Das 16,5 km² große Šipan ist die größte Elaphiten-Insel (ca. 500 Einwohner). Die Hauptorte sind Luka Šipanska und Sugjuraj, beide sind per Fähre an Dubrovnik angebunden. Ähnlich wie auf Koločep leben auch die Bewohner Šipans von Landwirtschaft und Fischfang sowie vom Tourismus.

In **Luka Šipanska** befinden sich der ehemalige Rektorenpalast sowie eine Pfarrkirche aus dem 16. Jh. Baden ist am Kiesstrand auf der Südseite der Bucht möglich. Der einzige Hauptweg führt zum etwa 4,5 km entfernten Suđurađ, auch **Sugjuraj** geschrieben. Außer einer Dorfschänke, einigen Privatzimmer-Vermietern und der Anlegestelle sind nur noch zwei Kapellen aus dem 13. und 16. Jh. sowie von Wehrtürmen besetzte ehemalige Adelshäuser zu sehen.

Unterkunft

- Unterkunft bietet in Luka Šipanska das **Hotel Šipan** €€€, Tel. 758000, Fax 758004, hotel-sipan@mail.inet.hr, mit Verleih von Booten und Rädern. Ein paar Schilder („Sobe“) weisen auf Privatunterkünfte (€€) hin.

043da Foto: wl

Ausflug nach Bosnien-Herzegowina

Steckbrief Bosnien-Herzegowina

- **Fläche:** 51.129 km²
- **Einwohner:** ca. 3 Mio. = ca. 60/km²
- **Hauptstadt:** Sarajevo (415.000 Einw.)
- **Bevölkerung und Religion:** ca. 44% Bosniaken (muslimisch), ca. 31% Serben (serbisch-orthodox), ca. 17% Kroaten (römisch-katholisch)
- **Amtssprachen:** Bosnisch, Kroatisch, Serbisch
- **Bruttosozialprodukt:** ca. 850 US$
- **Währung:** Bosnische Konvertible Mark (BMK), 0,51 € = 1 BMK, 1 € = 1,95 BMK; 1 SFr = 1,25 BMK, 1 BMK = 0,79 SFr (Stand Februar 2006)
- **Staatsform:** Republik
- **Politische Führung:** 3er-Präsidium mit je einem Vertreter der drei Ethnien
- **Nationalfeiertag:** 1. März (Unabhängigkeitsreferendum 1992)

Bosnien-Herzegowina im Überblick

Wer in Süddalmatien unterwegs ist, für den bietet sich ein zum Teil abenteuerlicher, aber lohnender Ausflug in die „Schluchten des Balkan" an: nach Mostar, ins bosnisch-kroatische Zentrum von Bosnien-Herzegowina. Die durch die starke Präsenz von **EU-Truppen** stabilisierte Lage in dem sichtbar unter den Folgen des Bürgerkriegs leidenden Land erlaubt es heute, einen Abstecher nach Mostar **gefahrlos** durchzuführen. Die Hauptgefahr in Bosnien sind **Minen,** die während des Bürgerkriegs in unbekannter Zahl an unbekannte Plätze verbracht wurden (man schätzt 30.000 Minenfelder/-fallen allein in Bosnien-Herzegowina!). Die wenigsten wurden bislang beseitigt – Minenräumung gehört zu den Hauptaufgaben der Schutztruppen. Die wichtigsten Straßen und Orte sind allesamt minenfrei, vor dem Verlassen der Straßen sei aber eindringlich gewarnt! Minenfelder werden meist mit Trassierband und englischsprachigen Warnzeichen gekennzeichnet.

044da Foto: wl

Anreise

Die Anreise erfolgt über den **kroatischen Grenzort Metković** oder, wenn man von nördlicheren Gegenden in Dalmatien kommt (z.B. Split) über **Imotski** nach Posušje. Es gibt noch etliche andere, kleine Übergänge, die aber teils über bergige Serpentinen und schlecht beschilderte Nebenstrecken führen. Der Besuch von Mostar ist inklusive Buna-Quellen durchaus als Tagesausflug möglich; die Fahrtzeit ab Ploce beträgt ca. 1½ Stunden (an Wochenenden starker Grenzverkehr). Die **Einreisebestimmungen** sind die gleichen wie die für Kroatien (⇨Ein- und Ausreisebestimmungen), allerdings wird hier der **Reisepass** verlangt.

Wer an Wochenenden Wartezeiten vermeiden möchte, kann von Dubrovnik kommend in den **Neum-Zipfel** einreisen (Transit-Urlauber werden meist durchgewunken) und dann in Neum über die Berge und an einer malerischen Seenplatte vorbei ins Neretva-Tal fahren (ziemlich einsam!).

Vorhergehende Seite: Blick vom Berg Hum auf den Kessel von Mostar
Oben: Das Tal der Neretva bei Mostar

Achtung auf dem Rückweg: Wer kein Fahrzeug mit Kennzeichen HR (Kroatien) oder BiH (Bosnien-Herzegowina) fährt, wird am Grenzübergang Duže zurück nach Neum geschickt! Also von Gradac aus unbedingt auf der Hauptstraße nach Neum bleiben und dort den üblichen Küsten-Übergang Richtung Dubrovnik bzw. Split nehmen.

Dipl. Vertretungen

In Deutschland, Österreich und der Schweiz:

- **Botschaft der Republik Bosnien und Herzegowina,** Ibsenstr. 14, 10439 Berlin, Tel. 030-81471210, Konsularabteilung, Tel. 814712-34 oder -35.
- **Botschaft von Bosnien und Herzegowina,** Tivoligasse 54, 1120 Wien, Tel. 01-8118533, Konsularabteilung, Tel. 8118529.
- **Botschaft von Bosnien und Herzegowina,** Jungfraustr. 1, 3005 Bern, Tel. 031-351105 und 3511052, Konsularabteilung, Tel. 3511077.

In Bosnien-Herzegowina:

- **Botschaft der Bundesrepublik Deutschland,** Ul. Buka bb, Sarajevo, Tel. 033-275000.
- **Botschaft der Republik Österreich,** Džidžikovac 7, Sarajevo, Tel. 033-279400, Konsularabteilung, Tel. 279419.
- **Botschaft der Schweiz,** Josipa Štadlera 15, Sarajevo, Tel. 033-275850.

Geographie

Bosnien-Herzegowina liegt im Nordwesten der Balkanhalbinsel. Mit seiner kompakten, dreieckigen Form und einer Größe von 51.129 km² ist das Land etwas größer als Niedersachsen. Es wird, ausgenommen von einem Streifen entlang der Save, vom **Dinarischen Gebirge** eingenommen, das Höhen von mehr als 2000 Metern erreicht.

Im Süden des Landes verläuft die Wasserscheide (Flüsse fließen in die Adria oder in die Donau) parallel zur adriatischen Küste in einem Abstand von weniger als 50 Kilometern. Lediglich das Einzugsgebiet der Neretva reicht knapp 100 Kilometer ins Landesinnere hinein.

Klima

Bosnien-Herzegowina liegt im Übergangsbereich zwischen **mediterranem und kontinentalem Klima.** Besonders die westlichen und südwestlichen Beckenlandschaften sind mediterranen Einflüssen ausgesetzt. Hier fallen die Niederschläge in den milden Wintern; die Sommer sind heiß und trocken. Die übrigen Landesteile sind durch lange, schneereiche Winter, niederschlagsreiche Übergangszeiten und ebenfalls trockene, heiße Sommer gekennzeichnet.

Staat

Bosnien-Herzegowina ist eine **Republik** und besteht aus einem Zweikammerparlament nebst einem zehnköpfigen Staatspräsidium; Hauptstadt ist **Sarajevo.** Die neue **Staatsflagge** wurde 1998 vom UN-Generalbevollmächtigten *Westendorp* bestimmt, nachdem sich das Präsidium des Landes nicht hatte einigen können: Die vollkommen unhistorische Kunstflagge - blauer Grund mit weißen Sternen - symbolisiert Europa, das gelbe Dreieck darin die drei Ethnien Bosnien-Herzegowinas.

Bevölkerung

Wegen des Bürgerkriegs gibt es keine gesicherten aktuellen Bevölkerungszahlen, es wird geschätzt, dass Bosnien-Herzegowina nach dem Krieg etwa 2,9 Mio. Einwohner hatte und durch Flüchtlings-Rückkehrprogramme internationaler Organisationen im Laufe der Zeit das Vorkriegsniveau wiederhergestellt wird. Die Bevölkerung setzt sich zusammen aus ca. 44% Bosniaken (ethnische Muslime), ca. 31% Serben und ca. 17% Kroaten, Rest: Montenegriner und Sonstige.

Die größten Städte:
- **Sarajevo:** 415.600 Einw.
- **Zenica:** 145.600 Einw.
- **Banja Luka:** 142.600 Einw.
- **Tuzla:** 131.900 Einw.
- **Mostar:** 126.100 Einw.
- **Bihač:** 71.000 Einw.
- **Goražde:** 37.000 Einw.
- **Srebrenica:** 30.000 Einw.

Wirtschaft

Auf ca. einem Drittel der Landesfläche werden vorwiegend Weizen, Hafer, Gerste, Mais, Kartoffeln, Tabak und Obst angebaut. Im Land werden nur 15% des eigenen Lebensmittelbedarfs produziert.

Bosnien-Herzegowina kann unter Friedensbedingungen seinen Bedarf an elektrischer Energie selbst decken. Basis der Stromerzeugung sind die heimische **Braunkohle** (bis 1991 über 90% der jugoslawischen Produktion) sowie Wasserkraft. Öl und Gas müssen vollständig importiert werden.

Industrielle Grundlage neben der Energiewirtschaft sind die Vorkommen von wichtigen **Rohstoffen** wie Eisenerz, Bauxit, Braunkohle, Blei, Zink und Chrom, die am Abbauort verhüttet werden. Die Industriereviere von Banja Luka und Zenica wurden seit dem Zweiten Weltkrieg zu bedeutenden Standorten der **Schwerindustrie** ausgebaut. Bosnien-Herzegowina war der größte Stahlproduzent im ehemaligen Jugoslawien, hier waren 80% der Rüstungsindustrie konzentriert. Im Bürgerkrieg 1992–95 wurden etwa 90% der Industrieanlagen zerstört. Die **Arbeitslosenquote** liegt in strukturschwachen Regionen und ländlichen Gebieten noch immer bei 50%.

Währung

1998 wurde die **Konvertible Mark,** die im Verhältnis 1:1 an die Deutsche Mark angebunden wurde, als neue, einzig gültige Währung eingeführt, auch um die ethnischen Brücken zu überwinden. In der Praxis gab es lange Ressentiments in der Bevölkerung. So können Touristen im kroatischen Teil Bosniens noch immer **in Euro oder Kuna zahlen** – für einen Ausflug nach Mostar ist ein Geldwechsel daher nicht unbedingt nötig.

Der berüchtigte Schwarzmarkt bei Stolac

Verkehr

Bosnien-Herzegowina ist aufgrund seines verkehrsfeindlichen Reliefs nur **schlecht erschlossen.** Der Verkehrswegebau ist mit beträchtlichem Aufwand verbunden; der Schneereichtum der Berge stellt im Winter ein weiteres, regelmäßig auftretendes Verkehrshindernis dar.

Nur ein Teil des 21.000 km langen **Straßennetzes** ist mit einer festen Decke versehen. Die wichtigen Straßen verlaufen von Zagreb (Kroatien) über Banja Luka nach Sarajevo sowie vom kroatischen Adriahafen Ploče über Mostar und Sarajevo nach Doboi an die kroatische Grenze.

Wichtigste **Eisenbahnlinie** ist die Verbindung Slavonski Brod - Sarajevo - Mostar - Ploče, die den Anschluss des Landes an die kroatische Küste sicherstellt. Die Durchschnittsgeschwindigkeit der Züge beträgt kaum mehr als 20 km/h. Bosnien-Herzegowina verfügt über **Flughäfen** in Sarajevo, Mostar und Banja Luka. Mit Ausnahme der Save gibt es keine schiffbaren Gewässer. An der nur 20 Kilometer langen Adriaküste des Landes gibt es keinen nutzbaren Hafen (⇨Ploče).

045da Foto: wl

Das Neretva-Tal: Blutspur nach Mostar

Auf der Fahrt durch das Neretva-Tal wird man noch immer **zerstörte Gebäude** entdecken. Nur mühsam gelingt der internationalen Gemeinschaft eine **Rückführung der ethnisch verfeindeten Flüchtlinge** in ihre ursprüngliche Heimat. Eine Schuld kann man keiner der drei betroffenen Gruppen – bosnische Moslems, Bosnokroaten und bosnische Serben – geben, für die Misere sind verfehlte Politik, religiöse Intoleranz und kleine Eitelkeiten wie Nachbarneid gleichsam verantwortlich

Stolac

Ein Zentrum des Wahnsinns ist heute noch Stolac, unweit der Hauptstraße nach Mostar gelegen. Wer möchte, kann sich hier ein Bild davon machen, wie die internationale Gemeinschaft schwer bewaffnet **Flüchtlingskonvois** mit Serben und Bosniaken zu ihren ehemaligen Häusern im Kroatengebiet zurückbegleitet, während nachts **kroatische Rechtsextremisten** an den Augen der internationalen Schutztruppen vorbei die Sache mit Bomben auf ihre Weise bereinigen. Tagsüber, auf dem berühmten Schwarzmarkt von Stolac, verstehen sich die unterschiedlichen Ethnien blendend, wenn es darum geht, Dutzende deutscher PKW (vielfach noch mit deutscher Zulassung), Schmuggelware, Tabak, gefälschte CDs und vieles andere hier zu verkaufen!

Buna-Quellen

Kurz vor Mostar bietet sich ein Abstecher nach **Blagaj** bei Buna zu den famosen Buna-Quellen an. Hier sprudelt der Fluss Buna auf einer Breite von 20 Metern aus dem 150 Meter hohen Berg – Wissenschaftler konnten die tatsächliche Quelle bislang nicht erforschen. Unmittelbar an den Quellen wurde ein **Derwisch-Kloster** in den Fels gehauen, rund um die Quellen gibt es mehrere gute Fischlokale.

Anfahrt (nicht ganz einfach!): Auf der bosnischen Seite Mostars der Umgehung nach Süden folgen, vorbei an spanischem Militär-Lager, kurz darauf links nach „Nevesinje" (beschildert) abbiegen, dann immer geradeaus am Flugfeld Mostar entlang bis Blagaj, dort der Hauptstraße bis zum Ende folgen und halbrechts hinunter noch 300 m bis zu den Restaurants und dem **Derwischkloster** fahren (umgerechnet 3 € Eintritt, Schuhe ausziehen und Schärpe umbinden).

Mostar

Stadtgeschichte

Genauer betrachtet, ist Mostar eine für diese Region sehr junge Stadt. Urkundlich das erste Mal 1448 erwähnt, erlebte sie ihre erste Blüte ab 1466, als die Türken die Herzegowina dem **Osmanischen Reich** eingliederten. Von dieser Zeit künden neben vielen Bauwerken die Ruinen zweier türkischer Festungen auf den Höhen im Osten der Stadt. Aber schon vorher war das Gebiet zwischen der Adria und den Bergen ein belebtes Siedlungsgebiet. Nach den Dorern, Illyrern und Römern siedelten hier slawische Stämme, die sich zu serbischen, kroatischen und nur zeitweise und in weit geringerem Maße auch bosnischen Volksidentitäten zusammenfanden. Die Machtverhältnisse gestalteten sich sehr wechselhaft. Im Jahre 1322 übernahm **Fürst Stjepan** die Macht über das an der Neretva gelegene Land Hum. Ihm wurde vom in Sarajevo residierenden bosnischen Ban der Herzogstitel verliehen. Im Volksmund nannten die Leute daraufhin diesen Landstrich Herzegowina, **„das Herzogsland".** Von Stjepans Regierungszeit zeugt die von ihm erbaute **Burg in Blagaj** über der Buna-Quelle.

Nachdem die Türken Mostar 1522 zum Verwaltungszentrum der gesamten Herzegowina ausgebaut hatten, erlebte die Stadt einen ungeheuren wirtschaftlichen und kulturellen Aufschwung. Sie zog viele türkische Händler an und wurde von türkischen Verwaltungsbeamten und Militärs bevölkert. Zurückkehrende Janitscharen-Veteranen, die als Kinder in dieser Gegend zwangsrekrutiert worden waren, und die zum Islam konvertierten ansässigen Slawen bildeten die Stadtbevölkerung.

Rund 200 Jahre lang war Mostar eine **moslemisch-türkische Stadt,** bis sich ab Ende des 17. Jh. Serben im äußersten Osten und später Kroaten im Westen der Stadt ansiedelten.

Bis zum Ende der osmanischen Ära entwickelten sich die **Serben** zur stärksten Bevölkerungsgruppe. In Folge des zunehmenden Niedergangs des Osmanischen Reiches kam es ab 1875 zu Aufständen gegen die Türkenherrschaft mit den bekannten „balkanischen Zuständen", so dass Bosnien-Herzegowina letztendlich als Ergebnis des Berliner Kongresses 1878 unter das Mandat der **K.u.K.-Monarchie Österreichs-Ungarns** gestellt wurde.

Mittels umfangreicher Investitionen führte Österreich den Balkan in die Moderne und beruhigte vorübergehend die Lage. In jener Zeit entstanden nicht nur der Grundstock des heutigen Eisenbahnnetzes und wichtige Straßenverbindungen, es wurde auch eifrig ins Bildungssystem investiert. Gymnasien und Schulen, Theater, Museen und öffentliche Gebäude wurden in einer **Mischform osmanischen und neoklassizistischen Stils** gebaut und stellen noch heute einen erheblichen Teil der markanten Bausubstanz dar.

Aus dem Ersten Weltkrieg ging dieser Teil des Balkans als **„Königreich der Slowenen, Serben und Kroaten"** hervor, das nach abermaligen inneren Unruhen 1929 zum serbisch dominierten **„Königreich Jugoslawien"** wurde. Nach dem Zweiten Weltkrieg, in dem Mostar etwa 10% seiner Be-

301da Foto: wl

völkerung im Partisanenkampf verloren hatte, entstand das kommunistische Jugoslawien.

Tito, der Mostar besonders liebte, machte es zur **modernen Industriestadt,** die einen unvergleichlichen Aufschwung erlebte und ihre Bevölkerung von 50.000 auf 120.000 Einwohner mehr als verdoppelte. Ein erheblicher Teil der Industrieprodukte Bosnien-Herzegowinas wurde in Mostar und Umgebung produziert (zerstörte Aluminji-Werke). Die Landwirtschaft profitierte von den sonnigen Sommern und milden Wintern. 1990 setzte sich die Bevölkerung aus je 45.000 Kroaten und Moslems sowie ca. 23.000 Serben zusammen, was in 2005 in etwa wieder erreicht wurde.

Alois Podhajski, der Chef der Spanischen Hofreitschule, sowie der bosnische Fußball-Nationalspieler *Sergej Barbarez* (z.Zt. HSV, Bundesliga), wurden übrigens in Mostar geboren.

Mostar an der Neretva

Chronologie eines Völkerwahnsinns

Fast gleichzeitig mit der **Unabhängigkeitserklärung** von Bosnien-Herzegowina im **April 1992** brach der Krieg in Mostar aus. Die jugoslawische (zu diesem Zeitpunkt bereits serbische) Armee rückte von Osten auf Mostar zu und nach einem Anschlag auf eine Kaserne dieser Armee im Nordteil der Stadt entwickelten sich die zunächst sporadischen Kämpfe im Verlauf von etwa zehn Tagen zu einem dauerhaften Kampf – mit der **Neretva als Frontlinie.** Der Osten war von den Serben besetzt, die weiter nach Westen vorstoßen wollten. Im Westen verteidigten sich die muslimischen Bosniaken und die katholischen Kroaten Schulter an Schulter.

Der erste großangelegte und gut organisierte Gegenangriff Mitte Juni 1992 warf die Serben auf die Höhen des Pod Veles zurück. Sie hinterließen eine Ruinenstadt, 80% der Gebäude waren völlig zerstört und für die zurückkehrende Zivilbevölkerung zunächst nicht nutzbar. Die Toten des gemeinsamen Abwehrkampfes der Bosniaken und bosnischen Kroaten wurden auf Kriegsfriedhöfen bestattet und liegen hier, ein Novum in der Geschichte, ohne Unterscheidung der Religionszugehörigkeit Seite an Seite.

Nach vorhergehenden Spannungen kam es am 19.10.1992 zu Kämpfen zwischen den bosnischen Kroaten und den Bosniaken in Bosnien-Herzegowina, am 9.5.1993 auch in Mostar. Die bosnischen Kroaten griffen an diesem Tag mit einer Übermacht von 15 : 1 über den Boulevard hinweg nach Osten an. Ihr Ziel war es, die Stadt Mostar „ethnisch zu säubern" und zur Hauptstadt des kroatischen Staates Herceg-Bosna zu machen. Nach anfänglichen Erfolgen blieben sie im unübersichtlichen Häuserkampf liegen und wurden schließlich auf ihre Ausgangsstellungen zurückgedrängt.

Bis zu 2000 Granaten fielen pro Tag in den bosnischen Ostteil der Stadt, dessen Bewohner sich in Ermangelung schwerer Waffen nur mit leichten Waffen verteidigten. Am 9.11.1993 wurde die **Alte Brücke** (Stari-Most) von einem Panzer der bosnisch-kroatischen Armee (HVO) zerstört. Das 1566 erbaute Wahrzeichen der Stadt fiel als letzte der acht Brücken über die Neretva. Ihr Verlust war ein empfindlicher Rückschlag für die Versorgung der westlich des Flusses sich verteidigenden Bosniaken. Der kroatische Teil Mostars blieb von den unmittelbaren Kriegsauswirkungen weitestgehend verschont. Die kroatischen Soldaten konnten nur wenige Meter von der Frontlinie entfernt in den Cafés abschalten, auf der Avenija einkaufen oder gar nach Hause zu ihren Familien gehen.

Trotz des Beschlusses der beiden Kriegsparteien am 14.9.1992, die Kampfhandlungen gegeneinander einzustellen, lagen sich die Kontrahenten noch bis Mitte März 1994 gegenüber und führten noch so manches Feuergefecht. Am 18.3.1994 beschlossen sie den **Waffenstillstand,** der zunächst noch sehr brüchig war, sich im Laufe der Zeit jedoch immer mehr stabilisierte. Noch im Jahr 2000 fielen in beinahe jeder Nacht Schüsse, wurden Wohnungen, Häuser und Autos gesprengt, kamen Menschen bei Anschlägen zu Tode und noch heute bildet die ehemalige Hauptkonfrontationslinie die Grenze zwischen den beiden Ethnien, die nur mit gemischten Gefühlen überschritten wird.

Seit dem Mandat der UN vom 8.1.1992 befinden sich **spanische Soldaten** zunächst als UN-Blauhelme, später als SFOR-Angehörige in der Stadt. Dem Gedenken an die während dieser Einsätze zu Tode gekommenen Soldaten wurde im Herzen Mostars, unmittelbar an der ehemaligen Hauptkonfrontationslinie, ein Denkmal errichtet. Der Platz wurde in **„Spanischer Platz"** umbenannt, die Hauptstraße wegen der Heckenschützen als **„Sniper-Alley"** bezeichnet und die dem Nachkriegsberlin der 40er Jahre ähnelnden Gebäude als Mahnmal unberührt gelassen.

Am 23.7.1994 kam der ehemalige Bürgermeister Bremens, *Hans Koschnick,* als Administrator der Europäischen Union nach Mostar. Unter seiner Leitung wurden Brücken, Bahnhof und viele öffentliche Gebäude wieder aufgebaut. Einer seiner Nachfolger, *Sir Martin Garrod,* ließ die Überreste der **Stari Most** aus der Neretva holen. Die Brücke soll bis November 2004 wieder aufgebaut werden. Aber auch andere Persönlichkeiten engagierten sich für die noch immer vom Krieg gezeichnete Stadt. So finanzierte *Luciano Pavarotti* mit eigenen Mitteln und aus Spendengeldern eine Musikschule, die unter großer Anteilnahme der Weltöffentlichkeit am 21.12.1997 als „Pavarotti-Haus" von ihm persönlich eröffnet wurde.

Heute, nur gut ein Jahrzehnt nach dem immer noch bröckeligen Friedensvertrag von Dayton (November 1995), **normalisiert sich das Leben** in der Stadt an der Neretva trotz aller noch immer bestehenden Differenzen langsam. Der „grenzüberschreitende Verkehr" und die Kontakte zwischen den Angehörigen der verschiedenen Ethnien mehren sich. Alte Kontakte werden aufgefrischt, neue geknüpft. Angst und Vorbehalte dem anderen gegenüber werden langsam abgebaut. Erste Rücksiedlungen von Serben in die Vorstädte Mostars laufen seit 1998 in geringem Umfang an. Dennoch wird es noch lange dauern, bis das Zusammenleben auf dem Vorkriegsniveau, als sich niemand um die ethnische Zugehörigkeit kümmerte, möglich sein wird.

Die Vorbehalte und Ressentiments sind groß, der Krieg und die Grausamkeiten beider Seiten haben sich tief ins Gedächtnis der Menschen eingegraben. Man wird sich noch lange aus dem Wege gehen und den Kontakt, wo er nicht geschäftlich oder persönlich motiviert ist, vermeiden. Nicht umsonst heißt die neu errichtete Gartenmauer an der ehemaligen Konfrontationslinie **„Berliner Mauer“.**

Der **Wiederaufbau** wird mit allem Nachdruck vorangetrieben. Nach Moscheen, Kirchen und Gedenkstätten baut man nun die Alte Brücke sowie Wohn- und Geschäftshäuser wieder auf, es werden Ruinen wieder bewohnbar gemacht oder abgerissen und Neubauten hochgezogen. Die Zerstörungen waren so umfangreich und nachhaltig, dass es noch jahrelanger Anstrengungen und fortgesetzter internationaler Hilfe bedarf, bis Mostar in alter Pracht wiederauferstanden sein wird.

047da Foto: wl

„Sniper-Alley“ – ein Mahnmal des Grauens

Orientierung

Von Süden kommend, gibt es mehrere Möglichkeiten der Zufahrt nach Mostar. Die Umgehungsstraße führt rechts am Ostteil der Stadt vorbei und trifft hinter dem Bahnhof mit der Durchfahrtsstraße des Ostteils zusammen. Fährt man gleich hinter Ortijes über die Brücke und in den Westteil (empfohlen), erreicht man über die Vukovića das Zentrum nahe der Alten Brücke, wo es etliche Parkmöglichkeiten gibt (besser als im belebteren Ostteil). Von hier aus startet man zu Fuß eine Besichtigung beider Stadtteile.

Sehenswertes

Im Zuge der ehrgeizigen EU-Pläne der Zentralregierung in Sarajevo ist man bemüht, die sichtbaren Spuren des Bürgerkrieges zu beseitigen, so dass zwar noch längst nicht alle Schäden der zu einem hohen Prozentsatz zerstörten Stadt repariert werden konnten, jedoch alljährlich **bemerkenswerte Veränderungen** und Fortschritte zu verzeichnen sind. Heute strahlt vor allem das Zentrum beidseitig der Neretva wieder viel von seinem einstigen Charme aus, sitzen die Menschen wieder entspannt auf den Uferterrassen der Cafés und Restaurants oder bummeln wechselseitig im kroatischen oder bosnischen Stadtteil. Natürlich trägt auch die nach der Übernahme der internationalen Schutztruppen durch die EU (Anfang 2005) deutlich reduzierte Militärpräsenz zu dieser (wieder) friedvollen Atmosphäre bei.

Stari Most

Im unmittelbaren Zentrum verbindet das alte und neue Wahrzeichen der Stadt, die Brücke Stari Most über die Neretva, den „kroatischen" mit dem „bosnischen" Stadtteil. Sie wurde von den Osmanen 1566 in einem 28 m umspannenden Bogen aus weißem Kalksandstein erbaut und galt bis zu ihrer Zerstörung im Bürgerkrieg (9.11.1993) als **architektonisches Meisterwerk.** Mit EU-Mitteln in Höhe von 15 Millionen Euro wurde von 1996 bis zu ihrer Wiedereröffnung am 23.7.2004 die äußerst schwierige Restaurierung mit Originalteilen vorgenommen und die Brücke in die Liste des **UNESCO-Weltkulturerbes** aufgenommen. Sie gilt nicht nur als Wahrzeichen und Namensgeber (Mostar = Brückenwächter) der Stadt, sondern auch als symbolischer Brückenschlag für Frieden und Aussöhnung der noch unlängst verfeindeten Ethnien.

Alljährlich wird im Juli das berühmte **„Brückenspringen"** gefeiert, wobei Jugendliche vom höchsten Punkt der Brücke in die Fluten springen.

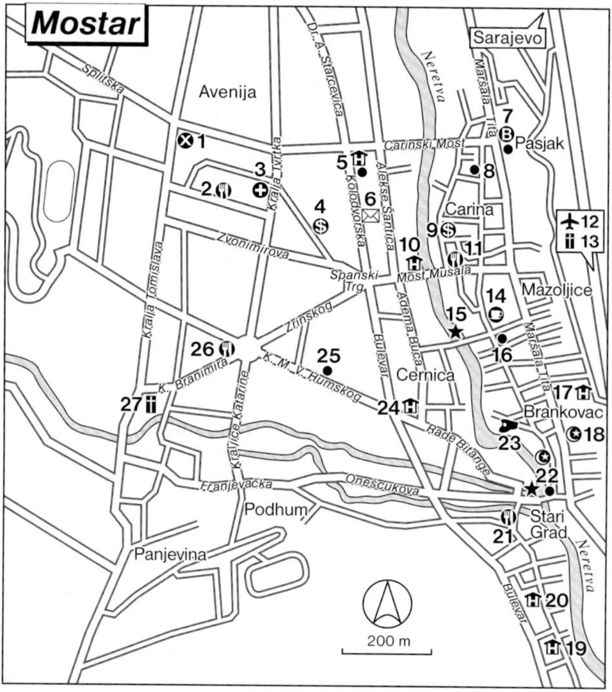

- 1 Taxizentrale
- 2 Pizzeria Roma
- 3 Neues Klinikum
- 4 Raiffeisen-Bank
- 5 Hotel Ero, Agentur Atlas & Budget Autovermietung
- 6 Post
- 7 Hbf, Bbhf und Agenturen Reise-Service, Fortuna Trade Tours & Autoprevoz
- 8 Pannendienst BiHamk
- 9 Privretna Banka
- 10 Hotel Bristol
- 11 Pizzeria ET
- 12 Flughafen
- 13 orthodoxe Kirchen
- 14 Cafés Mojo, Intermezzo, Big Ben & Cinema
- 15 Bunur-Brücke
- 16 Air Bosna
- 17 Pension Zdrava Hrana
- 18 Vučjakovića Moschee
- 19 Pension Vila Rosa
- 20 Pension Vila Ossa
- 21 Restaurants Stari Mlin & Hindin Han
- 22 Stari Most & Cafés, Moschee Koski Mehmed Pašina, Rudundžiluk-Passage
- 23 EU-Polizei und bosn. Polizei
- 24 Motel-Pension Most
- 25 Autovermietung Long Visus
- 26 Restaurant Rondo
- 27 Kathedrale

Muslimisches Viertel

Von der Brücke wendet man sich auf der Ostseite nach links und geht durch die Arkaden oberhalb des Flusses, wo muslimische Händler und Souvenirstände im Halbdunkel orientalisches Flair ausstrahlen. Zwischen den beiden **Moscheen** und dem Trg Republike erstreckt sich die **muslimische Einkaufsmeile** von Mostar mit etlichen Boutiquen, Fachgeschäften und Cafés – immer vor dem erschütternden Hintergrund der Zerstörung.

Kirchen

Neben den Moscheen sind auch einige der christlichen Gotteshäuser interessant. So liegen unmittelbar an der Umgehungsstraße M-17 die alte und die neue serbisch-orthodoxe Kirche Mostars. Am Westrand der Stadt im kroatischen Teil in der Ul. Kneža Branimiraist die **katholische Kathedrale** aus dem späten 19. Jh. sehenswert.

Kroatisches Viertel

Das Zentrum des kroatischen Westteils von Mostar erstreckt sich um das Straßendreieck A. Buća/ Leninovo Šetalište/Kovačevića Ulica. Hier liegen zahlreiche **Restaurants, Geschäfte und Institutionen** (Bank und Post). „Hauptattraktion" ist aber die berühmte Hauptstraße **Vukovića** (Richtung südlicher Ortsausgang), wegen ihrer geisterhaft zerstörten Gebäude, wie sie nur Kriege und Erdbeben bewirken können, „Klein Stalingrad" genannt. Am Kreisverkehr Rondo, von dem aus Alleen in alle Richtung abgehen, steht das ehemalige **Kulturhaus,** das heute vorwiegend als Jugendtreff dient.

Berg Hum

Sehr interessant ist eine Fahrt hinauf zum Berg Hum, wo man einen **faszinierenden Blick** über die Stadt genießen kann, aber auch alte Militärstellungen sieht, der Legende nach auch das Wrack jenes **serbischen Panzers,** der seinerzeit den Volltreffer auf die Alte Brücke landete. Hierzu hält man sich ab Rondo Richtung Široki Brijeg (Ljubuški) und fährt am Ortsausgang an der Serpentine links Richtung Čitluk/Kruševo/Blatnica.

Nach 1,5 km (an der Steigung) führt links ein mit Mühe befahrbarer Feldweg zum Berg hinauf.

Praktische Tipps

Info und Agenturen

- Für Touren, Busreisen, Flugtickets, aber auch Unterkunft oder Mietwagen bieten sich direkt am Hauptbahnhof die Agenturen **Reise-Service,** Tel. 036-315666, **Fortuna Trade Tours,** Tel. 036-552197, und **Autoprevoz,** Tel. 036-551900, alle Trg I. Krndelja 1, an. Alternativ sei auf die vor allem in Kroatien weit verbreitete Agentur **Atlas,** Tel. 036-318771, am Hotel ERO verwiesen.
- Reine **Fahrzeugverleiher** sind etwa Long Visus in der Humskog 57, Tel. 036-323700, oder Budget, Tel. 036-317166, am Hotel ERO. Die Kosten für einen Kleinwagen sind mit 110 BMK (ca. 60 €) jedoch relativ hoch.

Unterkunft

- Wer mit eigenem Fahrzeug reist und eine Unterkunft für eine Nacht sucht, ist beim **Motel-Pansion Most,** Ul. Adema Buca 100, Tel. 036-552660, genau richtig. Schlichte funktionale Zimmer mit gesicherten Parkmöglichkeiten sind ab 50 BMK zu haben.
- Bus-/Bahnreisende haben es schwer, in unmittelbarer Nähe des Haupt- bzw- Busbahnhofs etwas zu finden. Etwa 15 Gehminuten entfernt liegt in der Ul. Alikafića 5, im muslimischen Teil, die kleine **Pension Zdrava Hrana,** Tel. 036-551444, mit schlichten DZ ab 45 BMK.
- Am Südrand des Zentrums liegen im kroatischen Distrikt recht nah beieinander die Pensionen **Vila Ossa,** Ul. Gojka Vukovića 40, Tel. 036-578322, und **Vila Rosa,** Bul. Narodne Revolucje, Tel. 036-578300, wo DZ ca. 50 BMK kosten.
- Im mittleren bis gehobenen Preissegment bieten sich das zentrale und funktionale **Hotel ERO** €€€, Ul. Dr. A. Starčevića/Ecke Ul. Carinski Most, Tel. 036-368700, sowie das sehr schön an der Neretva in der Ul. Mostarskog Bataljona gelegene **Hotel Bristol** €€€€, Tel. 036368188, an.

Essen und Trinken

Die Gastronomie in Mostar weist naturgemäß alle Elemente der kroatischen wie auch der bosnischen Küche auf (⇨Essen und Trinken im Kap. A–Z), wobei die Preise mittlerweile auf demselben Niveau wie in Kroatien liegen. Für ein Getränk oder einen Kaffee (Espresso oder Türkisch) sitzt man in einem der zahllosen Cafés beidseitig der Stari Most (die Speisen sind aufgrund der Lage etwas teurer als sonst in der Stadt) am besten.

- Gut und günstig isst man in den Pizzerien **Roma,** Ul. S. Radića 21, Nähe Klinikum, Tel. 036-324422, oder **ET,** Ul. Brace Brkic/Nähe Mustafa-Brücke, Tel. 036-551619.

- In der mittleren bis gehobenen Preisklasse empfiehlt sich das **Rondo** (am ebenso genannten Kreisverkehr Trg Hrvatskih Branitelja) mit landestypischer Speisekarte.
- Zünftige Fisch- und Fleischgerichte bieten das Kellerlokal **Stari Mlin,** Tel. 061-285041, in der kleinen Seitenstraße Jusovina nahe der Stari Most sowie das mit bosnischen Spezialitäten aufwartende **Hindin Han,** Jusovina 10, Tel. 061-153924, nur wenige Häuser weiter.

An- und Weiterfahrt

- **Busbahnhof** und **Hauptbahnhof** liegen am Trg Ivana Krndelja; während der Schienenverkehr derzeit hauptsächlich den Gütertransport von/nach Ploče sichert, ermöglichen die Busse den Personenverkehr in Nord-Südrichtung. Anbindung besteht derzeit nach Sarajevo (6x tgl.), Split und Dubrovnik (je 3x tgl.).
- **Taxis** warten u.a. am Bahnhofsplatz, die Zentrale befindet sich in der Splitska/Ecke Kralja Tomislava, Tel. 036-318876, eine Fahrt vom Hauptbahnhof zum Flughafen kostet rund 30 BMK, innerstädtische Kurzstrecken ca. 15 BMK (z.B. Hauptbahnhof – Stari Most).
- Der **Flughafen** Mostar liegt im „Vorort" Ortijes (EU-Truppen HQ) und wird u.a. von Tyrolia-Airlines, Croatia Airlines und der nationalen Gesellschaft Air Bosna angeflogen. Letztere unterhält ein Büro im Zentrum in der Ul. Brace Fejica, Tel. 036-551820 (Anbindung an Bonn).

Nightlife

- Ein gewisses Nightlife findet man u.a. in den Café-Bars **Mojo, Intermezzo, Big Ben** und **Cinema** (alle Ul. Brace Fejica) oder in der Disco **Palladium,** Tel. 036-316156 am Rondo.

Nützliches

- **Banken** mit Wechselstuben liegen in der Kolodvorska (nahe Hotel ERO), beim Španski Trg (Raiffeisen/Österreich) und in der Ul. Lacina (nahe Mustafa-Brücke). Auch die ersten **EC-Automaten** können genutzt werden, z.B. beim Hotel Bristol oder rund um die große Moschee Koski Mehmed Pašina.
- Die **Hauptpost** liegt in der Kolodvorska (nahe Hotel ERO) und hat Mo–Sa von 8 bis 17 Uhr geöffnet.
- Der **Pannendienst Bihamk** liegt in der Ul. Mladena Balorde, Tel. 036-550966.
- **Landesweiter Notruf:** 036-987
- **Verkehrspolizei:** 036-383322
- **Zentrale Polizeidienststelle,** Trg. 1. Maja, Tel. 036-550-877, liegt unmittelbar neben der **EU-Polizeidienststelle,** hier findet man auch deutsche Ansprechpartner, Tel. 036-550459.
- Der **Erste-Hilfe-Notruf,** 036-315487, des neuen Klinikums in der Ul. Kralja Trvtka ist durchgehend besetzt.

626da Foto: fz

Anhang

Literaturtipps

Bodrožić, Marica, **„Tito ist tot"**, Suhrkamp Verlag. Kurzgeschichten und Erzählungen zum neuen Kroatien.

Deschner, Kh. & Petrović, M., **„Der ewige Kreuzzug auf dem Balkan"**, München, 1999.

Dubravka, Ugresić, **„Kultur der Lüge"**, Suhrkamp Verlag. Weitere Auseinandersetzung mit dem jugoslawischen bzw. kroatischen Nationalstaat.

Elsässer, Jürgen, **„Kriegslügen"**, Kai Homilius Verlag, 2004. Erläutert die unselige Geschichte des Balkankonfliktes bis zum Milošević-Prozess.

Hösch, Edgar, **„Geschichte der Balkanländer"**, C. H. Beck Verlag. Grundlagenwerk zur Geschichte des ehemaligen Jugoslawien und seiner Nachfolgestaaten.

Mappes-Nieldick, Norbert, **„Balkan Mafia"**, Berlin 2003. Beschreibt die Balkanstaaten in der Hand krimineller Banden und Politiker, sehr aktuell bis zum Djindić-Attentat.

Schmidt, H. & Barth, E.W, **„Hafenhandbuch Mittelmeer"**, in 6 Bänden, Nautik-Verlag. Detaillierte Pläne und Beschreibungen aller adriatischen Hafenanlagen und Segelreviere.

West, Rebecca, **„Schwarzes Lamm und grauer Falke"**, Berlin, 2002. Geschichtlicher und kultureller Hintergrund des Balkan, basierend auf der Reise einer Engländerin in den 1930er Jahren.

Jovanović, Dragoslav, **„Kroatisch – Wort für Wort"**, Kauderwelsch-Reihe, Band 98. Kroatisch für den einfachen Einstieg und die schnelle Verständigung im Reisealltag. Außerdem erhältlich: **„AusspracheTrainer Kroatisch"**, Audio-CD, die wichtigsten Sätze und Redewendungen des Kauderwelsch-Bandes zum Hören und Nachsprechen. REISE KNOW-HOW Verlag, Bielefeld.

Glossar

- **Abecedarium:** Alphabet (lateinisch, kyrillisch oder griechisch), welches vom Bischof bei der Kirchweihe in den Boden graviert wird.
- **Antolčić, Ivan** (*15.5.1928 in Komarevo, Sisak): in Zagreb ausgebildeter Bildhauer, von 1954 bis 1991 Bühnendekorateur und Skulpteur des Nationaltheaters in Zagreb, gleichzeitig gefragter Poster-Zeichner (Ballett Zagreb) und Maskenbildner. Seit 1963 stellt er selbst aus und arbeitet bevorzugt für Kinderzeitungen („Radost", „Modra"), gestaltet Folianten, Medaillen, Plaketten u.Ä. *Antolčić* gilt als Aushängeschild der kroatischen Allround-Kunst des 20. Jh.
- **Aquilea** (ital. Aquileia): Ab 181 v. Chr. als römische Kolonie erwähnt, wurde als zweite italienische Stadt christianisiert und war eine der größten Städte Italiens überhaupt. Ab Mitte des 6. Jh. war es Patriarchat („Patriarch" ursprünglich: Vorsteher des Sanhedrin, des höchsten jüdischen Gerichtes, dann ähnlich einem Erzbischof). Ab 1421 gehörte das Patriarchat Aquilea zu Venedig, verlor 1445 seine weltliche Macht und wurde schließlich von Papst Benedikt XIV. aufgelöst. Heute Ruinenstadt in Nordost-Italien (Grado). Mit dem Zusammenbruch Westroms (476) fielen zahlreiche Städte Nordkroatiens, insbesondere Istriens, an das Patriarchat Aquilea.
- **Ban:** Vizekönig, Statthalter.
- **Byzanz:** Hauptstadt des byzantinischen Weltreichs (später Konstantinopel, heute Istanbul), gleichzeitig Bezeichnung für das Oströmische Reich nach der Abspaltung von Westrom (Reichsteilung 395 n. Chr.). Während Westrom schon 476 n. Chr. von den germanischen Goten zerschlagen wurde (Odoaker), blieb Byzanz (Ostrom) bis zur Eroberung durch die Türken 1453 ein wichtiger Machtfaktor und Bollwerk gegen den Islam im östlichen Mittelmeerraum. Obgleich die kroatische Adria im Allgemeinen und Istrien im Besonderen eher dem weströmischen Einfluss zuzurechnen ist, war Ostrom nicht unbedeutend, was an der nur allmählichen Trennung von Kirche und Staat lag: Kirchlich unterstanden viele Städte weiterhin dem Patriarchen von Konstantinopel, während sie politisch an die Nachfolger Westroms fielen (etwa Venedig) und so erst später unter römisch-katholischen Einfluss gerieten.
- **Campanile:** Glockenturm, der abgesetzt neben der Kirche steht, sehr häufig in Italien und in vielen Kirchen Kroatiens, die während der venezianischen Phase errichtet wurden.
- **Dalmatinac, Juraj:** 1410–1473, dalmatischer Innenarchitekt und Künstler aus Zadar in der Übergangsphase von der Spätgotik zur Renaissance. Seine Werke sind von außerordentlicher Bedeutung für Kroatien und sogar Italien, wo *Dalmatinac* in Ancona und Venedig (Kaufmannslo-

ge) tätig war. Die Gesamtanlage der Stadt Pag, Wohnhäuser und Befestigungsmauern von Dubrovnik sowie die Kathedrale von Šibenik gehören zu seinen bedeutendsten Werken.

●**Glagolitisch:** altslawische Schrift, die im 9. Jh. entwickelt wurde, um Bibeltexte ins Altslawische zu übersetzen.

●**Gregor von Nin** *(Grgur Ninski)*: hochmittelalterlicher Bischof (10. Jh.) der Stadt Nin sowie Zeitgenosse und Berater, später Kanzler des kroatischen Königs Tomislav. Gregor trat für die Erhaltung der slawischen Sprache (statt Latein) in den Gottesdiensten ein, wandte sich stets gegen den dominanten Klerus von Split und wird als eine Art erster kroatischer Freiheitskämpfer verehrt.

●**Ikonostase:** dreiteilige, mit Ikonenbildern versehene Trennwand zwischen Altar und Kirchenhauptschiff in serbisch- und griechisch-orthodoxen Kirchen.

●**Illyrer:** Bedeutende indoeuropäische, staatlich organisierte Volksgruppe des Altertums, die im Nordwesten des Balkan und entlang der Adria beheimatet war. Nach der Zeitenwende wurden die Illyrer schnell romanisiert; ab Mitte des 3. Jh. gingen zahlreiche römische Imperatoren („Zeit der illyrischen Kaiser", *Diokletian*) aus ihren Reihen hervor. Auf der Halbinsel Pelješac bei Dubrovnik wurde im Oktober 2000 in einer Höhle eine 8000 Jahre alte, unberührte Tempelstätte gefunden, deren Auswertung noch andauert. Die Annahme, dass ihre Herkunft in Mitteldeutschland (Lausitzer Kultur) liegt, blieb bislang ohne zwingende Beweise.

●**Lapidarium:** Für kleine Museen und Ausstellungen wird oft der Begriff Lapidarium verwendet. Es handelt sich dabei um Sammlungen steinerner Relikte (lat. lapidarius = steinern) wie Fußböden, Wandplatten oder andere Fragmente bzw. Bauteile (etwa Säulen).

●**Meštrovič, Ivan** (*1883 in Otavice/Šibenik, †1962): Bildhauer und Urheber zahlreicher Büsten und Denkmäler in den Küstenorten Kroatiens. Er emigrierte wegen der italienischen Besatzung in die USA und gilt heute als bedeutendster kroatischer Vertreter des modernen Expressionismus und Neoklassizismus. Sein einstiges Atelier liegt in der Zagreber Altstadt (Gradec) in der Mletacka Ul. nahe des Markusplatzes.

●**Militärgrenze:** im 16.–19. Jahrhundert ein militärisch organisierter und mit zahlreichen Festungsbauten bestückter Landstrich an der türkischen Grenze Österreich-Ungarns (wurde 1849–66 ein eigenes österreichisches Kronland). 1881 wurde die kroatisch-slawonische Militärgrenze mit Kroatien-Slawonien vereinigt. Die Grenzer waren örtliche Bauernsoldaten, die Wehrdienst in Grenzregimentern leisteten und dafür meist keine Abgaben zu entrichten hatten.

●**Polyptychon:** Meist holzgeschnitzte, baldachinähnliche Kirchenaltäre oder Seitenschreine mit einer Vielzahl von

Bildnissen christlicher Heiliger. Das äußere Erscheinungsbild eines Polyptychon ist dem einer Ikonostase nicht unähnlich, man geht daher von einem byzantinischen Ursprung aus. Der für Kroatien bedeutendste Künstler ist *Antonio Vivarini.*

- **Portikus:** von Säulen getragenes Vordach einer Kirche, Kathedrale oder Basilika, das häufig bei Sakralbauten byzantinischen Ursprungs zu sehen ist.
- **Sanmichele, Michele:** Venezianischer Architekt, der Mitte des 16. Jh. im Auftrag der Dogenrepublik zahlreiche weltliche und geistliche Baudenkmäler in Nord- und Zentraldalmatien schuf (Zadar).
- **SFOR** (Stabilisation Forces Of Restjugoslavia): Internationales Kontingent unter deutscher Beteiligung zur Überwachung des Daytoner Friedensabkommens in Bosnien-Herzegowina. Das Kontingent wurde Anfang 2005 offiziell durch eine rein EU-geführte Schutztruppe ersetzt.
- **Strossmayer:** Viele größere Orte Kroatiens haben eine Hauptstraße mit dem Namen „Ulica Strossmayera". Dahinter verbirgt sich *Josip Juraj Strossmayer* (1815–1905), Bischof von Djakovo und Beichtvater Kaiser Franz Josephs. Er war ein Vordenker des Panslawismus (Streben nach der Einheit aller Slawen von Russland bis Kroatien). Da aber hierzu die slawisch-orthodoxe und die römisch-katholische Kirche vereinigt werden mussten, war er ein Gegner aller die Kirchen trennenden Dogmen, insbesondere der katholischen Theorie der unbefleckten Empfängnis, womit er in scharfer Opposition zum Papst stand (1. Vaticanum 1870).
- **Uškoken:** Mittelalterliche Seeräuberbande, die sich gegen die türkische und die venezianische Fremdbestimmung auflehnte und entlang der norddalmatischen Küste mit Zentrum in Senj ihr Unwesen trieb.

HILFE!

Dieses Urlaubshandbuch ist gespickt mit unzähligen Adressen, Preisen, Tipps und Infos. Nur vor Ort kann überprüft werden, was noch stimmt, was sich verändert hat, ob Preise gestiegen oder gefallen sind, ob ein Hotel, ein Restaurant immer noch empfehlenswert ist oder nicht mehr, ob ein Ziel noch oder jetzt erreichbar ist, ob es eine lohnende Alternative gibt usw.

Unsere Autoren sind zwar stetig unterwegs und versuchen, alle zwei Jahre eine komplette Aktualisierung zu erstellen, aber auf die Mithilfe von Reisenden können sie nicht verzichten.

Darum: Schreiben Sie uns, was sich geändert hat, was besser sein könnte, was gestrichen bzw. ergänzt werden soll. Nur so bleibt dieses Buch immer aktuell und zuverlässig. Wenn sich die Infos direkt auf das Buch beziehen, würde die Seitenangabe uns die Arbeit sehr erleichtern. Gut verwertbare Informationen belohnt der Verlag mit einem Sprechführer Ihrer Wahl aus der über 200 Bände umfassenden Reihe „Kauderwelsch" (siehe unten).

Bitte schreiben Sie an: REISE KNOW-HOW Verlag Peter Rump GmbH, Postfach 140666, D-33626 Bielefeld, E-mail: info@reise-know-how.de

Danke!

Kauderwelsch-Sprechführer – sprechen und verstehen rund um den Globus

Afrikaans • Albanisch • Amerikanisch - *American Slang, More American Slang,* Amerikanisch oder Britisch? • Amharisch • Arabisch - Hocharabisch, für Ägypten, Algerien, Golfstaaten, Irak, Jemen, Marokko, • Palästina & Syrien, Sudan, Tunesien • Armenisch • *Bairisch* • Balinesisch • Baskisch • Bengali • *Berlinerisch* • Brasilianisch • Bulgarisch • Burmesisch • Cebuano • Chinesisch - Hochchinesisch, kulinarisch • Dänisch • Deutsch - *Allemand, Almanca, Duits, German, Nemjetzkii, Tedesco* • *Elsässisch* • Englisch - *British Slang, Australian Slang, Canadian Slang, Neuseeland Slang,* für Australien, für Indien • Färöisch • Esperanto • Estnisch • Finnisch • Französisch - für Restaurant & Supermarkt, für den Senegal, für Tunesien, *Französisch Slang, Franko-Kanadisch* • Galicisch • Georgisch • Griechisch • Guarani • Gujarati • Hausa • Hebräisch • Hieroglyphisch • Hindi • Indonesisch • Irisch-Gälisch • Isländisch • Italienisch - *Italienisch Slang,* für Opernfans, kulinarisch • Japanisch • Javanisch • Jiddisch • Kantonesisch • Kasachisch • Katalanisch • Khmer • Kirgisisch • Kisuaheli • Kinyarwanda • *Kölsch* • Koreanisch • Kreol für Trinidad & Tobago • Kroatisch • Kurdisch • Laotisch • Lettisch • Lëtzebuergesch • Lingala • Litauisch • Madagassisch • Mazedonisch • Malaiisch • Mallorquinisch • Maltesisch • Mandinka • Marathi • Mongolisch • Nepali • Niederländisch - *Niederländisch Slang,* Flämisch • Norwegisch • Paschto • Patois • Persisch • Pidgin-English • *Plattdüütsch* • Polnisch • Portugiesisch • Punjabi • Quechua • *Ruhrdeutsch* • Rumänisch • Russisch • *Sächsisch* • *Schwäbisch* • Schwedisch • *Schwiizertüütsch* • *Scots* • Serbisch • Singhalesisch • Sizilianisch • Slowakisch • Slowenisch • Spanisch - *Spanisch Slang,* für Lateinamerika, für Argentinien, Chile, Costa Rica, Cuba, Dominikanische Republik, Ecuador, Guatemala, Honduras, Mexiko, Nicaragua, Panama, Peru, Venezuela, kulinarisch • Tadschikisch • Tagalog • Tamil • Tatarisch • Thai • Tibetisch • Tschechisch • Türkisch • Twi • Ukrainisch • Ungarisch • Urdu • Usbekisch • Vietnamesisch • Walisisch • Weißrussisch • *Wienerisch* • Wolof • Xhosa

Kauderwelsch?
Kauderwelsch!

Die **Sprechführer der Reihe Kauderwelsch** helfen dem Reisenden, wirklich zu sprechen und die Leute zu verstehen. Wie wird das gemacht?

Die **Grammatik** wird in einfacher Sprache so weit erklärt, dass es möglich wird, ohne viel Paukerei mit dem Sprechen zu beginnen, wenn auch nicht gerade druckreif.
Alle Beispielsätze werden doppelt ins Deutsche übertragen: zum einen **Wort-für-Wort,** zum anderen in „ordentliches" Hochdeutsch - so wird das fremde Sprachsystem sehr gut durchschaubar. Ohne eine Wort-für-Wort-Übersetzung ist es so gut wie unmöglich, einzelne Wörter in einem Satz auszutauschen.
Die **Autorinnen und Autoren** der Reihe sind Globetrotter, die die Sprache im Lande gelernt haben. Sie wissen daher genau, wie und was die Leute auf der Straße sprechen. Deren Ausdrucksweise ist häufig viel einfacher und direkter als z.B. die Sprache der Literatur. Außer der Sprache vermitteln die Autoren Verhaltenstips und erklären Besonderheiten des Landes.
Jeder Band hat 96 bis 176 Seiten. Zu jedem Titel ist begleitendes Tonmaterial (Kassette oder Audio-CD) erhältlich.

Kauderwelsch-Sprechführer gibt es für über 100 Sprachen und Dialekte in mehr als 200 Bänden, z.B.:

Kroatisch – Wort für Wort
Band 98, 160 Seiten,
ISBN-10: 3-89416-886-2

Slowenisch – Wort für Wort
Band 69, 144 Seiten,
ISBN-10: 3-89416-259-7

Italienisch – Wort für Wort
Band 22, 128 Seiten,
ISBN-10: 3-89416-482-4

Reise Know-How Verlag,
Bielefeld

Anhang

Die Reiseführer auf einen Blick

Reisehandbücher
Urlaubshandbücher
Reisesachbücher
Rad & Bike

Algarve, Lissabon
Amrum
Amsterdam
Andalusien
Apulien
Athen
Auvergne, Cevennen

Barcelona
Berlin
Borkum
Bretagne
Budapest
Bulgarien
Burgund

City-Trips mit Billigfliegern
City-Trips mit Billigfliegern, Bd.2
Cornwall
Costa Blanca
Costa Brava
Costa de la Luz
Costa del Sol
Costa Dorada

Dalmatien
Dänemarks Nordseeküste
Disneyland Resort Paris

Eifel
El Hierro
Elsass, Vogesen
England – Süden
Erste Hilfe unterwegs
Europa BikeBuch

Fahrrad-Weltführer
Fehmarn
Föhr
Formentera
Friaul, Venetien
Fuerteventura
Fußballstädte Deutschland 2006

Gardasee, Trentino
Golf von Neapel, Kampanien
Gomera
Gotland
Gran Canaria
Großbritannien

Hamburg
Helgoland
Hollands Nordseeinseln
Hollands Westküste
Holsteinische Schweiz

Ibiza, Formentera
Irland
Island
Istanbul
Istrien, Kvarner Bucht

Juist

Kalabrien, Basilikata
Katalonien
Köln
Korfu, Ionische Inseln
Korsika
Krakau
Kreta
Kreuzfahrtführer
Kroatien
Kroatien, Wohnmobil-Tourguide

Langeoog
La Palma
Lanzarote
Latium
Leipzig
Ligurien, Riviera, Cinque Terre
Litauen
London

Madeira
Madrid
Mallorca
Mallorca, Leben/Arbeiten
Mallorca, Wandern
Malta, Gozo
Mecklenb./Brandenb.: Wasserwandern
Mecklenburg-Vorp. Binnenland
Menorca
Montenegro
Motorradreisen
München

Norderney
Nordseeküste Niedersachsens
Nordseeküste Schleswig-Holstein
Nordseeinseln, Dt.
Nordspanien
Normandie
Norwegen

Ostfriesische Inseln
Ostseeküste Mecklenburg-Vorp.
Ostseeküste Schleswig-Holstein
Outdoor-Praxis

Paris
Polens Norden
Polens Süden

Europa

Reise Know-How

Europa

Prag
Provence
Provence, Templer
Provence, Wohnmobil-Tourguide
Pyrenäen

Rhodos
Rom
Rügen, Hiddensee
Ruhrgebiet
Rumänien, Moldau

Sächsische Schweiz
Salzburg
Sardinien
Sardinien, Wohnmobil-Tourguide
Schottland
Schwarzwald, südl.
Schweiz, Liechtenstein
Sizilien
Skandinavien - Norden
Slowakei
Slowenien, Triest
Spaniens Mittelmeerküste
Spiekeroog
St. Tropez und Umgebung
Südnorwegen, Lofoten
Südwestfrankreich
Sylt

Teneriffa
Tessin, Lago Maggiore
Thüringer Wald
Toscana
Tschechien

Umbrien
Usedom

Venedig

Wales
Warschau
Wien

Zypern

Edition RKH

Durchgedreht – Sieben Jahre im Sattel
Eine Finca auf Mallorca
Geschichten aus dem anderen Mallorca
Mallorca für Leib und Seele
Rad ab!

Praxis

Aktiv Algarve
Aktiv Andalusien
Aktiv Dalmatien
Aktiv frz. Atlantikküste
Aktiv Gardasee
Aktiv Gran Canaria
Aktiv Istrien
Aktiv Katalonien
Aktiv Marokko
Aktiv Polen
Aktiv Slowenien
All inclusive?
Bordbuch Südeuropa
Canyoning
Clever buchen, besser fliegen
Clever kuren
Drogen in Reiseländern
Feste Europas
Fliegen ohne Angst
Frau allein unterwegs
Fun u. Sport im Schnee
Geolog. Erscheinungen
Gesundheitsurlaub in Dtl. Heilthermen
GPS f. Auto, Motorrad
GPS Outdoor
Handy global
Höhlen erkunden
Hund, Verreisen mit
Inline Skating
Inline-Skaten Bodensee
Internet für die Reise
Kanu-Handbuch
Kartenlesen
Kommunikation unterw.
Kreuzfahrt-Handbuch
Küstensegeln
Marathon-Guide Deutschland
Mountainbiking
Mushing/Hundeschlitten
Nordkap Routen
Orientierung mit Kompass und GPS
Paragliding-Handbuch
Pferdetrekking
Radreisen
Reisefotografie
Reisefotografie digital
Reisen und Schreiben
Reiserecht
Respektvoll reisen
Schutz vor Gewalt und Kriminalität
Schwanger reisen
Selbstdiagnose unterwegs
Sicherheit Meer
Sonne, Wind, Reisewetter
Spaniens Fiestas

Praxis, KulturSchock

Europa

Sprachen lernen
Survival-Handbuch
  Naturkatastrophen
Tauchen Kaltwasser
Tauchen Warmwasser
Trekking-Handbuch
Unterkunft/Mietwagen
Vulkane besteigen
Wandern im Watt
Wann wohin reisen?
Wein-Reiseführer
  Deutschland
Wein-Reiseführer
  Italien
Wein-Reiseführer
  Toskana
Wildnis-Ausrüstung
Wildnis-Backpacking
Wildnis-Küche
Winterwandern
Wohnmobil-Ausrüstung
Wohnmobil-Reisen
Wracktauchen
Zahnersatz, Reiseziel

KulturSchock

Familenmanagement
  im Ausland
Finnland
Frankreich
Islam
Leben in fremden
  Kulturen
Polen
Rumänien
Russland
Spanien
Türkei
Ukraine
Ungarn

Wo man unsere Reiseliteratur bekommt:
Jede Buchhandlung der BRD, der Schweiz, Österreichs und der Benelux-Staaten kann unsere Bücher beziehen. Wer sie dort nicht findet, kann alle Bücher über unsere **Internet-Shops** bestellen. Auf den Homepages gibt es auch **Informationen** zu allen Titeln:

www.reise-know-how.de
www.reisebuch.de

Mit
Reise Know-How
ans Ziel

Die Landkarten des **world mapping project** bieten gute Orientierung – weltweit.

- Moderne Kartengrafik mit Höhenlinien, Höhenangaben und farbigen Höhenschichten
- GPS-Tauglichkeit durch eingezeichnete Längen- und Breitengrade und ab Maßstab 1:300.000 zusätzlich durch UTM-Markierungen
- Einheitlich klassifiziertes Straßennetz mit Entfernungsangaben
- Wichtige Sehenswürdigkeiten, herausragende Orientierungspunkte und Badestrände, durch einprägsame Symbole dargestellt
- Der ausführliche Ortsindex ermöglicht das schnelle finden des Zieles
- Wasserabstoßende Imprägnierung
- Kein störender Pappumschlag, der den behindern würde, der die Karte unterwegs individuell falzen möchte

Derzeit rund 100 Titel lieferbar (siehe unter www.reise-know-how.de), z.B.:

Kroatien	1:325.000
Istrien	1:70.000
Dalmatien	1:175.000

world mapping project
Reise Know-How Verlag, Bielefeld

Rund ums Mittelmeer

Reise Know-How bietet aktuelle Reisehandbücher für die schönsten Küsten und Inseln des Mittelmeers. Die Reihe wird laufend erweitert. Hier eine Auswahl:

Werner Lips
Kroatien: Istrien und Kvarner Bucht
384 Seiten, 28 Karten und Pläne, durchgehend illustriert

Werner Lips
Malta
384 Seiten, 38 Karten und Pläne, durchgehend illustriert

van Blokland, M. und H.
Rhodos
408 Seiten,15 Karten und Pläne, durchgehend illustriert

van Blokland, M. und H.
Korfu
384 Seiten, 21 Karten und Pläne, durchgehend illustriert

Kristine Jaath, Peter Höh
Sardinien
624 Seiten, 17 Karten und Pläne, durchgehend illustriert, farbiger Kartenatlas

Daniela Schetar, Friedrich Köthe

Sizilien

528 Seiten, 62 Karten und Pläne, durchgehend illustriert, farbiger Bildteil

Hans-R. Grundmann

Mallorca

500 Seiten, plus 48 Seiten Beileger Wander- und Naturführer, 64 Karten und Pläne, durchgehend farbig illustriert

Hans-Jürgen Fründt

Costa Brava

360 Seiten, ca. 50 Karten und Pläne, durchgehend illustriert

Hans-Jürgen Fründt

Costa Dorada

360 Seiten, ca. 50 Karten und Pläne, durchgehend illustriert

Hans-Jürgen Fründt

Costa Blanca

360 Seiten, ca. 50 Karten und Pläne, durchgehend illustriert

Hans-Jürgen Fründt

Costa del Sol

360 Seiten, ca. 50 Karten und Pläne, durchgehend illustriert

Hans-Jürgen Fründt

Costa de la Luz

360 Seiten, ca. 50 Karten und Pläne, durchgehend illustriert

Reise Know-How Verlag, Bielefeld

Register

Der Autor

Werner Lips, Jahrgang 1961, betätigte sich nach Studium (Ostsprachen und Geschichte), Balkaneinsatz als Offizier, Manager bei Markenunternehmen und Betriebsleiter in der Baunebenbranche, als Gymnasial- und Fachhochschuldozent für Sprachen und Kulturwissenschaften. Als gefragter Experte im Bereich Osteuropa/Asien beriet er wiederholt Fernsehen (WDR, VOX, ZDF/Arte) und Behörden. Der Taucher, Motorradfahrer und Trecker ist seit Jahren intensiv über und unter Wasser rund um das Mittelmeer, dabei besonders in dessen Osthälfte, unterwegs auf der Suche nach interessanten Reisezielen für die Leser. Kroatien fasziniert ihn landschaftlich, kulturell und historisch, nicht zuletzt wegen der beeindruckenden Küstenstädte und Inseln, aber auch wegen der politischen Besonderheiten auf dem Balkan. Von ihm sind im Reise Know-How Verlag u.a. auch Reisebücher zu Istrien, Malta und Zypern erschienen.

Foto: wl